L'OMBRE
DE DIONYSOS

CONTRIBUTION À UNE SOCIOLOGIE DE L'ORGIE

狄奥尼索斯的阴影

狂欢社会学的贡献

[法] 米歇尔·马费索利 著

许轶冰 译

MICHEL MAFFESOLI

上海人民出版社

以此纪念我的父亲，一位深井矿工，他从 14 岁起，就为普罗米修斯式的理念付出了沉痛的代价。

目录

中文版序言　狄奥尼索斯，永恒之神话

　　如果有一个神话难以否认其复兴，那就是狄奥尼索斯的神话。从严格意义上讲，这涉及地下水脉的重新涌现。这是一种我们无法看见的地下水层，但它支撑了地表上所有的生命。这是一个不断重现的神话。无论是在现代的阴影之下，还是在其光明之中，这个神话始终存在。这是关于存在之愉悦的神话，后现代性为其提供了多样而持续的例证。因此，非常高兴，我关于狄奥尼索斯的书籍现在能够被翻译成中文。向许轶冰先生表示衷心的感谢，感谢他完成的工作！

　　作为名字的"狄奥尼索斯"（*Dionysos*），可以转化为形容词"狄奥尼索斯的"（*dionysiaque*），用以描述一种特定的智慧——"狄奥尼索斯式"（*dionysienne*）的智慧。这种智慧让我们懂得如何去享受这个世界及其赐予我们的果实，尽管这享受有时可能苦乐参半。不必非得是希腊神话的专家，我们就能够理解，狄奥尼索斯是那些在特定历史时期会重新获得力量和活力的永恒原型之一。

　　一个"词语"（*mot*），我们需要记住，只有在它与内在的话语相符，允许我们同时成为自己和其他人时，才能在社会想象物中引起

1

共鸣。这样的词语，就像一条道路，凝聚着我们的梦想、欲望和最狂野的希望，它们定义了我们这个物种的存在方式和生命体验。无论是最好还是最坏的情况。

因此，按照涂尔干的表达，这是一种"象征性的形象"(figure emblématique)，类似于一个无意识的社会图腾，围绕它发生了多种社会聚合，这些社会聚合构成了社会。狄奥尼索斯就是这样一个拥有"百个名字"的神祇。他是多面的，与生命本身一样，充满流动性，不断变化。这是一个多形态的神，能够适应许多文化和许多国家。我就是这样多次引用了高罗佩（R Van Gulik）的经典著作：《古代中国的性生活》(*La vie sexuelle dans la Chine ancienne*，伽利玛出版社 1971 年版)。

就个人而言，我一直非常好奇我的这本关于如何在社会学和在隐喻层面上"使用"狄奥尼索斯这位充满活力的神祇的小书，除了被翻译成多种欧洲语言之外，怎么还被翻译成日语、韩语，甚至中文？

从反思的角度来看，这是因为这个原型在世界各地都与我们社会中的狂欢功能的复兴"对应"(correspondance)上了。因此，以一种横向的方式，这是一种集体意识或无意识的"状态"，（这个原型）以不同的名称展现了一种新生的或更新的生命力的回归。

当前环境下的灾难论者正忙于谴责那些试图通过欢腾来逃离道德约束的"狂欢人"(homo festivus)。他们甚至以一种极其冷漠的态度对后者进行了嘲笑，这种态度上的轻率令我们无法忍受。

这是一种奇怪的否认，因为正是在这片"土地"上，人们所说的"灌木之神"——狄奥尼索斯被深深地根植。狂欢并不只是性高潮的简化，它在所有领域都是集体激情（orgé[1]）的游戏。一种普遍

---

[1] 在古希腊语中，"orgé"(ὀργή) 通常指的是愤怒、愤怒的情感状态或行为，也可以理解为激情或强烈的情感。在哲学和文学作品中，它经常被用来描述一种由强烈的情感或欲望驱动的状态。——译注

的力比多并不限于某种有点简化的泛性主义。这就像是地下传言，逐渐渗透，影响所有解释世界的方式。

那么，狄奥尼索斯神话的主要特征是什么呢？

首先，正是这种"尘世的"(terrienne) 特质。被称作"地下之神"(chtonien) 的狄奥尼索斯，一个本土之神，他依附并附着于这片土地。通过这种方式，并且借用古典哲学的一个术语，强调了一种强烈的现世主义 (immanentisme)。这意味着什么呢？除了等待"现世之乐"(*hic et nunc*，这里和现在)，即"此时此刻"的愉悦之外，别无其他。

这并不是关于不确定未来的存在性焦虑 (angoisse existentielle)，而是一种与时代精神相契合的生活姿态。我们只需享受这个时代赋予我们的一切。明天会发生什么，我们到时候自然就会知晓。

每当狄奥尼索斯重生，总是与欢欣相伴，形成一种悲剧姿态。享乐与悲剧携手并进，彼此紧密相连。而狄奥尼索斯的"现时主义"(présentéisme) 是一种智慧，它试图"以毒攻毒"(homéopathiser，顺势疗法化) 地对待死亡，与经历的每个时刻的强度相协调，从而对抗时间流逝带来的焦虑。

我们神话中的另一个标志性的特征是对身体的崇拜。我们都知道身体的脆弱性，因此应该尽可能地庆祝它，尽可能强烈地强调其价值。

历史学家们已经展示了，在 19 世纪以及 20 世纪的大部分时间里，身体的合法性仅在于其生产或繁殖功能。

现在在我们眼前展开的，是那些正在重新开始的伟大文化时代，例如，罗马的衰落或欧洲的文艺复兴时期。在那样的时代，重要的是，按照龙萨 (Ronsard) 的建议，要学会如何"采摘生命之玫瑰"。我们都知道这种生命体验的短暂性，这使得我们会更加珍惜它的美好。

通过这种方式，我们实际上是在庆祝"社会身体"(corps social)，因为这些技术和实践引发的享乐主义逐渐渗透到了整个社会。在深层意义上，这确实是一种强烈决定每个人生活方式的氛围。没有人或事物能够幸免于这种影响。身体至上主义(corporéïsme)确实已经成为主导价值。享受体验被直接感受到，就像肌肤之亲的发生。

为了重新采用一个在涂尔干的经典社会学理论和当代"新纪元"(New Age)[1]词汇中都奇怪地出现的表达，我们正在面对一个"整体性"(holistique)的生存概念。

我们必须将之理解为，"整体性"不仅涉及身体与灵魂的互动，还包括对将社会视为一个**整体**(tout)的考量。而且，我们在这里触及了狄奥尼索斯神话的最后特征的核心。

这些共同体验的激情在本质上与个体主义毫无关系。我们不必让那些现代知识分子的悲叹合唱团——他们如现代之悲泣处女般被遗忘——去歌颂当代个体主义的强化。相反，我们应该以经验主义的方式，观察那些后现代的"集体狂热"(afoulements)，其中集体欢腾得到了充分释放。

同样，体育赛事中也存在这样的"集体狂热"。一旦有世界杯足球赛、橄榄球世界杯、网球锦标赛或一级方程式大奖赛等大型体育赛事，政治、经济生活，以及存在的严肃性都变得次要了。同样，情感在这里占据了主导地位，集体的歇斯底里盛行，这样的歇斯底里与在原始部落或在传统社会中起作用的歇斯底里不相上下。我们应当以同样的思维方式来分析宗教的那些灼热的时刻与地点。

---

[1] "新纪元"指的是一个文化运动，它起源于20世纪70年代，并在随后的几十年中逐渐发展壮大。这个运动涉及一系列的哲学、宗教、精神实践和自我提升的方法，旨在寻求个人的内在和平、精神觉醒和宇宙意识。它通常与超自然现象、灵性、占星术、冥想、瑜伽、灵性治疗和自然疗法等概念相关联。——译注

在这些情况下，教义上的理由并不重要。最重要的是大家一起"振动"（vibrer）。进入共同体，甚至可能进入迷狂状态。气氛的宗教性（religiosité）应该从词源学的一个意义上理解[1]：渴望、愉悦，与他者重新相连（relié）。这个他者可以是群体、自然或神灵。这是一种基本的"依赖"（Reliance），它将个体主义置于了已经过时的，即现代性的秩序之中。

只需观察政治运动的方式，我们就可以相信狄奥尼索斯再次出现了。教义或许只是口头上的低声细语。唯一重要的是集会和各种游行——以一种夸张、戏剧化的方式进行，类似于美国的政治活动——中的非理性兴奋，在这些活动中，歇斯底里是常态。在所有阵营中，我们都能看到最教条的政治家已经被舞台上的表演者所取代，而这并不是一种中立现象。

后现代政治也变得狄奥尼索斯化了。

一种欢腾的、略显群集性特征的神话正在形成。这是一种社会深层的"原始基础"（*Urgrund social*）的回归，我称之为一种深层的社会结构，其中同情（la sympathie），甚至神入（l'empathie）[2]，超越了现代性中占主导地位的理性。没有什么能够抵抗狄奥尼索斯多形态的力量。

但同时，他所进行的摧毁，亦是创造的象征。这种创造的形式多样而微小，正是这些小型的乌托邦或间隙中的自由，通过一系列的沉积，逐渐构成了当下的社会想象物。

---

　　[1] "宗教性"（religiosité）和"依赖"（reliance）有着相同的词源，它们都源自拉丁语中的"*religare*"，意为"重新连接在一起"或"重新捆绑在一起"。这个词根在英语中衍生出了"reliance"（依赖、信任）和"religion"（宗教）等词汇。——译注

　　[2] "Sympathie"（同情）通常指的是对他人困境或情感的同情，它是一种对他人感受的共情，但不一定是深入理解或体验。这种同情可能来源于对他人的关心和理解，但不一定涉及情感的深度共鸣。"Empathie"（神入）则更加强调情感的深度共鸣和理解。它指的是一种能够深刻理解并体验他人情感的能力，不仅仅是同情，而是能够真正感受到他人的感受，就像是自己亲身经历一样。这种能力通常与高度的情感智慧和共情能力相关联。——译注

毕竟，我们能否可以认为，就像历史上的其他时期一样，狄奥尼索斯价值观的"夜间奢华"（luxe nocturne）可能预示着文化高度发达的时代的到来？在这个方面，中国的例子是具有启发性的！

米歇尔·马费索利
索邦大学荣休教授
2024 年 4 月

第六版序言　思考情感

不要行义过分，也不要过于自逞智慧，何必自取败亡呢？[1]

——《传道书》(7 : 16) [1]

开场白

确实，当我们从长远的角度来观察人类历史时，终结的时代与新兴的时代之间，存在一个略显朦胧的过渡时期。换句话说，这正是历史分期变革的标志。

因此，我们目睹了智力上的退化，它是轻浮和粗俗的必然结果，这些又是每一个衰落时期的特征，这反而是一个良好的征兆。这确实无疑地表明一种教条主义正在走向终结。我个人已多次指出：现代性所依赖的教条已经饱和。

---

[1] 法文原著误标识为 17，本文参照《圣经》，南京：中国基督教协会 1996 年版，第 624 页。——译注

然而，随着这些事物的消亡，它们引发了一些单调、刺耳的闲谈，这些闲谈已不再拥有童真的魅力，反而显示出极端的傲慢、自负和纠缠不清，这些态度标志着沉思性思维已经被计算性思维所取代。这种只注重数据分析而缺乏深度思考的平庸，尤其是在经济领域，得到了主导媒体权力的加强和巩固。

因此，那些思想狭隘、缺乏深度的知识精英所表现出的不容忍和敌意，标志着他们的衰落，他们只是随大流，没有自己的独立思考。这些人正是那种"先验主义"批评的主要发起者，这种批评方式极为抽象，脱离现实。马丁·路德在与批评者辩论时，曾巧妙地称这种喧嚣为"诽谤者的叫嚣"（*garritus oblatratorum*），纯粹是毫无意义的吵闹！[2]

确实，喧嚣之声在当今社会无处不在。尽管应对这股喧嚣并不简单，但只要我们坚持一条真实的思考之路，便足以与之抗衡。这种自由的思考方式，它不受陈词滥调的限制，而是专注于揭示事物的本质。因此，我们需要一种能够捕捉当前时刻的火花、体现永恒价值光芒的文风。

反思当前与日常，即是另一种永恒瞬间的表达，这便是将实质性的东西实际化。即使艰难，我们仍需表达那些真实存在的事物。海德格尔在其哲学中，对"存在"（*Dasein*）的定义，即"在那里"（*être le là*），进行了深刻的阐述。我们的知识，应当超越个人的信仰，去揭示那些真实存在的事物。这便是日常生活的本质，以及其原型的存在。

在此我想提醒，在我的书中，我一直致力于提出纯粹的"陈述性"命题，它们既非判断性的，也非规范性的。这种做法引导我们摆脱成见，甚至可能净化我们的所有信念。依我看，这才是唯一名副其实的"方法"。思想的旅程（*meta odos*）正是以此为代价的。

但是，沉思的态度难道不是真正思想家的本质特征吗？对那些通常将"学者和政治家"混为一谈的人来说，这是一种难以理解的谦卑。不要忘记，"沉思的生活"(*Vita contemplativa*)，用魏尔兰的话来说，是一种需要大量爱的艺术。

这本书是基于我理论上的敏感性写成的，原书名为《狄奥尼索斯的阴影》(*L'Ombre de Dionysos*)，首次出版于 1982 年。随后，它经历了多次修订，并被翻译成多种语言。我的目的是提醒人们，酒神这位神祇的保护之影正在日益扩散，或许终将覆盖那些被称为后现代城市的石质丛林。

副标题"狂欢社会学的贡献"(*Contribution à une sociologie de l'orgie*)确实让许多人感到震惊。那些批评者或者是对作者观点持反对意见的人立刻将这个标题视为对那些自古以来以不同名字出现的性狂欢行为的辩护。在所有语言中，都存在一些粗俗或精致的词汇，用以描述古代酒神女祭司们所象征的狂欢精神在历史上的持续影响。

唉，我的主题与放纵或色情无关！

在我所钟爱的希腊传统中，狂欢(l'orgie)是一种能"膨胀灵魂"的激情。它代表着一种感受和思考的方式，是理性与感性的结合，这在亚里士多德和托马斯·阿奎那的哲学中都有所体现。[3] 正如巴伊(Bailly，希腊-法语词典)所提醒的，这种情绪可能变得激烈，因此不应被轻视。

同样地，《希腊语词源字典》提醒我们，"*orgê*"(狂欢)是集体情感中的一种自然表现，它体现了社会生活中普遍存在的激情。[4] 我建议道德学家们关注这些词源学研究，因为它们能够激励我们保持谦逊和谨慎。"辨别力"(*discretio*)是构建思想大厦的基石，它为我们的思考提供了坚实的基础。

这本书是献给我父亲的，他自 14 岁起就开始在矿井中工作。他过早去世，是多种事故和矿井中患上疾病的结果。如果这是象征，那么它象征着普罗米修斯式的意识形态：那种想要在任何领域，甚至是地下领域，统治自然的傲慢意识形态。

那么，正是这一点被酒神狄奥尼索斯的传说所强调。对世界的统治最终会毋庸置疑地导致其毁灭。狄奥尼索斯，这位与地下世界相关的神祇，预示着另一种日益显现的敏感性，我称之为"生态智慧"(écosophie) [1]，即共同家园的智慧。

正是在这个意义上，狄奥尼索斯的形象具有极其深远的预见性，特别是在超越那些永恒不变的平庸事物方面。它使我们能够洞察那些不可见的、推动社会变革的萌芽。被卡尔·马克思视为基本神话的"被解放的普罗米修斯"形象，正逐渐地被一个深深植根于这个世界的狄奥尼索斯形象所取代。

《狄奥尼索斯的阴影》采纳了我关于"温和的极权主义"的假设，这一假设在 1979 年我的书《极权暴力》(*La Violence totalitaire*) 中得到了阐述。它预言性地批评了那些灾难性的胡言乱语，如进步主义、理性主义和其他个体主义，所有这些构成了现代特有的"民主理想"的基础。[5]

狄奥尼索斯神话提醒我们，要超越黑格尔历史哲学以及社会主义和马克思主义意识形态所推崇的线性进步观念，常识引导我们回归到一种循环的时间观念，即世界时代的更迭。这种所谓的"进步哲学"，带有一定的神秘色彩，强调每一次的黑暗时代和黄昏期，都预示着一个周期的结束和新时代将至的曙光。

谈论范式转变是司空见惯的，但我们仍需从中得出所有可能的后果，尤其是关于民主理想的饱和问题。"社会契约"的饱和表现为

---

[1] 这里的"écosophie"是马费索利发明的一个术语，由"éco"(意为"生态")和"sophie"(意为"智慧")组成，指的是与自然和谐相处的智慧。——译注

自主主体间机械的团结，其根本价值在于功利主义，即通过自我经济的实践来巩固狭义的经济理念。

确实是对这种主观主义的批判，构成了海德格尔所倡导的"去蔽"（désobstruction）概念的核心。在我的看法中，"Aufbaust"（通常指的是建立或建构）这个词有时被误译为"解构"（déconstruction）。"去蔽"这个术语更为合适[6]，因为它使我们注意到有必要清除思考路径上的陈旧解释，以理解那些处于"初始状态"（*in statu nascendi*）的事物。因为狄奥尼索斯预言所提出的是一种诞生（naissance），一种复兴（Renaissance）！

这需要我们能够培养出一种敢于突破现代理性主义狭隘框架的思维方式。这样做的目的是为了把握互动和相互依赖的过程，这些过程在复杂的社会中，受到了网络文化的影响，正在积极地展开。

这种勇气促使我们达到了一种超越理性的理解，它超越了经济、政治和社会的"现实原则"。这种理解进而引导我们认识到人类（微观世界）与宇宙（宏观世界）之间的和谐关系，这是通过吉尔贝·迪朗（Gilbert Durand）所提出的"中观世界"（mésocosme）[7]来实现的。换句话说，这个"中间层"（milieu）是共同情感交流的源泉和结果，构成了社会生活中所有生命的根本基础。

思考的勇气在于敢于直面持续困扰我们的阴影。这难道不是必要之举，以使我们更加关注到本能的重要性吗？真正的辨别力，即真实的洞察力，意味着接受存在的明暗交织。也正因如此，辨别力才能体现出"审慎"（discret），甚至是"隐秘"（secret）的特性！

理性主义在宣称"真理"时，透露出一种偏执。相反，感性理性（raison sensible）的现实主义则满足于简单地揭示事物的真实状态。不再是道德主义所追求的那种"应该是怎样"（devoir-être），而是接纳生活中必要存在的模糊性。正如皮埃尔·阿贝拉尔（Pierre

Abélard）所巧妙表述的，这引导我们"不是去追求真理本身，而是寻求可能性"（*non veritatem*，*sed*，*aliquid verisimile*）。

超越那总是偏执的"否定"，我们能够对生命作出"是"的回应。这个肯定的回答包含了所有存在的事物和发生的事件。它使我们能够直接地、直觉地认识存在。直觉是人类知识的滋养源，它允许我们在反思中发展个体和集体生活中保留的直觉成分。

对狄奥尼索斯的阴影的关注提醒我们，存在一种超越那些被不断重复的概念的知识，这些概念往往被那些偏爱言辞而非事物本身的人所使用。这正是现代理想主义的特点。相对化词语可以帮助我们接近"失落的话语"。这是另一种重温那些原始的、最初的确信的方式，借用波德莱尔的表述，即"圣洁的青春"。

人类的青春，即原型或"人类学结构"（吉尔贝·迪朗），鼓励我们"以永恒的视角"（*sub specie aeternitatis*）审视事物，这是我经常强调的，在当下时刻所体验到的永恒。让我们在此回顾"常识"（*koinè aisthésis*）一词的词源：众人的感官，所有的感官，只有当我们成为那些生活在阴影、地下世界的群体时，我们才能领悟到当下时刻的丰满。这种丰满，我再次提醒，正是狄奥尼索斯神话的核心所在。

在狄奥尼索斯的阴影下，我们得以摆脱那些单调乏味的想法。事实上，这也是官方陈词滥调传播者对这本书表现出强烈攻击性的原因。至于我，我始终欢迎这种有益的阴影。它与刻板的概念相反，更倾向于促进临时性的观念、寓言、隐喻以及其他象征性的形象。

在这方面，我们可以回忆起尼采的《查拉图斯特拉如是说》中所言："欲传道者，当先长时间默思；欲携闪电者，当先长久蓄势。"[8] 民间智慧的最佳理解，实藏于普遍智慧之中，得其庇护，方能领悟。

反对那种对"大众"持有轻蔑态度的精英主义，狄奥尼索斯神话，也就是日常幸福的神话，提醒我们要运用"背后思考"（pensée de derrière）（帕斯卡尔）的方式，这种方法能让抽象的词语转化为构建一切共在（tout être-ensemble）的基础话语。

狄奥尼索斯或灵魂的回归

作为当前时代性转化的象征，狄奥尼索斯的阴影迫使我们质疑所有理论、道德和社会的确定性，这绝非易事。然而，质疑可能是有益的。或许，持续的质疑正是打开智慧之门的钥匙。

海德格尔提醒我们，亚里士多德曾说过："提问是思想的虔诚。"实际上，能够优雅地提出问题，勇敢地面对悖论，本质上就是回溯事物的意义，即它们自身的含义。要做到这一点，我们需要找到与时代相契合的恰当词汇。

在探讨"进步哲学"时，我强调了原始传统元素的螺旋式回归，尤其是那种由狄奥尼索斯式的情感所充分表达的本能力量。这关乎深层生命的直觉，它超越了所有理想主义或纯粹理性主义的规则。这难道不是圣奥古斯丁的忠告："勤奋去做你所愿的，爱，并实现你的愿望"（dilige et quod vis fac）吗？

狄奥尼索斯式的狂热确实突出了这一点。回想一下，狂热（l'enthousiasme）一词的词源（en-theos，神在之中）意味着内在的神性（见柏拉图的《蒂迈欧篇》）。这正是我所谓的"社会的神性"（le divin social）[9]，它强调快乐、情感、未知事物，并超越那些总是实际存在且有限的社会规则。

在情感狂热中，最重要的是本能的持续性，这是社会生活的古老根基。法律在习俗面前显得无力。习俗与原始生活、原型及集体无意识紧密相连，法律则是其追随者。简而言之，涉及象征与神话的一切，贺拉斯（Horace）的格言恰到好处地总结道："没有道德基础的法律又能如何？"（*quid leges，sine moribus.*）

社会法则确实极为现实，然而自然法则却并非如此。托马斯·阿奎那在强调"自然法则的不变性"[10]时，明确指出了这一点。正是通过传统的力量实现向后推动，进而激发向前发展，这无疑是狄奥尼索斯神话的兴趣所在。

"现代人"（*Homo odiernus*）、当代人、现在之人致力于挖掘并实现事物的根本要素。他们努力使古老的民间智慧重新焕发生机。这种记忆反对线性主义，即进步主义，强调精神和身体、超越和内在在时间中的体现。这正是现实主义世界观的核心特征。

这看起来似乎有些矛盾！然而，狄奥尼索斯正是在日常生活的具体性中，通过庆祝身体的方式，表达了精神层面的渴望。这确实是道成肉身（l'incarnation）[1]之谜的体现。这并非一场革命，而是对现实的揭示，展现了那种自柏拉图（《高尔吉亚篇》）以来就存在的古老智慧，它不将身体视为"灵魂的墓穴"（*soma sema*），而是视为一切真正存在的源泉。

现代理想主义倾向于分割、划分和二元对立。与之相对，前现代和后现代的现实主义倾向于整合。这是一种基于基本关系主义的事物排序方式。柏格森所谓的"灵魂的补充"（un supplément d'âme）唯有根植于身体才能得以实现。这是一种对抗瞬时存在的人类学结构。正如雅克·马里坦（Jacques Maritain）所言，"可避免的"

---

[1] "道成肉身"是基督教核心教义之一，指的是上帝的儿子耶稣基督以人类形态降生世间，同时具有神性和人性。这一概念体现了上帝对人类的关爱和救赎计划，并通过耶稣基督的生命、教导、死亡和复活，向人类展示上帝的恩典和真理。——译注

（éviternel）[11] 意味着能够把握事物的实质存在。

自然法则与超自然法则的结合，使我们得以把握一种人类学"爱欲"（*Eros*）的持续性。这种爱欲正是天主教神学所称的"神秘的身体"的起因与结果，它得益于身心内在的统一，构成了托马斯主义现实主义的基础。

确实，正如吉尔伯特·基思·切斯特顿（G. K. Chesterton）所指出的，托马斯·阿奎那的思想深深植根于事物的具体性之中。简而言之，感官经验在其中扮演了重要角色。对于托马斯而言，上帝并不拒绝身体（这一思想体现在道成肉身之谜中）。这种深邃的思考认为，没有任何事物在其本质上是不好的。它不仅超越了观念的天空，还致力于将我们的思想拉回现实。[12]

物质的神圣化。生活的荣耀体现在这些看似矛盾的词语中：精神唯物主义、神秘的身体主义。这些都是表达"对生命说'是'"的其他方式。这难道不是意味着，除了我们所称的经济或纯理性的"现实原则"之外，现实与超现实相连，自然包含超自然，可见的表达不可见？所有这些事物都在揭示一个真正的神秘，即道成肉身。

这正应了那句流行谚语："过犹不及。"人们往往因美好的愿望而陷入错误的理论。所谓"超理性主义"（即理性与感官的结合），正是整体性思维的标志，其核心在于关注事物的持久本质。

并且，原型维度经常在我们的记忆中浮现。或许，这恰恰标志着当前时期。然而，时代性转变特有的欢腾是无法通过抽象言辞来理解的，这需要基于民间智慧特有的视野，而民间智慧本身是根植于漫长历史之中的。

雅克·马里坦所称的"纯粹计算性的理性"[13]，无法领会其本人所说的智慧本质。该理性忽视了真正的智慧源于常识与正确理性的结合。正是这种相互地对应与交流，奠定了"感性理性"的基础。

这提醒我们，确实存在克洛诺斯（Kronos，时间）的遭遇（histoire）[1]，这是我们可以个人掌握的，它构成了历史（Histoire）哲学、解放理论、人权的基础。然而，时不常地，那些强调永恒的纪元再次出现，它们被视为真正人类文化的根本。

持续存在的是身体和精神的结合。托马斯·阿奎那曾言：力量与积极态度的统一，即"潜能与习惯的统一"（*enim unitas potentiae et habitus*）[14]。习惯是一种日常存在的方式，它激活了潜在的力量，即原型。换句话说，克洛诺斯通过其各种表达（如时间顺序、历史等）促进了世界的统治，而永恒（Éon，无尽的时间）属于命运的范畴，我们必须与之和谐相处。

狄奥尼索斯智慧确实提醒了我们这一点。它使我们能够摆脱狭隘的自我"个性"（l'individualité），实现自我与世界的和谐，从而接近"他者"（l'Autre）。这个"他者"可以是自然（狄奥尼索斯是土地神祇），也可以是部落，最终导向"神性的他者"（l'Autre du divin），即神圣（le sacré）本身。

然而，个体主义——现代的忙碌心灵亦坚持认为——是现代主义的本质特征。正是因为存在结构上分离的个体，才出现了国家福利的专制，也就是黑格尔所说的"国家神"（l'État-Dieu）。

社会学家维尔弗雷多·帕累托则批评了"国家伦理"（l'État-Éthique）及其卫生主义和道德主义者，他们试图基于道德和科学理由来控制一切。通过提供生存的安全保障，"国家伦理"要求服从。我依据帕累托的分析指出，国家的"极权暴力"试图为整个社会生活设置监护人，这最终导致自然和自发的社会有机团结的窒息。[15]

监狱的全景监控成为日常生活的基本元素。这显示了权力与镇

---

[1] 马费索利往往区分"Histoire"和"histoire"。"Histoire"指历史，偏向现代性；"histoire"指一连串的事件和遭遇，偏向后现代性。——译注

压之间存在的紧密联系，原本作为民主工具的东西，逐渐变成专制。过度保护不可避免地导致无力感，这意味着一切共在的终结，同时也是社会衰败的标志。

狄奥尼索斯式的"可避免性"在其欢腾中结构性地提醒我们，与孤立的"个体"(l'*individu séparé*) 相反，复数的"个人"(la *personne plurielle*) 总是与其同类保持联系。精英们害怕部落主义和共同体理想，他们只看到社群主义（分离主义）的负面影响，因此忽略了团结、互助和分享的重要性。所有这些事物都表达了一种结构关系主义，即为了和与同类共同道成肉身。

与现代自治相对的是我所谓的"普罗塔戈拉综合征"[1]，它基于个体是衡量一切的标准，最终导致国家道德主义。不断处于关系中的个人是异质自治的原因和结果。正是这种关系主义使得个人本身就是完美。"*Persona significat id quod est perfectissimum in tota natura.*"（个人的角色在社会中意味着最完美的东西。）16 正是这样的完美导向了那种在狄奥尼索斯的阴影下寻求庇护的"更高存在"(plus-être) 的共同体！17

正是这种"更高存在"允许我们能够集体地面对命运和有限性，它们都是终极表达的体现。自我意识的兴起和自我辩护促使个体"幸福"(bien-être，好的存在) 观念的产生，这种观念认为有可能"超越"(*Aufhebung*[2]，"扬弃"或"否定之否定") 所有自然和社会的限制，进而催生了当代的超人类主义。

哲学上的主观主义、社会上的个体主义，以及道德上的自我中

---

[1]　普罗塔戈拉（Protagoras）是古希腊哲学家，他曾经说过"人是万物的尺度"，这意味着每个人都是自己判断事物正确与否的标准。作者用这个概念来描述一种强调个体至上的心态。——译注

[2]　在哲学上，特别是在黑格尔的辩证法中，"*Aufhebung*"指的是一个概念或实体通过被否定而上升到一个新的、更高的阶段。——译注

心主义，导致了这种对死亡的否认或恐惧，这一点在萨特那启发性的小说标题《恶心》(La Nausée) 中得到了很好的体现！然而，古老的智慧知道，内化的知识告诉我们，否认有限性，就是剥夺人类作为生命体的死亡能力。

与这种认识论上的个体主义形成鲜明对比的是，复数的个人在共同体中找到归属，在有机团结中蓬勃发展，能够勇敢面对命运和死亡的挑战，不断深入体验日常生活的强烈质感。这是一种与爱神阿芙罗狄蒂有关的（aphrodisiaque，有关性关系的）神秘启示，它正是所有狄奥尼索斯现象的精髓所在。

这难道不就是完整的人文主义 (l'humanisme)，它在人的泥土 (l'humus，腐殖质) 本性中找到了和解？这是在另一种方式下，表达我们人类本质的结构性矛盾……正如但丁在《神曲》中的《地狱篇》里的第一歌所提醒我们的那样："Nel mezzo del camin di nostra vita..."（在我们的生命之路的中途……）"我离开了正确的道路，发现自己身处一个黑暗的森林……"在地球上，痛苦的奥秘与欢乐的奥秘紧密相连。正是基于这样的整体性，基于这种"对立统一" (coincidentia oppositorum) 的原则，我们才能理解生命的力量，以及日常生活中简单而浓郁的小确幸。

平衡的社会深知学习面对死亡的重要性，这样做为生命赋予了真正的意义。因此，正在兴起的后现代性，超越了极度简化的现代主义，正在学习领悟悲剧 (le tragique) 的真谛，这使我们能够欣赏到现时的丰盈。这正是狄奥尼索斯神话所展现的永恒光辉的态度：爱，深沉如死亡。这是我们从自然这本美丽的书中所学到的东西。我们亦应学会如何来阅读这样的自然之书。

狄奥尼索斯邀请我们进行这种阅读。他提醒我们，超越了对世界和生命戏剧性的理解——这种理解假设社会问题总是有解决的办法，并且构成了现代个人主义的核心——悲剧实际上促成了一种共同体秩序。接受生命的有限性只能在与他人"共同存在"（existe avec）的情况下实现。正是这种与他人共存的状态，使我们能够适应生活中的悲剧。

我再次提起一段个人回忆，毕竟，这本书是为了纪念我的父亲而写的，它深深地植根于我在塞文山脉故乡格雷斯萨克（Graissessac）的生活经历。每当空中响起矿场的警报，所有家庭都会聚集在矿场的广场上，心中充满了对可能发生的事故的担忧。我的童年不仅被父亲及其亲人的多次事故所影响，也感受到了同伴父亲们的突然失踪所带来的冲击。然而，那段时光同样被对生活的无比热爱所刻画，尤其是对充满活力的共同体生活：为期一周的圣芭芭拉节日庆典、各种烹饪仪式，以及像欢乐一样迸发的反抗情绪。只要矿工还在地下辛勤劳作，死亡的阴影就始终挥之不去。然而，狄奥尼索斯的影子，即生活的欢乐和共同体的精神，也在我们日常生活的每一个角落中闪烁着光芒。我们可能会认为，现代性的终结意味着我们已经超越了风险、恐惧、危险、意外、疾病和死亡。然而，实际上这些只是被限制在了家庭隔离中，甚至在卫生危机期间，我们采取了完全的隔离措施。这种对死亡的边缘化却带来了一种阴郁的悲伤。正如让·弗尔托（Jean Furtos）所说[18]，为了保护"裸体之身"（corps nu），个体被剥夺了在长期时间框架内以及在即时关系中的所有锚定。然而，大量的集会公然违反政府命令，甚至越来越激烈的起义[19]，表明这种基于恐惧的策略无疑会反噬那些试图强迫我们通过牺牲生活来换取生活的人。

不要忘记，悲剧是"不平坦"（non aplani）的体现，是未经提炼的恶（*trakhus*，意为"粗糙的，多石的"，见柏拉图的《克拉底鲁篇》，408c）。因此，"动脉-静脉"与"更平滑的血管"形成对比。

不要忘记，神话的本质是展现事物的本来面目。接受事物本身，不带任何规范性或评判性的态度。正是从这个意义上说，狄奥尼索斯的神话具有接纳生命粗糙性的力量，它理解并接受生活的本质和全部，这相当于使用一个隐喻，即与"恶魔的成分"[20]达成和解。

狄奥尼索斯的形象，无论是在古代的酒神节中，还是在当代的过度色情表现，乃至现代的音乐狂热，都是一种既承认又仪式化人类本性中固有暴力的方式[21]。这是对悲剧的一种安抚。古罗马的农神节，中世纪的愚人节、死亡之舞[1]、学生模仿老师的行为，以及法律界的"愚人"(basochiens)[2]传统，这些都是社会用以缓减悲剧的尖锐性，借助仪式达致情感净化，从而处理暴力这一人类学结构的方式或手段。

随着自我意识的兴起，自由、解放和对"权利"的辩护构成了个人与社会行动的主线，而普罗米修斯神话则为其提供了原型。卡尔·马克思在赞颂"被解放的普罗米修斯"时，正是在提醒我们这一点。

狄奥尼索斯式的倾向是无尽地服从于命运的要求。悲剧的本质，即必要性（*Anankè*），在于接受事物的秩序与注定要发生的事情，遵循自然与超自然的法则。在这样的前提下，主动接受甚至选择约束，最终都能导向彻底的自由。一旦接受了自然法则中的"既定条件"，那就没有什么是不被允许的了。

服从以换取自由，是自由之极致，这与现代性的虚假解放无关。正如西蒙娜·薇依（Simone Weil）在《扎根》（*L'Enracinement*）

---

[1] 指在中世纪晚期，特别是在欧洲流行的一种与死亡和死后世界相关的舞蹈或表演。这些表演通常在葬礼、节日庆典或宗教仪式中进行，有时也会在瘟疫或其他灾难期间出现。——译注

[2] 指的是法律界中的一种传统，新入行的律师和法官会经历一系列的戏谑和考验。——译注

中所言，义务或责任凌驾于权利之上。这些"对人类责任宣言的序曲"[22]标明了现代普罗米修主义与前现代及后现代狄奥尼索斯精神之间的分界。

狄奥尼索斯，是这种扎根特质的典范形象。在接下来的篇章中，我将详细阐述这种扎根的动态本质。确切地说，它促使人们走出自我。超越抽象的"道德"（morale）、权利的"道德"和空洞的政治"道德"，扎根催生并强化了一种"伦理"（éthique），这正是感觉、感情和共同情绪的源泉以及结果。

难道不正是神入（l'empathie），是我们无法再抽象化的东西吗？难道不正是善意、分享和团结，构成了网络社会和网络文化的根本基础吗？

狄奥尼索斯冲动的核心在于自我奉献和深情（la dilection），这是一种超越以自我为中心的友情之爱，通过在他人中的自我爆发来实现。托马斯·阿奎那将这种爱称为"友谊之爱"（amor amicitiae），以区别于单纯的"欲望之爱"（amor concupiscentiae）。[23]这就是托马斯主义的"现实主义"，即灵魂与身体、行动与梦想的统一。它体现了个体和共同体存在的完整性。通过接受悲剧和有限性，我们能够最好地活在永恒的当下。因此，由狄奥尼索斯的光明阴影，通过强调道成肉身，引领我们跃入无形。[1]

注释:

1."不要过于公正，也不要过于聪明，你为什么要毁灭自己呢？"

2. L. Cristiani, *Du luthéranisme au protestantisme*(1911), Dourdan, éd. Parthenon, 2016, p.75.

---

[1]　跃入更广阔的存在。——译注

3. 我指的是拙作 M. Maffesoli, *Éloge de la raison sensible*(1996), Paris, éd. La Table Ronde, 2005。

4. A. Bailly, *Dictionnaire grec-français*, Paris, Hachette, 1894, p.1337. Ph. *Chantraine, Dictionnaire étymologique de la langue grecque*, Paris, Klincksieck, 1999, p.815.

5. H. Arendt, *Les Origines du totalitarisme*, Paris, Éd. du Seuil, 1984—1987, 3 volumes et M. Maffesoli, *La Violence totalitaire*(1979), Paris, Desclée de Brouwer, 1999.

6. *Le Dictionnaire Martin Heidegger*, Paris, Éd. du Cerf, 2013, p.330 et 313.

7. G. Durand, *La Foi du cordonnier*, Paris, Denoël, 1984, ch.VII.

8. F. Nietzsche, *Ainsi parlait Zarathoustra*, Paris, Gallimard, 1963, p.264.

9. É. Durkheim, *Les Formes élémentaires de la vie religieuse*, Paris, CNRS Éditions, 2014, 米歇尔·马费索利作序。参见 Ph. Filliot, *Les 50 mots essentiels de la spiritualité*, Paris, Albin Michel, 2022。

10. *Somme théologique*, I^a, II^a—II^{ae}, q.94, art.4.

11. J. Maritain, *Antimoderne*, dans *Œuvres complètes*, Paris, Gallimard, t.II, 1987, p.929.

12. G. K. Chesterton, *Saint Thomas d'Aquin*, Paris, Plon, 1935, p.116—127.

13. J. Maritain, *Antimoderne*, p.94 sq；参见 M. Maffesoli, *Éloge de la raison sensible* (1996), Paris, rééd. La Table ronde, 2005。

14. Thomas d'Aquin, *Somme théologique*, I, 1^a, q.1, art.3.

15. M. Maffesoli, *La Violence totalitaire*(1979).

16. Thomas d'Aquin, *Somme théologique*, Ia, q.29, art.3. 参见 J. Maritain, *Trois réformateurs*, ch.I, «Luther ou l'avènement du moi», dans *Œuvres complètes*, Paris, Gallimard, 1984, t.III, p.452。

17. 事实上，在我看来，以"个体的自由"的名义反对所谓"卫生极权主义（totalitarisme sanitaire）"[1] 的做法是错误的。我认为，更严重的问题是权力试图将人们原子化，阻止人们聚集，剥夺诸如反对官方疫苗指令、反对集聚命令、反对宗教或共同体仪式禁令等的社会本能机会。这里讨论的不仅仅是表达我们的个性，更重要的是我们作为团结一致、命运相连的存在。

---

[1] 这是一个非正式的术语，用来描述一种极端的公共卫生政策，这种政策通常涉及对个人自由和权利的广泛限制，以控制疾病传播和保护公共健康。这个词强调了公共卫生措施的专制性质，即这些措施可能被用来控制社会和公民的行为，而不一定是出于医学或健康的考虑。——译注

18. J. Furtos, *Pandémie et biopouvoir, La nouvelle précarité contemporaine*, Paris, Presses de l'École normale supérieure, coll. «Rue d'Ulm/Essai», 2021.

19. 我指的是我的一本小册子，*L'Ère des soulèvements*, Paris, Éd. du Cerf, 2021。

20. J. Beauffret, *Dialogue avec Heidegger*, t. IV. *Le chemin de Heidegger*, Paris, Éd. de Minuit, 1985, p.32；参见 M. Maffesoli, *La Part du diable*, Paris, Flammarion, 2002。

21. L. Pourtau, *Techno: Voyage au cœur des nouvelles communautés festives*, Paris, CNRS Éditions, 2009. 参见 C. Attimonelli et V. Susca, *Pornoculture, Voyage au bout de la chair*, Montréal, éd. Liber, 2017。

22. S. Weil, *L'Enracinement, prélude à une déclaration des devoirs envers l'être humain*, Paris, Gallimard, 1949.

23. Thomasd'Aquin, *Somme théologique*, II—II, 23, I.

第四版序言　在拥有千个名字神祇的阴影下

只有通过与日常的无常（l'impermanent）相连，当前的现实才获得意义。只有把握住那些开创性的瞬间，我们才能真正理解所发生的一切。因此，所有深刻的思考都回归到人类存在的独特性上：我们为将来播下种子。

这本书便是证明。写于 70 年代末，它强调"激情"（orgé）在我们社会中的角色日益重要。同样，参照这个词汇的另一个含义（orgos：被启蒙的人），它预示了启蒙在当代"新部落主义"（néotribalisme）中将占据首要地位。这难道不是在表明，与传统观念相悖，我们的社会生活其实充满能量吗？然而，我们必须承认，尽管这可能会让众多观察者感到遗憾，但这样的能量既展现在邻近（la proximité）之中，也显现在日常性（la quotidienneté）之中，以及对正当享乐的追求里。无论如何，这种能量是在现代社会学所偏爱的理性机构之外得到释放的。

因此，我们常常听说所谓的"过度消费"（hyperconsommation）。这又是一种夸大之词，用以掩盖我们实际上已经迈入了新的境地！

只要我们不被那些习以为常的观念所蒙蔽，显而易见的是，对物品的渴望、爱情的迅速过时、对新奇事物的狂热，这些都应激励我们用另一种名称来描述那标志着后现代生活方式的令人眩晕的浮躁。乔治·巴塔耶（Georges Bataille）用他的"消耗"（*dépense*）概念，预言性地描绘了这些现象的轮廓。然而，在当今时代，这种燃烧生命的消费（*consumation*）方式已成为一种日常现实，它位于现代性特有的进步神话的对立面。

正是通过构建进步神话这一概念，奥古斯特·孔德和圣西门试图对抗他们所认为的多神教，以及随后的闪米特一神教中的蒙昧主义。

人们记得圣西门所说的"工业宗教"（la Religion industrielle）。人们是否足够意识到，这种宗教本应巩固现代的整体生产本位主义，以及其增长的大意识形态。19 世纪及 20 世纪初逐步形成的生产型社会，不可避免地催生了让·鲍德里亚在其著作中深刻分析的"消费社会"（*société de consommation*）。在他看来，这个消费社会正是"生产的镜像"（le *miroir de la production*），尽管这部作品相对鲜为人知，但其影响力却不容小觑。

任何神话都需要一些真正能够起到示波器作用的词汇作为其指针。这些词汇就像共鸣箱，每个人都能在其中轻松地找到自我认同，即使是不自觉的。"进步、生产、消费"这个三部曲恰好发挥了这样的功能。这些关键词反映了公众的关切，并构成了现代神话的基础。然而，它们现在已经变成了简单的咒语，也就是说，这些词语在各式官方讲演中不断地被提及，它们在每一个场合都如宗教经文般被诵念，已成为公共舆论和日常修辞的一部分。正因为如此，人们对这些词语不再给予太多关注。这就像是我们一直都知道的：它们变成了单调的诵经、礼拜和催眠。

实际上，有许多迹象与社会变得麻木的论断相矛盾，并且这些迹象挑战了那些为社会提供合法性和合理化的共识性论述或分析。

确实，当一个价值观念即将结束时，它往往会经历一次回光返照。正如人们记得天鹅在临死前发出的传奇般的歌唱[1]，将粗糙的叫声转化为哀婉动人的旋律，尽管这种旋律并无实际用处。同样，我们就可以理解那些关于劳动价值和与工作相关的各种不平之声，以及所有关于经济增长率或所谓购买力的诸多怨言！这些"歌曲"在越来越被忽视的同时，反而变得更加坚持和突出。仿佛在深层意义上，生活只关心一个住房储蓄计划！我在之前的著作《启示录》(*Apocalypse*，CNRS Editions，2009) 中解释过，所谓的经济危机(PEC) 没有其他来源。它首先是一场文明危机。在其词源（*krisis*，危机）意义上，它是对即将结束的事物的评判。这种评判依凭狄奥尼索斯式的价值观展开，它们强烈反对普罗米修斯式的价值观，即反对"工作的价值"和"经济体系"的主导地位。

空气中似乎有一种火灾的气息。人们以各种方式燃烧自己的生命，或者，用另一种方式来说，他们不愿意为了赢得生活而失去生命。这就是消费神话如何逐渐取代那略显陈旧和贫乏的"生产-消费"神话的地方。

当然，高潮是在法国大城市周围每年被人为焚烧的数万辆汽车。我们是否敢于认为这是一个发人深省的象征？无论如何，了解到汽车曾是旧消费社会的绝对象征，这是有启发性的。汽车是一种昂贵

---

[1]　传说天鹅在临死之前会发出它这一生当中最凄美的叫声，也许是因为它知道自己时间不多了，所以要把握这最后的时光，将它最美好的一面毫不保留地完全表现出来。——译注

的商品。它是辛勤工作的成果，也是上班的交通工具。同时，它也是能够让人在实际或幻想中逃避工作压力的手段。它代表了休闲和自由时间的可能性。最后，这个"符号-对象"（汽车）是人们力比多投资的集合体，这种投资长期以来一直是精神分析学家们非常乐意深入探讨的主题。

有东西烧着了！

请注意，被焚烧的并不是富人的汽车，富人们的汽车通常安全地停放在有人看守的车库中。不是的，被点燃的是那些停在街上的汽车。就在住宅区大楼的脚下，在媒体现在所称的"街区"（quartiers）里。因此，这辆车可能是属于你的一个熟人或者亲戚的。

"消费"这一东西，并不像人们常分析的那样是一种政治行为，而更像是一种游戏般的姿态。这是一种古老的人类学结构，将破坏置于建设的核心。正如罗马的格言所说："*pars destruens，pars construens*"（通过破坏来建设）。在某种程度上，是通过破坏来构建。而且，我们不禁会想到这些火灾与某些学生节庆活动有着奇妙的相似之处：比如 1964 年的伯克利或者 1968 年的盖-吕萨克街！因此，这种陈词滥调的观点，将一种无意识的怀旧情绪——对旧制度的向往——和一种根深蒂固的保守主义结合起来，大声宣称我们需要同时"更加努力工作并忘记 1968 年"。而"工作、家庭、国家"这样的多重咒语，现在已经成为法国知识分子的口头禅。

在《与恶魔的战斗》（*le combat avec le démon*）中，斯蒂芬·茨威格谈及尼采或荷尔德林时，提到了一种驱使他们的作品和生活的恶魔般的力量。那么，是否可以认为，在某些时代，这样的"恶魔主义"（*démonisme*）同样在整个社会中起着作用呢？《狄奥尼索斯的阴影》试图展现的正是这种现象。

在文学创作中发挥作用形成高潮的东西，在日常消费生活的所

28

有对象中以"较低"的形式表达出来。事实上，它们不再是持久耐用之物，甚至不再被设计为能够持久。它们被纳入那些暂时性事物的循环之中。无论是物品、情境，还是关系，都带有计划性过时的烙印。

这也体现在情感领域。爱情不再与永恒相呼应。疲劳、磨损、习惯，所有这一切，在通常情况下，使得朋友或恋人之间的关系不再持久维系。此外，我们知道婚姻制度是如何运作的，它试图通过向同性恋者或其他不符合"正常性取向"的人群提供婚姻证书来弥补自身的脆弱性！我们必须给此类"牧师"及其他各种祝福者们找点事情来做！

理论不复旧观。概念如今正受到来自各方的质疑。教条已不再受到青睐。普遍主义如今只能说服少数几个理性的、科学的、进步的狂热者，或者是其他类似教会里的信徒。

当今时代，部分、短暂甚至是近似的真理占据了主流。然而，这种相对主义，在强调瞬间的过程中，实际上亦促进了创造力的发挥。诚然，无论是个人的能量还是集体的能量，都不再能够被长期地调动。当能量聚焦于瞬间时，它以更强烈的强度被体验。

这正是"消费社会"的体现。它不再是基于"工业宗教"的自我与世界经济的神话，而是一种新的神话，建立在消费和损失之上。这是一种深层的无意识，它承载着古老智慧的精髓，深知有时"失去即获得"。毕竟，为何不赌上一局，相信在消费行为中，那夜幕下的想象奢华可能正是强烈且多产创造力的先声？因此，它也可能是一种社会层面的真实。歌德曾提醒我们："唯有丰饶才是真实。"

将生活本身视为一件艺术作品！将一切事物和人都置于"公共广场"，这正符合将生活美学化的趋势，其中最重要的是体验共同的激情和情感。从这种观点来看，美学成为了伦理的黏合剂。而在传统社会中，艺术是日常生活的一部分，但逐渐地，艺术被封装起来，与日常生活隔离。艺术、创造、创造性、游戏和想象力被边缘化，与日常生活分离，现在它们再次渗透到普通人的生活当中。尼采因为有了这种直觉而发疯，这在当时并不被接受。如今，从波希米亚人到街头混混，从懂得审美的知识分子到关注自己身体的运动员，从城市游牧者到关心有机蔬菜的环保人士，人们都在关注日常生活中的创造力。艺术开始渗透到所有那些曾经被认为是微不足道的事物之中。

每个时代都有其独特的形象和神话。然而，这些只是重新唤醒并赋予了那些我们以为已经过时的古老潜能以新的生命，它们突然之间获得了惊人的青春活力。

但是，承认这一点很难，因为人们根深蒂固地相信人类会不断进步，历史会有一个确定的发展方向，朝着遥远的目标前进。"闪米特人"（semite）的意识形态，无论是犹太教、基督教还是伊斯兰教，都强调历史的发展，其特点是线性的历史观。与此相反，希腊思想和各种东方智慧基于事物的周期性回归。因此，它们的重点就放在了这些神话时代，强调实际的生活经验。

在这方面，我们可以回忆《上帝之城》中的一段极具启发性的文字（XII，14，1），其中圣奥古斯丁坚定地谴责了"这个世界的智者们"，因为他们认为有必要引入一个循环的时间进程来更新自然。事实上，神话确实指向了万物的周期性复兴。无论是圆形还是螺旋形，因为事物并不会完全回到同一个水平。因此，以工作为中心的社会正在逐渐转变为以创造为中心的社会。

我们现在生活在一个动荡的时代，这一点已经成为共识。无论是隐蔽的还是剧烈的，那些曾经支撑了社会生活稳定性的伟大价值观的崩溃已是不可否认的事实。然而，人们对于接受这一崩溃所带来的心理和社会后果持有很大的保留态度。确实，某些神话的复兴或重塑让那些负责管理神话的神职人员（政治家、学者和记者们）感到恐慌，因为他们绝不愿意看到这些神话达到饱和。

在信息洪流的时代，没有任何人或事物能够逃脱现实新闻不断涌来的冲击。这场洪水冲刷着现代性的基石：工作。

借用哲学家伊曼努尔·康德的知名表述，这是主要的"绝对命令"（*l'imperatif categorique*），指导着自我实现和世界的实现。由此，劳动的神话得以构建，劳动、生产本位主义以及作为其后果的经济开始占据主导地位。但是，这个价值本身是新的，并不意味着它是永恒的。实际上，从经验上来看，有众多迹象表明社会和自然环境已经饱和。这迫使我们不得不考虑是否有其他方式在影响它们。

但是，正如我之前所指出的，每件事物在结束时都会发出最后的声音，这是它们在死亡前的最后一次歌唱。而且，顺便一提，有趣的是注意到"工作价值"这一概念是如何构成各种社会政治观点的不可动摇的基础的。这个概念，我们记得，是卡尔·马克思思想体系的核心，尤其体现在他的《资本论》之中。这是马克思主义的复兴吗？无论如何，根据一些观点已经过时的知识分子，我们通过重新评估劳动价值来革命化、保存、改变和改革社会。那么，如果问题本身已经不存在了呢？如果这种理念，最终，只是衰落的现代性中的一个"仲夏夜之梦"呢？

实际上，以各种方式，尤其是对那些已经成为未来社会的年轻一代来说，人们清楚地感觉到，生活的本质不在于为了赢得生活而牺牲自己。命令式的"你必须"逐渐让位给愿望式的"我们不得不"。当然，我们需要工作，但它只是众多元素中的一个。它是个人投资的一个方面，但不一定是最重要的。

幸福和潜在享乐主义的神话使得人们能够同时成为优秀的管理

者，并且拥有多个兴趣点，每个兴趣点都有其独特的价值。包括多种爱好、从事不同艺术形式的业余活动、临时工作、管理层变动、关注办公环境的审美、重视南方地区的"向日性"(héliotropisme)，甚至可以说，这是对法国南方人刻板印象的一种反击 [1]，所有这些都被用来相对化劳动的约束性方面。

因此，在有限的工作时间里，生活的条件不再被忽视。简而言之，质量问题已经成为当务之急。这些日常实践，虽然很少有理论支撑，但广泛存在，它们提醒我们，存在一些文明，而不是最不重要的那些，在这些文明中，创造力往往占据主导地位。

普罗米修斯让位于狄奥尼索斯

在这个视角下，创造不就是动员所有这些人类参数的能力吗？这些参数包括游戏、梦幻和集体想象物。文艺复兴时期就是这样一个时刻，当时的银行家、企业家、艺术家和各种冒险家认为社会生活是一个整体，并且相应地采取行动。这种整体性的概念也在新生后现代主义的"整体性"(holistiques) 神话中得到了体现。

"注重外表和时尚的都市男子"(*Métrosexuels*) 和中产阶级的各色人等，反全球化者，去增长和生态公约的支持者，正以各种方式努力降低工作的主导地位。得益于全球化，后现代神话强调的是幸福感的"古老"愉悦与科技进步之间的协同作用。当了解到互联网

---

[1] 人们被阳光吸引，这使得法国南部地区再次变得重要起来。南方的这种对于大众的吸引力，可以说是一种对南方人刻板印象——他们被认为不太勤奋，行事慢慢悠悠，略显懒散——的反击。而诸如爱好、美学、向日性等元素，亦在帮助我们展示和相对化一个事实，即工作并不只是令人不快的、强制性的负担，它同样也可以是"南方式的"。——译注

上超过半数的交流都与友谊、色情、哲学或宗教相遇有关时，我们便能清晰地看到"工作价值"相对化的实质所在。正是这种价值的相对化凸显了创造力在社会生活中的再次兴起。

价值观的这种蜕变开辟了一片广阔的新天地，仍有待我们深入探索。简而言之，所有强调经历、体验、自我实现等概念的神话都在传递一个信息：真正的能力源于某种特定的倾向或渴望。简而言之，只有与时代的潜意识同步，我们才能调动个人和集体的能量。在这一领域，那些能够洞察并投资于我们这个时代想象物（l'imaginaire）所蕴含的价值观的人，将展现出前瞻性，也就是说，他们将契合不远的未来。现代性的基石——"我思故我在"（L'ego cogito），正逐渐被一种"以情感为核心的自我"（ego affectus est）意识所取代。这种新生的心灵受到他人、神圣、自然以及个人和集体情绪的影响。我们必须认识到这种转变：从现代物质主义的束缚中解放出来，迈向一种新的共存方式，在这里，非物质的价值重新焕发了力量和活力。

正是这些非物质价值在政治、社会和经济生活中全面复苏。年轻一代成为这种新视角的引领者，这并非偶然；他们对自然和社会的全新审视具有重要意义。正因如此，那些态度略显超然的多样化"创意人士"成为了当代的典范，他们正在重新诠释这个世界的永恒青春。这一切都在狄奥尼索斯的标志性形象中得到了凝聚和体现。

格雷斯萨克

2009 年 8 月 28 日

警　告

引用当代作品或经典作品来构建参考框架的做法，或简而言之，依赖先前分析基础的做法，已不再是一种时尚。许多人以友好或尖锐的方式，对我在这方面的实践提出了批评。

我还是要坚持我的观点。实际上，我认为对于我"编纂"（compilation）的批评，主要是在我建立我的批评体系时被提出的，然而这些人并没有看到这种批评体系的效果是相对化的原创性和揭露了伪新颖性。在人文科学中，我们不是要发现"新世界"，而是要揭示一些被遗忘的共在（l'être-ensemble）的方面。或者这种发现应该与海伦娜，君士坦丁的母亲，当她"发明"了圣十字架时的情况[1]相比较。

至于另一个指责，即"无个人思想"，我是坚决认同的。我们这个时代的道德家，而且是一位相当重要的道德家，曾经说过，"我们

---

[1] 海伦娜，君士坦丁的母亲，据说在寻找耶稣受难的地点时，在橄榄山上发现了一个埋藏的十字架。她将这个十字架挖掘出来，并将其视为圣物。这个故事后来成为了基督教传统的一部分，海伦娜被尊为发现圣十字架的圣人。——译注

的思想存在于每个人的头脑中"。这也就是我想在本书的序言中表达的观点。这更多的是关于激活，或严格来说，想象那些在日常生活中广泛传播的东西，而不是创造一个"准备好思考"的理论。许多作品都自信地声称自己是某个理论或思想的产物；而这本书则满足于引发思考的愿望。理论上确定"应该是怎样"，往往导致最糟糕的暴政，无论是持什么样的政治立场。似乎更有智慧的是，知识分子承担一个简单的角色，即与其他许多话语并列，以自己的方式描述时代。

最终，没有任何羞耻地去阅读和说出来。当然存在"间接引用"的技巧，有些人已经热心地向我推荐过。同时，选择性地"忘记"某些分析的来源，这种事情也似乎越来越常见。这样的态度往往是故意的，但有时，这同样令人担忧，它可能源于粗心或无知。无论如何，如果智识成果的价值仅仅取决于流行观念的过时程度，那将是遗憾的。从长远来看，没有人能从中受益。这里并非要扮演批判者，那样做会让人发笑。而是要表达一种信念，即在这个时代，以及更广泛地以一种永恒的方式，我们参与了与那些曾经面临这个问题的思想家的对话和辩论，这个问题总是并且再次成为当前的问题，即共同存在（l'existence commune）的恒定性和变化性。

这些观点，旨在保持清醒而不失洞察力，可能有助于我们避免威胁知识分子职业生涯的两种陷阱：偏执狂，它试图构建解释时代的杰作；以及轻浮，它受到名声的吹捧，生产出那些带有足够的酸味、能够刺激那些渴望"强烈的情感"的公众的季度性奢侈品。

概念的演变应该鼓励更多的谦逊。在宣称社会层面的"生活的愿望"（vouloir vivre）的优先地位时，这项工作融入了一个集体性的进程，并认可其性质。在一个时代，当懒惰被助长时，文化只被视为消费品，我们不应该害怕分享一种努力，这种努力赋予每个人独立思考的权利和可能性。

引　言

"我们以为自己的生活贫瘠，

却不知其最深的丰饶已悄然溜走。

正如骆驼难以穿越针眼，

那些生命中的宝贵财富也无法在我们的书中，

被他人一览无余。"

　　——克洛索夫斯基（Klossowski），《吹管工》（*Le Souffleur*）

　　将狂欢（l'orgiasme，雅典、罗马的酒神节祭礼）视为社会本能 (la socialité) [1] 的基本结构之一可能看起来很矛盾。对某些人来说，这可能是一种野蛮的错乱，而在文明国家中，它也已经被逐渐消除，因为人们的生活方式被驯化了。对其他人来说，这可能是一种在小说或诗歌中可以容忍的幻想式的小梦想。无论如何，很难想象狂欢

---

[1] "la socialité"与"le social"同指社会性，然而在米歇尔·马费索利那里，"le social"强调社会关系，指向现代性，"la socialité"强调社会本能，指向后现代性。为了明确区分，本书中的"la socialité"均译为"社会本能"，而"le social"均译为"社会关系"。——译注

在社会上具有任何效果，尤其是在我们技术高度发达的社会中。然而，这本书正是想要强调它的效果。这本书的目的是要展示，有一种激情逻辑始终且不断地激发着社会身体。这种激情逻辑像一种地下中心（une centralité souterraine），扩散出多种效果，这些效果渗透到日常生活的各个方面。

如同狄奥尼索斯这位拥有众多面孔的神，社会狂欢本身也是多样和多面的。对狂欢的分析会指向一系列不同的画面，每个画面都以自己的方式，从不同的角度捕捉这种形式的某些主要特征。这些特征可以总结为两个方面，它们在研究的每一步中都是并行不悖的。

首先，我们应该意识到，在狂欢的混乱中，个体和与之相伴的社会关系（le social）趋向于"消融"（le confusionnel）。与我们的现代性所倡导的相反，狂欢更注重整体性，或者是整体中各个部分的和谐对应。其次，我们必须认识到，尽管这种狂欢在许多方面可能看起来是反常的，它却能够塑造或重塑共同体（la communauté）的结构。与"应该是怎样"的道德规范相对立，它指向一种"伦理上的非道德主义"（un immoralisme-éthique），这种非道德主义强化了社会中象征性的联系。

关于研究方法，我们旨在表明，古老的元素在今天依然显现，而那些看似新颖的现象实则深植于古老的根基。因此，正如电影中使用的"渐变溶解"（fondu enchaîné）[1]特效，通过对人类学路径的"横向解读"（la lecture transversale），我们可以更好地理解当代的社会状况。

最后，我们可以注意到一个贯穿整本书的弥散性疑问：在未来

---

[1] 一种电影特效技术，它通过连续的图像渐变和融合，从一个场景平滑过渡到另一个场景，创造出一种视觉上的连续性。这种效果在视觉上给人一种场景无缝连接的感觉，就像水滴落入水中一样，前一场景逐渐消失，新场景逐渐显现。——译注

的分析中,狂欢是否能够占据一席之地?或者,当我们提及神话中的角色时,勤勉的普罗米修斯是否正在悄然让步于那位难以名状的狄奥尼索斯?

一、走向混乱的秩序

狂欢的本质在于提出关于社会本能与他异性(l'altérité)的问题。

在审视我们的历史时,文明进程和风俗习惯的驯化无不植根于所谓的"个体化原则"(le principe d'individuation)。虽然我们不会直接探讨这一原则本身,但不应忘记它仍然是我们探讨的背景。个体原子化的过程,其重要时刻包括宗教改革、笛卡尔主义,以及1789年的革命,这些时刻自然催生了"社会关系"这一新的实体。以所谓的"公共服务"为例,它是为了填补有机团结消逝后留下的空白而设立的。社会控制或社会工作,作为政治的最后化身,最终只是应对群体孤独的权宜之计。一时的主导并不意味着一种形式是永恒的。在19世纪末和20世纪初,众多作者已经以或清晰或模糊的方式记录了主导价值观的衰退。在小说创作领域,马塞尔·普鲁斯特、罗伯特·穆齐尔和詹姆斯·乔伊斯的作品对此有启示意义。尼采的独特视角同样具有意义。如今,关于工作、身体、空间、想象物的功能等许多态度同样具有启示性。无论这些态度是微小的、隐藏的,还是越来越明显的,它们不能让社会学家无动于衷。

不妨直截了当地说:个体主义(l'individualisme)正显得力不从心,而社会关系本身也显得"极度疲乏"。本书即是以此为出发点展开探讨的(第一章)。

对个体（l'individu），然后是社会个体（l'Individu Social）的过分强调可能已经让我们忘记了对人类来说恰恰是最基本的东西，即，非常概括地说，"共在"（l'être-ensemble[1]）。路易·迪蒙（Louis Dumont）曾指出，社会学的本质在于它的"整体主义"（holisme），因此我们应当以连贯的思维来考虑这个"整体"（tout）。因此，我们将尝试以一种反转的方式使用涂尔干的术语，除了关注表达机械团结的社会关系（这一现象在 19 世纪末达到了顶峰），我们还将尝试观察指向有机团结的社会本能，其中与宇宙和与他人的关系在一个永恒的运动中相互呼应。此时，狄奥尼索斯的神秘主义就是这种集体感的典型表现。1 社会本能揭示了正在逐渐成形的东西，这一过程依托于那些属于过往时代的形象。因此，分析将在对新出现的紧迫感和对已经走过无数次的道路的缓慢绕行之间摇摆。

无论如何，我们将通过一系列特征，逐步揭示个体在集体中的消解现象。我们直接以诗人的表达为出发点，探讨的焦点是"我即他人"（je est un autre），或者更准确地说，是从他人（l'autre）出发来定义"我"（je）。这个问题不是哲学性的，因为一个时代对这一问题的回答将影响我们对工作（经济、财富）、对各种观念，以及自然地对多重聚合（家庭、城市、民族等）的关系的理解。毫无疑问，当集体（le collectif）开始超越个体（l'individuel）时，活动、能量、个人经济或世界经济等核心价值将会被重新评估。曾经被视为至理名言的"像掌控宇宙一样掌控自己"（Etre maître de soi comme de l'Univers）不再具有重大意义，其他品质，如柔软（la mollesse）、被动（la passivité），在更广泛意义上的丧失（la perte），将引起人们的关注。与一个积极主动的自我（un moi actif），即一个推动历史前进

---

[1] 字面上是"在一起（ensemble）存在（être）"的意思。——译注

4

的主体演员（sujet-acteur）——它在 18 世纪和 19 世纪逐渐占据主导地位——相比，自我逐渐消融于一个更加黏稠、更加混乱的存在之中。个体不再被限制于某种具体的状态或功能，它们不再被动地接受成为某种特定角色的指令。传统的边界逐渐消融。越界和对抗本身，甚至是异议，都失去了吸引力。因为异议（contestare）停留在了与己方相同的事物之上。

　　当然，这幅图景是简单的，我们需要对其加以细化。但是时尚、文化等，政治观望及不参与政治的选择，以及流浪的性（le sexe vagabond）[1] 等等，都是社会中个体主义和社会关系丧失的标志，而这些亦都是在一种无法定义的社会混乱中体现出来的。我想要表达的是，个体不再像旧术语那样，是所有事物的起点（terminus a quo），正如国家在各种形式中，不再是所有事物的终点（terminus ad quem）。我们不应该得出这将是一个统一化过程的结论，正好相反。在一个以共同体为核心的原生有机体中，我们观察到了一种强烈的差异游戏，这种差异甚至可以被称为"可逆性"（la réversibilité）。随着情境的变化，在总体的社会结构中，所扮演的角色（rôle）[而不是功能（fonction）] [2] 逐渐占据了主导地位。我们面对的是那些角色，其中多种形象的多样性格特征和谐地融合在一起。我们越来越认同社会存在首先是戏剧性的，在这个框架内，每一个场景，无论是多么微小和"当真的"，最终都是重要的。无论是在政治的场景（参见乔治·巴朗迪耶）、日常生活的场景，还是真正的戏剧场景，

　　[1] 不是一个常见的或标准的词汇；在本书中，它指的是那些不受传统社会规范约束的性行为或性生活方式。它在这里被用来描述社会中个体主义和社会意识丧失的迹象之一。——译注
　　[2] 在传统的社会理论中，"角色"通常是指在特定社会结构中由个人扮演的特定社会位置，而"功能"则更多地涉及个人在社会结构中的具体作用或职责；在马费索利那里，"角色"更多是为了强调"复数的个人"，指向后现代性，而"功能"更多是为了突出"孤立的个体"，指向现代性。——译注

我们都要在其中扮演好自己的角色。在戏剧性中，没有什么是不重要的，因为一切都是重要的。而在"无意识"地安排舞台秩序的过程中，主导的其实是我们的参与感，这种参与感让我们无论是否愿意，都参与到了一场总体的表演之中。参与（participation）和对应（correspondance）行为自然优先于我们对整体的理解。

当讨论符号象征主义时，涂尔干指出它不仅仅是一个"纯粹的巧计"（simple artifice），而是能够揭示社会事实中超越个体意识的全部内容。涂尔干总结了他的分析："社会生活在其所有方面，在其历史的各个时期，都只有借助庞大的符号体系才会成为可能。"[2] 这样的分析值得所有声称受到法国这位伟大社会学家启发的实证主义者仔细研究。不管怎样，符号象征主义所指向的是群体的优越性。事实上，应该注意到，如果符号（les symboles）在群体中产生，它们也保证了群体对其自身感觉的连续性。符号是所有社会生活的原因和结果。因此，群体不仅仅是由意识或理性构成的，涂尔干在同一文本中赋予"标记"（l'emblématique）[1] 的有效性也提醒了全局戏剧性的效果，其中每个人都扮演着自己的角色。

从这种符号象征主义的视角下，我们才能充分领会狂欢的深层含义。实际上，在狂欢中，社会本能通过既典型又变化多端的形象得以体现，这些形象使每个人都能实现自己的所有潜力。每个人都是在集体中并且通过集体来实现的，这种实现反过来增强了共同福祉。德国存在主义所分析的"处境感"（sentiment de situation），即"置身于世界"（d'être là）的感觉，就是在这种最强烈的共融（la communion）中实现的，这种共融随后继续滋养着平凡生活的全部。通过这种方式，人们与宇宙、自然和环境之间建立了一种"同感"

---

　　[1] 以上翻译参见爱弥儿·涂尔干：《宗教生活的基本形式》，渠东、汲喆译，北京：商务印书馆 2011 年版，第 315 页。——译注

的和谐，这种和谐被视为社会和谐必不可少的对应物。狄奥尼索斯式的欢腾，以其形象的可逆性和生物间深层的"对应"关系，实际上是对被我称为"宇宙结合"（第三章）概念的再现。在那里，在残酷和温柔中，每个元素都在一个有机整体中占有一席之地，唯一的目的是在行为本身中耗尽，这实际上确保了整体的持续存在。快乐和死亡，作为所有存在的原型形象，因此结合起来并在舞台上呈现，以提醒我们——正如狄奥尼索斯（奥西里斯、湿婆等）神话以多种方式所展示的那样——相同事物的永恒回归的循环。

以一种极端的方式，狂欢是这种与宇宙和其他人的和谐关系的浓缩。正如这个对穆里亚族人（Muria）的"青年之家"的观察所总结的，"如果一个女孩总是和同一个男孩睡觉，我们会感觉到我们将失去我们'存在的统一性'，在一个共婚群（ghotul）[1] 中，所有的女孩都必须成为所有男孩的妻子"[维里尔·埃尔文（Verrier Elwin），第 62 页]。重要的是集体身体优先于个人身体。共婚群的实践，无论在何处何时都以略微不同的形式出现，确实是反对一切致命的排他主义的实际生活方式，是实现平衡的一种具体方式。时间的流逝总是倾向于产生个人独一性，加固我们所说的性格盔甲。而传统社会的仪式，以及我们现代社会中尚未分析的仪式，唯一的职能就是切割、打破这种自我封闭。狂欢作为社会本能的因素（第四章）确实是年轻人的一种启蒙，也是所有人的一种回忆，它鼓励人们在宇宙的整体统一和社会的全体中经历一种爆发。米尔恰·伊利亚德（Mircea Eliade）在青春仪式的象征性中看到了对双性恋观念的参考。[3] 不必正面触碰这个微妙的问题，我们便可以指出，双性恋的神

---

[1]　一个特定的社会和文化现象，特别是在一些原始部落中，它指的是一种集体婚姻或群婚的实践，其中一群年轻男女在青春期后会聚在一起，共同生活、工作和性交，没有传统的一夫一妻制关系。这种实践通常发生在特定的一段时间内，有时是几个星期，有时是几个月，甚至更长时间。——译注

话是一种表达整体（la totalité）（神圣的、宇宙的、社会的）的方式。

的确，作为流通媒介的性行为、个体在仪式中的自我觉醒、狂欢的沸腾，以及集体婚礼的形式，无不指向了"出神"（l'ex-tase）[1]，即个体在一个更广阔的集体中超越了自己。令人惊讶的是，随着道德规范的逐渐驯化、个人主义文化的兴起、社会经济的变迁、科学和技术的发展等等，并没有丝毫削弱这种追求流浪的冲动。当然，这种冲动已经不再采取古代的圣妓（la hiérodulie）[2]的形式存在，它可能变得更为狡黠和隐蔽，但仍然具有深远的影响力。而且，那种宗教的、然后是放荡的、尽可能多地与多个伴侣性交的教条，继续在幻想或现实中困扰着文明人的意识。将这仅仅视为一种可分析的心理学趋势，未免过于狭隘。实际上，人类历史中无法忽视的过度性欲，无疑是集体地生活在这个时间节奏中的方式，在这个节奏中，阴影与光明、死亡与生命、紧张与放松无情地交替。这反映了一种民间智慧，深知通过仪式化和共同化，人们能够面对自然的挑战和社会的强制。

实际上，当我们强化社会本能时，我们会重新认识到，在西方传统中所称的"天才"（genie），在其个性显现之前，更多地表现为集体性的。这是因为存在是一种共同的创造，它由无数微小且不为人知的创造积累而成，正是这种共同的创造，使得我们偶尔能够见证艺术作品的诞生。创造性的天才并非孤立存在，而是渗透在社

---

[1]　在词源学上，"extase"一词来自拉丁语的"extaticus"，意为"出神的"或"狂喜的"。这个拉丁词又来自"ex-"，意为"出离"或"离开"，和"-taticus"，意为"引起……的"，组合起来就是"引起离开常态的状态"。在法语中，"extase"是一个常见的词汇，意为"出神"或"狂喜"，通常用来描述一种超越了日常经验的精神状态，通常与宗教体验或极度快乐相关。而"ex-tase"这个词在法语中并不常见，"ex-"是一个前缀，可以有多种含义，但通常与"出离""超越"或"外部的"等概念相关。因此，"ex-tase"是对"extase"的变形或强调，强调了一种更强烈的"出神"状态，或者是特定的"出神"体验。——译注

[2]　指女性或男性在寺庙或宗教场所中进行性服务，通常是为了崇拜神祇或为了某种宗教目的。这种服务被视为神圣的，因为它与宗教活动相结合，而不是单纯的世俗行为。——译注

会结构的每一个角落，并在某些特定的时刻和地点显现出来。就像自然环境偶尔会孕育出被称为"自然奇迹"的事物一样，平凡的生活也常常孕育出非凡的杰作。狂欢的仪式是为了回顾共同的创造。在温尼贝戈（Winnebagos）印第安人的神话中，"恶作剧者"(le Fripon）用他的阴茎使自然界的植物涌现，类似的情况在希腊、罗马等地也出现过，阴茎在这些地方的仪式中被作为标志物沿途展示。这些例子，连同所有与自然宗教实践相关的例子，都强调了创造本质上属于宇宙和社会整体。通过模仿混乱和无序的身体混合，狄奥尼索斯的神秘仪式周期性地建立起新的秩序，同时也突出了集体相对于个体主义的优先地位及其理性对应物——社会关系的重要性。

二、伦理观点

或许我们比以往任何时候都更需要明确区分道德与伦理。道德确立了行为规范，规定了个人或社会应努力实现的目标，其核心在于"应该是怎样"的逻辑；而伦理关注的是在特定集合（如群体、共同体、国家、民族等）内部不同价值的平衡与相互间的相对化。伦理首先体现了生活愿望的普遍性和强烈性，它揭示了这些集合对其持续存在的责任。因此，伦理的性质难以被简化为固定的规则。为了形象化地描述，我们可以将集体伦理与医学上称为"共感觉"(la coenesthesie) 的概念相比较：这是一种每个人同时感受到周围整体和运动的感觉。我们可以推断，集体伦理是构成社会本质的静态和动态感觉的实际体验。在一个政治的代表形象变得过时的时代，许多"善良的心灵"纷纷转向道德主义。此时，回顾一下历史或许并非无用：历史上一些最为恶劣的暴政，以及当代技术结构下那种温和的极权主义，都是在道德上的"应该是怎样"这一名义下被建立起来的。另一方面，很难否认，许多通常被视为不道德的态度，其根源在于一种无可非议的生命之慷慨。[1]

因此，道德常常是既定秩序的灵感来源或伴随者。相反，伦理要么在激情时期的爆发中显现，要么更普遍地通过日常的复杂性体现出来，这种复杂性表面上接受各种道德规范（特别是关于工作的或性的规定），却找到了无数的方式去表达社会本能对生活愿望的顽强追求。这正如一位智者对阿尔塞纳·吕潘（Arsène Lupin）[2] 的评价，我们可以说，正是他那坚定不移的信念，让他能够实现那些不可能的任务。"因为在他身上，虚幻拥有了现实感，错误具备了真理的分量。一旦这种偏差被公认为事实，它便转化为了真理。"⁴

现在，当狭隘的理性主义已经过时，人们开始认识到非真实物（l'irréel）在社会游戏中的有效性。至于错误，即使是科学也认可了它的丰富性。大众的伦理非道德主义在时间的流逝中，以一种狡黠和坚持不懈的方式，维持了许多被指定的道德所认为的异常态度。这应该使那些指定的道德更加谦逊，因为今天被认为是异常的东西往往是昨天的真理，或者是明天的真理。如果不是因为"真理"这个词引起了一些担忧，我会说，异常也是现实的真理。无论如何，"吕潘主义"可能是大众的一种品质，它在保持前瞻性的保守中，对抗道德的强制，保留了对于其存在至关重要的东西。人们太容易忘记这个显而易见的事实，即异常是所有社会的驱动力。

---

[1] 有些态度或行为在表面上看起来不道德，它们背后可能反映了一种对生命的深切关怀和为了生存而采取的强烈行动。或换言之，这些态度或行为可能源自一种对生命的强烈渴望，即使这种渴望在某些情况下可能与传统意义上的道德标准相冲突。——译注

[2] 他是法国作家莫里斯·勒布朗（Maurice Leblanc）笔下的一个人物，他头脑聪慧、心思缜密、风流倜傥、家资巨富，又劫富济贫，穷人们给予他"侠盗""怪盗"及"怪盗绅士"等称号。——译注

狂欢无疑是这些异常现象中的一种，甚至可能是所有异常现象的集大成者。从这个角度看，我们或许可将之视为一种"德性"(virtu)[1]——马基雅维利认为这是一种使一个民族能够在其所有历史变迁和历史分歧中辨认出自己的品质——的保存者。维尔弗雷多·帕累托，这位经典而严谨的社会学家，毫不犹豫地以尖酸刻薄的态度攻击了"道德主义神话"，并凭借他广博的学识，揭示了过去的伟大社会对淫秽、放荡，甚至是不光彩行为的依赖。他的分析充满活力和幽默，具有深远的社会学意义。面对那些轻视享乐和主张"应该是怎样"原则的人，我们可以从某种程度上提醒他们，感官的紧迫感是所有民间伦理的基础。狂欢在其极端的调性变化中，正如在日常实践中一样，强调了对"及时行乐"的欢乐态度，这种态度对经济和政治项目不屑一顾。同时，它也揭示了那些试图管理、驯化、理性化无法被控制的激情游戏的"道德主义"意识形态的无效性。

帕累托给出了一系列理由来展示被我称为伦理非道德主义的吸引力，我们可以从中选择至少两个重要的理由。实际上，一个特定社会的活力与道德主义无关。恰恰相反，帕累托甚至"不可能承认是人民的良好风俗……确保了他们的胜利"5。帕累托的历史参考文献支持了这一尖锐的评论。此外，从更纯粹的方法论角度来看，"传统、传说、民间歌曲对于社会学的研究非常有用，但它们也常常很淫秽"6。这两个评论并不是在这里偶然联系在一起的。实际上，这两个评论恰好突出了狂欢的特定领域，或者至少是让社会学家注意到狂欢的方面。首先，狂欢可以是社会活力的原因和结

---

[1] 在马基雅维利的著作中，"*virtu*"是一个复杂的概念，它不仅仅等同于我们通常理解的"美德"或"道德"。这个词涵盖了政治、军事、文化、个人品质等多重含义，强调的是一个领导者或民族的活力、能力、果断和远见等积极特质。——译注

果。一个城市、一个民族、一个或多或少有限的一群人，如果不能集体地表达他们的过度、疯狂和想象力，便会迅速分崩离析。正如斯宾诺莎所观察到的，他们更应该被称为"孤独"（solitude）。除了集体升华的罕见例子——在历史上成功的例子不多，而且通常导致大屠杀或自我毁灭；为了使一个社会能够认同自己，它必须能够投入激情的混乱。接着，狂欢让我们想起了那些在生活的每一个阶段都刻下深刻痕迹的小型传统，它们最终构成了社会结构的基础部分。这种结构上的"破裂"、多彩和喧嚣很大程度上归功于感官主义。从童稚世界的恶作剧到民间节日的适当淫荡，再到复杂的爱情阴谋，情感游戏的范围非常广泛。因此，我们不必对这样一个事实感到惊讶，即它在时间上相继出现的社会的表述中都留下了深刻的痕迹。

因此，似乎有必要抛开所有规范性的评价，去深入探讨这样一个略显淫秽的恒定现象。这个现象尤其值得关注，因为它经常被激烈地反对、压制或否定。在这种背景下，狂欢在某种意义上可以被视为一种大写的"形式"（Forme）[7]，它有助于我们理解多种情境，这些情境虽然并不明确，但很大程度上规避了道德的约束。

在人类历史的进程中，我们经常可以看到各种道德规范化的机制。当然，这种规范化在我们的文明体系中，特别是在中世纪以后变得尤为明显。以狄奥尼索斯神话为例，我们可以看到，这位神祇的追随者并不总是被古代城市所接纳。这种纪律化的努力，始终针对的是那部分难以掌控的、本能的、总是令人不安的，且不易屈从于现实原则或劳动原则的阴影部分——即所谓的"自然"部分。正因为如此，道德才会显得专制。

马克思在论述资产阶级时，提出了一个观点，该观点不仅适用于资产阶级，也适用于其他许多历史时期。他指出，资产阶级"没有道德，但使用道德"。这里批判的是"（资产阶级的）庸俗性"(le bourgeoisisme)，即那种以功利为标准衡量一切的态度，它无法理解任何形式的损失和无生产力的生活（第一章）。

然而，在同一时间，"唯能论"(l'énergétisme) 被捕捉、被引导，在同一时间，用海德格尔的一个词来说，自然被"扣押"(arraisonnée)，我们观察到，以一种或多或少明显的形式，损失、消耗和瞬间的强调持续存在。正是这些特征使得超越道德的行为加强了伦理的联系，因为当允许想象物、游戏精神和幻想得以表达时，混乱的戏剧性唤起了"共在"的本质。

道德的驯化让人们忘记了，无论哪种社会结构，都需要狂欢的沸腾。尽管伊夫·巴雷尔（Yves Barel）批评了我在这方面的观点[8]，但或许存在一种释放的审美，它并非仅限于边缘群体或未融入社会的年轻人，而是关联于潜藏于社会及其每个成员心中的"阴影部分"。我们必须在更深远的层面上理解美学，它所指的是感觉和感官的体验。狂欢恰好是一种方式，它考虑到并融入了这种无拘无束的感觉，使之成为集体和个体身体这个复杂整体的一部分。在某种特定的方式下，它促进了分享，或许还能缓和——无论这种缓和是有意识的还是无意识的——所有世俗情境中普遍存在的悲剧性。

实际上，与那种总是着眼于未来（无论是宗教的还是世俗的）并因此审慎管理其物质或情感资产的"经济"道德截然不同，当下的快乐在行为本身中便耗尽了所有。这种态度带来的悲剧既是因也是果，因此需要被共同面对。以不同面目展现的旺盛活力可以被视作内在悲剧过剩的外化。在爱情中，在感官的放纵中，在节日的欢庆中，对终结的苦涩感知始终如影随形。让我们不要忘记，喧闹的狄奥尼索斯神，他既是爱情之神，也是死亡之神。

这种悲剧的显著体现，它塑造了"生命感"，体现在这种自我奉献之中。从古时的圣妓到现代的性流浪者，甚至可以扩展至某些传统的卖淫形式，都存在着一种自我的爆发，一种在集体性流（un flux sexuel collectif）中迷失自我的方式，它强化了一种普遍的同情，这种同情指向人们和万物坚实的有机联系。在波德莱尔看来，"最被出卖的，是最卓越的存在，那即是上帝"。事实上，在许多宗教传统中，正是上帝在无条件地将一切给予所有人。作为原型与模范，这位至高无上的神以一种极端的形式浓缩了社会本能的伦理联系，这种联系随后可能以多种方式扩散。在一种对自我的经济视角下看似令人震惊或自相矛盾的事物，在一种贯穿社会结构的神秘联系的名义下却是完全正当的。如果我们摒弃虚假的羞耻感，以清醒的目光审视这些"款待法则"（克洛索夫斯基），它们将引导我们关注许多微不足道的日常情境，从而赋予它们全新的意义。

我提到的"伦理非道德主义"，这个颇具挑衅性的词汇，其实意在表明集体身体对于自我有着深刻而坚定的认识。它表达了一种责任感，这种责任感是对存在的回应，即便这种回应需要通过一些被视为异常或不合常规的行为来体现。这种观点的力量，同样也体现在之前提及的帕累托的思想中，那就是维持事物的平衡。道德主义的意图无疑是值得称道的，但它仅仅关注一个或一组紧密相连的价值观，在这种思想的推行下，通过连续的排斥，它最终导向了一种窒息性的同质化。而伦理，致力于融合多样的价值观，并使它们在社会联系中相互作用，从而为社会联系带来最大的福祉。通常人们所说的对公众行为差异的宽容，或者是那些被视为"越轨者"，乃至在宗教语境中下的"罪人"所展现的吸引力，以及通过多种实践不断地挑战公认的道德规范，这些都体现了民众中一种强大的相对主义。这种相对主义基于一种普遍的理解，即"深知"有些冲动是难以压制的，而这些冲动最终无论是直接还是间接地都有助于增进整体的福祉。

大众在政治或宗教的表现上，从根本上仍然是异教的，即使这种异教倾向在表面上可能被一定程度上的宗教洗礼所掩盖。这就是说，大众感到有必要崇拜多个偶像，这些偶像被视为他们自身品质的典型表现。而伦理不过是对这些不同形象进行的一种近乎有意的设计，使它们在有机的团结中相互关联。[9]

三、未来展望

历史注解、神话参考和当代轶事之间的"渐变溶解"旨在照亮正在发生的文明变革。简而言之，我们可以认为，一种新的狄奥尼索斯精神的调性变化正在我们眼前诞生。这种调性变化并非在所有方面都是"反动"的，未来的技术创新很可能会为其服务，特别是服务于身体，与它已经具有的破坏性行动并行。无论如何，这种假设都是本书的另一个核心思想。

狂欢，根据巴伊经典词典的解释，表达了丰富的情感和激情。它同时涉及愤怒和抵抗、沸腾和温柔、激动和自我超越。而在描绘狂欢的场景和文本中，这些情感和状态被细腻地展现出来。不难观察到，这些情感和状态与 18 世纪和 19 世纪的理性主义和个体主义所培育的价值观截然不同。然而，似乎正是借助这些观念，我们才能解读当今许多日常态度。众多恰当的分析已经证实了这一点。特别值得关注的是，与所谓的法兰克福学派相关联的思想家（尤其是阿多诺和霍克海默）网络，他们以细腻和深刻的方式展示了大众化、明显的暴力和非理性主义上升的机制和危险。这些思想家受到黑格尔传统的影响，并且忠于一种批判性和开放的马克思主义，这使他们能够创作出他们最好的作品。面对特定的历史情境（如纳粹主义），他们将前面提到的元素分析为资本主义衰落的危险迹象。例如，依据启蒙时代或黑格尔的辩证法模型，任何涉及神话、想象物、集体等概念的分析都会被归类为"非理性主义"。阿多诺认为，"梦想中的集体不会留有阶级差异"，并且他强调，"这已经足够说明问题，而且警告是明确的"。[10]

考虑到前文的警告，我们可能不会完全按照作者想要的方式理解它，并且对"阶级"这一概念的科学地位持怀疑态度。因此，我们可以尝试以不同的方式来评价激情的突然出现。从一种非线性的，而是循环性的视角来看，我们可能认为激情的出现本身值得分析，因为它承载了特定的价值观。因此，超越个体主义、神话或象征的回归可能并不是病态的，而是社会表达和感受自己的另一种方式。自然地，这种假设可能导致以一种更积极的处理方式取代批判社会学。

基于上述几点评论，我们可以谈论未来展望：感官的兴奋或优越性不仅仅被视为其他东西的危险或快乐的症状，它们应该被视为本身。即使在最严格的感官意义上，它们也是指标，表明了它们自身参与其中的事物。作为社会现象，只有民族学家会对性生活的研究感兴趣。在原始社会中，它可能会引起民族学家的兴趣，因为它与社会结构和文化仪式等紧密相关；但在文明社会中，性生活属于私人领域，心理学拥有对这一生活领域发言的专有权利。当然，这可能被视为一种轻率的观点，但通常性被看作是灵魂救赎的领域，随后才归属于心理分析治疗。性成为道德导师和心理分析医生的专属领域，人们往往忽略了性生活其实在社会生活的许多方面都扮演着核心角色。然而，当维尔弗雷多·帕累托计算他所称的"残余物"[1]（即理性化、理论化或证明过程之后剩余的东西）时，在列出的六个点中，有五个与"共在"有关，即我所说的激情的结合。包括"组合的冲动""聚合的持续性""通过外部行为表达情感的需要""性残余物"，或者"与社会本能相关"的残余物 11，所有这些都强烈地表明，我们可以非常模糊地称之为"同情"的东西，在多个极点周围裂变，几乎所有的社会态度都围绕着这些极点转动。

　　帕累托所称的"残余物"的数量并不重要。就像任何分类一样，我们应该将其视为一种分析工具。只需注意到，在做了大量严格的经济工作之后，作为社会学家，帕累托强调了情感的流动对于理解社会生活的根基至关重要，这一观点正是在资本主义意识形态及其批判者强调物质和经济秩序优先的背景下提出的。在另一个领域，文学领域，人们越是试图压制其言论，萨德就越是以一种越来越极端的方式表明，新兴的唯物主义（他同时也是其理论家）无力驾驭感性主义和有时血腥的性的爆发。尽管萨德在 19 世纪遭到了压制并被后世忽视，但他对罪恶的辩护却像一块路标，在 20 世纪末期引起了强烈的共鸣。普鲁斯特也是这样，他在长篇累牍地剖析自己的情感的同时，展示了这些情感是如何成为他观察到的世俗情境的最终解释。当夏尔吕斯男爵或罗贝尔·德·圣卢[2]的"品味"为人所知时，他们各自的故事线索便豁然开朗，同性恋身份成为他们故事情节的核心，是构建他们经历的各种情境和阴谋的支点。在普鲁斯特的《追忆似水年华》中，情感无疑是对主角们的主要关注点。

----

[1]　帕累托在他的著作《普通社会学纲要》（*Trattato di sociologia generale*）中提到的六个残余物（*residui*），它们分别是：性残余，指与性行为、性关系和性欲望相关的非理性成分；社会残余，指与群体认同、社会地位、社会关系和社会互动相关的非理性成分；政治残余，指与政治权力、政治领导、政治结构和政治斗争相关的非理性成分；宗教残余，指与宗教信仰、宗教仪式、宗教组织和宗教行为相关的非理性成分；艺术残余，指与审美情感、艺术创作、艺术表达和艺术欣赏相关的非理性成分；语言残余，指与语言使用、语言结构、语言习得和语言交流相关的非理性成分。——译注

[2]　他们是马塞尔·普鲁斯特的著名小说《追忆逝水年华》（*La Recherche du temps perdu*）中的两个重要角色。——译注

我们不禁思考，在这个作品中描绘的悠闲世界中，情感的激烈波动是否预示着对劳动道德的淡漠态度，这种态度在数十年后将变得明显。——在当时，对劳动道德的疏远还只是少数人的特权，但随着普罗米修斯式的勤勉日益被视为可笑，它可能就会逐渐成为所有人的共同经历。

我们应该将这些例子视为引领方向的航标。毕竟，对于世界的全新理解与自我定位的方式不会突然出现；它们是建立在既定立场之上的，而这些立场往往被那些懂得在时代变迁中如何"倾听草木生长"之人所精妙地阐述。在探讨价值和动态的变化时，索罗金（P. Sorokin）提出了"饱和"（saturation）这一概念。打个比方，在达到饱和点之前，我们很难判断这水到底能够溶解多少洗涤剂。正是这种难以察觉但确实存在的状态需要我们去辨别。同样，在一个主要由物质和情感利益所驱动的世界中，预测感性和社会本能的出现可能显得过于冒进，甚至荒谬绝伦。在最好的情况下，我们可以把它看作是一个没有后果的无足轻重的梦想表达。然而，正是这种大胆的尝试需要我们坚持。对于那些持怀疑态度的人，我建议他们采纳这种方法，即"假装"（comme si）的方法，它曾经带来了重大的科学突破。让我们"假装"那些提出的证据线索或形象的连贯性是具有说服力的。在这种情况下，许多我们之前归类为暂时是难以解释的态度或事实，可能会逐渐地显露出它们的含义。可能会涌现出一种直觉，它在瞬间揭示了那些曾经被认为是晦涩难懂或被认为是世界衰败迹象的配置或情况。最终，我们可能会意识到这种饱和机制，它导致某些价值或价值体系在一段时间内将被其他更具活力的原则所代替。

这是一个假设：情感在广义上被边缘化，就像家庭妇女一样，现在正在努力地重新确认自己在社会游戏中的作用。

让我们明确一点，这并不是指那种时髦的普遍一致性，也不是指一种细腻的情感现在主导着社会关系。这个词最接近它的词源意义，它将我们引入一个充满激情的世界，一个超越了理性的严格秩序的世界。当然，理性仍然参与生活的展开，但更多的情况是"被感受"而非"被分析"，尤其是在这个日常生活越来越多地超出私人领域的范围。通过一种原型方法，我们可以看到，我们面对的是一种包容性、原始的形式，它随后可以无限地细分和多样化。这种形式为共在的调性变化奠定了基础，因此，它也可能因此重新成为关注的焦点。在马克斯·舍勒的一部内容极为丰富的作品中，他很好地展示了，在社会聚合的所有阶段，他所称的"情感传染"(la contagion affective) 扮演着关键角色。他还补充说："同情现象对于社会学具有极大的重要性。"此外，在他的现象学分析之外，他还借助许多前辈和同时代学者的研究，揭示了同情的"认识论功能"。简而言之，这种不可化简的形式之所以重要，是因为它主导了所有世俗情境中的交换和共享。马克斯·舍勒提到的情感参与 (*Das Mitgefühl*，同情感) [12]，可以与当今时代重新诠释的宇宙和社会之间的对应关系相提并论。

当然，这样的表述有时可能显得不够熟练，它可能显得单纯，甚至荒唐，也可能带有可疑的政治倾向，但这并不妨碍我们不得不考虑它。此外，吉尔贝·迪朗关于"想象物"的研究，或者是埃德加·莫兰（Edgar Morin）关于"方法"的研究，都清楚地表明了思考这条人类学路径的重要性，这条路径尽可能地从最广泛的意义上解释了社会的"组织"和自然的"复杂性"。参与、对应、复杂性，以及思想与科学之间的"新联盟"，都可能指向狄奥尼索斯式的智慧，这种智慧基于生命活力中的植物性生命的冲动。

不再被谴责的混乱可以融入一种动态之中，对随机性的接受与生产性任务的失败相伴随，日常仪式的强度源于其短暂的执行，等等。这些都是文明运动似乎正在采纳的主要路径。这些新兴的趋势对社会参与者来说并不是轻松的，尤其是因为，像所有新生形式一样，它们往往以残酷的方式表达。尽管如此，它们仍需被认真对待，因为它们是对未来社会发展的 X 光片，或许有些模糊，但揭示了社会发展的奥秘。当然，在当前官方论述仍然由一种以生产力为中心的技术结构主导的情况下，断言基本的社会本能正在朝着无定形和混乱的状态发展是困难的。然而，即便在这个官方论述内部，我们也可以观察到一些犹豫和动摇的迹象。可能人们普遍认为的能源危机和对生活质量关注的提升，实际上是对价值观秘密变化的微妙而令人敬畏的回应。无论如何回应，最终都无法抵挡那股力量，它就像其守护神一样，既猛烈又一致。正如瓦尔特·本雅明所指出的，"每个时代都梦想着下一个时代"，这个梦想可能或多或少是清醒的，但无论如何都是充满活力的，即使在表达唯能论终结的时候，这种梦想也展现出一种看似矛盾的活力（第一章）。

确切无疑的是，懒散与闲暇，这两种曾为波希米亚人或特权阶层专属的生活态度，正逐渐赢得更多的认同，即使它们还没有完全的手段来确认自己的地位。尽管这只是一个趋势，但享乐似乎正在变得"普遍化"，并因此重新与古代那种混乱的狂欢形象联系起来（第七章）。

注释:

1. 在术语使用上，"*social*"（社会的）一词目前已变得相当普遍。我在这里使用它，一方面是指个体间理性的、机械的相互关系，此时"social"带有意识形态的色彩；另一方面，我以中性含义使用它，比如"tout social"（所有社会事务；社会的一切）、"ensemble social"（社会整体；社会集合体）等表达，这时它仅仅是为了语言上的便捷。

当我注意到人们强调共在（l'être-ensemble，在一起存在）的本质特征——这种特征超越了单纯的理性结合时，我会使用"*societal*"（全社会的；有关社会生活各方面的）这一术语。这个词汇虽然略显生硬，但在当前似乎尤为必要，用以区别那些被过度使用（或许正在走向终结）的"social"概念。在这里，"societal"可以被视为对"整体性"（le holisme）的一种不同表述方式。

"La *socialité*"（社会性；社会本能）体现了日常的、具体的集体根本团结，而"societal"则是在实践中这种团结的具体展现。

2. E. DURKHEIM, *Les Formes élementaires de la vie religieuse*, P.U.F., 1968, p.331.

3. MIRCEA ELADE, *Initiation, rites, sociétés secrètes*, Gallimard, 1959, p.67.

4. 参见 F. GEORGE, *La Loi et le phénomène*, éd. Christian Bourgois, 1978, p.65。

5. V. PARETO, *Le Mythe vertuiste et la littérature immorale*, œuvres complètes, dir. G. BUSINO. T. XV, Droz 1971, pp.127—131.

6. 仍见 V. PARETO, *Ibid*., p.66。

7. 除了它的常见意义外，"形式"（la forme）这个名词在特定的使用方式下，指的是格奥尔格·齐美尔的使用方法，它与韦伯的"理想类型"（l'idéal type）相近。

这里旨在描述一种分析框架，其目标是凸显社会生活中微小的情境，同时保留它们自身的动力。因此，"形式主义"（le formisme）是一种探讨日常平凡性的研究技巧。若想了解更多详情，请参阅 M. Maffesoli, «La démarche sociologique», in *Revue Européenne des Sciences Sociales*, éd. Droz，Genève. T.XIX, 1981。

8. 参见 Y. BAREL. *Le Paradoxe et le système*, PUG, 1979, p.16 sq。

9. 在与各种知识分子平凡而意料之内的对话中，吉勒·拉普热（G. Lapouge）和马里-弗朗索瓦丝·汉斯（M.-F. Hans）所著的《女性、色情、性爱》（*Les Femmes, la pornographie, l'érotisme*, Seuil, 1979）一书，在记录那些没有特殊身份的妇女的回答时，鲜明地展现了刚刚提及的道德相对主义。这本书原封不动地保留了这些大众言论，因此成为了一份极具价值的文献。

10. 参见 W. BENJAMIN, *Correspondance*, éd. Aubier, T.2, p.174。阿多诺致瓦尔特·本雅明的信件对我的论点提供了有益的启示，但同时也为我的论点带来了一些细微的修正，因为这些信件展现了作者真诚的疑虑。此外，鉴于所有思想都是策略性的，并且与时代进行辩论，这些信件清晰地表明了它们在当时是首要关注的事项。

11. 参见 V. PARETO, *Traité de sociologie générale*, Genève, ed. Droz。

12. 参见 M. SCHELER, *Nature et formes de la sympathie*, contribution à l'etude des lois de la vie émotionnelle, éd. Payot, 1928, pp.10—15。

第一章　非生产性生活

"今时今日，在这些曾洋溢着酒神盛宴与色情智慧的古老故土上，却盛行着迂腐的清教徒作风。为此，我们急需若干如弗朗索瓦·拉伯雷（François Rabelais）和雷蒂夫·德·布勒托纳（Pierre Restif de la Bretonne）般的先驱，以重启那份生命的热情与对感官欢愉的探索。"

——奥克塔维奥·帕斯（OCTAVIO PAZ）

一、"唯能论"的终结

不论是以严肃还是以兴趣的态度，生产本位主义（le productivisme）及其多种形式现在已经受到广泛批评。工作和进步不再是不容置疑的绝对命令。经济学家、专家和哲学家一致认为，即便以历史的线性视角来看，这些形式也已历经其时。怀疑的阴影笼罩着普罗米修斯。

重新审视这一点并无太大意义，除非是为了更好地描绘出正在取代这位陨落之神的新生力量。正如解放的主题已经过时，"唯能论"的概念亦已完成了它的历史使命。

当然，从这样的前提出发进行的分析只能是夸张的。在字面上，它无所不用其极地强调特征，以突出事物的本质。而正如尼采之后人们所认为的，所有的深度都隐藏在事物的表面。也许我们需要接受一种夸张的思想，它强化了情境的外表，认真地对待它们本身，而不是试图将它们融入一个给它们赋予了意义的终极论之中。

因此，就像被压抑之物的回归一样，非生产性消费似乎正在取代"能动主义进步主义"。吉尔贝·迪朗已经以敏锐的洞察力指出，在进步主义神话的高峰期，即在 19 世纪的机械化时代，狄奥尼索斯是如何潜伏于幕后，并随时准备从他的隐匿之处涌现的。[1] 文化动态的悖论就在于此，它的节奏与神祇的磨损同步，从而导致了神祇的更迭！

正是在这个意义上，我们可以说，作为生产工具的身体已经让位于情欲的身体。这是不是一种叛逆、遵循着解放的经典模式？不一定如此。我们更可能面对一种肯定的力量，这种力量在社会结构的深处被发现，有时它会以不可阻挡之势出现，就像一股无法抗拒的暗流。这是一个雄心勃勃的计划：解释"大众消费"。曾经这是先锋派、艺术家、那些孤独而骄傲的天才的特权，现在它已经在社会身体之整体中扩散开来。享受当下、把握现在，成为了我们不可否认的普遍价值。这就是我理解奥克塔维奥·帕斯所说的"对狂欢价值的颂扬"，其中，一时的感觉、激情、形象和情境等，得到了充分的表达。一种即时伦理现在变得显而易见，而在此之前，它一直是以一种较为低调的方式存在的。这并不意味着我们要陷入线性思维的陷阱，也不是指某种新奇事物，因为任何新奇的事物都会迅速过时。而更是一种构建日常世界的原型，这种原型虽然一直存在，但直到现在才扮演了重要角色。我们可以追踪这种社会形式的足迹，它的调性变化和战略性的退却，这对于把握其现实意义至关重要。在这种理解下，狄奥尼索斯的回归体现在众神的战争中，这类似于荷马史诗中的战争，表现出不同的命运和矛盾。当然，如果以这种方式呈现，分析会显得超越时代，但危险比屈服于那种著名的"紧迫感"要小，"紧迫感"驱使知识分子相信他们的理论可以改变世界。没有地狱和天堂需要我们去战斗或支持，没有唯一的上帝和他的必然对立面，我们面对的是一个万神殿，它生动地展现了我们生活体验的多元性。这就是社会存在的全部悲剧和不确定性。这就是我们所说的与命运的对抗。

为了强调非生产性的功效和大众消费的重要性，我们应当回顾一下游戏主义（ludisme），它被当代的理性主义边缘化，被视为次要之事。无需详细分析游戏的重要性，因为现在已经成为经典的研究成果业已以专业和详尽的方式处理了这个问题 [例如，赫伊津哈（Hui-zinga）、凯卢瓦（Caillois）、迪维尼奥（Duvignaud）的作品]。我们只需记住，如果存在一个"残余物"，那么游戏就是帕累托所说的那种意义：一个不可还原的核心，围绕它形成了各种"衍生"。经济斗争、金钱竞争（参见凡勃仑）、政治戏剧性（乔治·巴朗迪耶）都在提醒我们，没有什么能逃脱世界游戏，社会是由它塑造的，而考虑这一点并不是一种美学偏见，而是对一种贯穿所有人类现实的常量的认可。

作为功利主义的对立面，游戏主义最直接地体现了生活意志和社会本能的持久性。神秘主义者们，他们的教导在不同的时代被接受或被拒绝，但他们已经很好地理解了这一点，我们需要重新回到这个话题。但就目前而言，我想到了雅各布·伯梅（Jacob

Boehme），他认为存在"永恒的生成之快乐游戏"（un jeu joyeux de l'éternelle génération) [1]，这使得维持现状成为可能。追随这样的道路并不等同于非理性主义，而更像是一种傅立叶式的"超理性主义"，它将此前在社会分析中经常被忽略的参数纳入考量。

且不说那些在我看来似乎从根本上就是持怀疑态度的大众，那么又有哪位政治家、经济学家等相信他们自己的论点是"严肃的"呢？马克斯·韦伯所称的"应该是怎样"的逻辑不再是思想上的化石或各方极端分子的专属品。实际上，人们不再犹豫去承认幻觉和模拟在人类基本处境中的首要作用，死亡是其终极范例。正是这种清醒的洞察力为游戏或幻想赋予了应有的空间，也揭示了各种形式的狂欢，无论它们究竟是什么，作为身体情欲的表达，尝试以不同程度的谨慎，试图摆脱生产本位主义的限制。这种狄奥尼索斯式的游戏主义的表现在"过去"或在"未来"的分类中都无法找到。在一个总是倾向于肯定一切的世界里，这些表现以惊人的一致性，通过最终变化不大的调性变化（modulation）[2]，不断地再次表达对失去和空虚的渴望。因此，我们必须以这种方式理解"非生产性"（l'improductivité）。

我们熟知的那些有着宗教根源，尤其是狂欢根源的仪式，按照哈罗德·考克斯（H. Cox）的说法，属于"内藏的幻想"2。我们需要充分理解"内藏的"（incorporée）[3] 一词所蕴含的丰富语义，这确实涉及身体的对抗、抚摸、碰撞和爱。在我们所知的政治或宗教礼

---

[1] 雅各布·伯梅的"永恒的生成之欢乐游戏"指的是他认为宇宙和生命是通过一种充满欢乐的游戏过程不断生成和维持的。这个概念强调宇宙的动态性和生命力的积极方面，认为宇宙和生命是不断变化和发展的，而不是静态的。伯梅认为这种过程是永恒的，意味着它无始无终，永远在发生。——译注

[2] 马费索利频繁使用的一个词汇，指类似色调或音调之间的变化，尤指那些非常细微、稍不留意就会被忽视的变化。——译注

[3] 这个词来源于拉丁语"incorporatus"，其中"corpus"意味着"身体"。在法语中，"incorporée"通常指的是被包含在内或成为一部分的东西。——译注

仪中，这些仪式已经被委婉化。但在过去，它们确实是一种直接的身体接触，无论是激烈的还是温柔的，表达了幻想、消费、损失，简而言之，皆是无用之事。尽管这些幻想式的、身体的、手势的仪式不再体现宗教的神圣或世俗形态，它们依然存在，这或许因为宗教和神性正是将那些否则会孤立的人们联系在一起的力量。

我们很难逃离权力的计算性幻想。在《圣经》中，计算的能力被视为上帝的特权，因此，这个特权自然延伸到了上帝在世间的代表那里。因此，一切，尤其是人民的幸福，都成为了可度量的对象。我们在这里发现了一种可以被称为"大审判官情结"的现象，这种现象体现在那些想要计算社会幸福和个人幸福的数量与质量的人身上。历史上的所有改革者、暴君或革命家，在他们的行动中都体现了这种"关怀"。

随着被称为"生活普遍理性化"（马克斯·韦伯）现象的出现，这种计算扩展到了生活的方方面面。消费、性、言语、休闲等各个方面都可以被衡量。为了更大的安全感，那些以前不受约束的领域现在被专门机构接管，这些机构非常有效。这里不需要分析这个机制，因为它已经被广泛研究和熟知。只需指出，在这种健全的生活组织中，一切都趋向于进入一种会计和生产秩序。玩耍、爱、享受阳光、消磨时光等，所有这些构成生活冒险的事物，由于一种特定的结构效应，都进入了测量和经济的秩序。然而，社会生存意志的欢腾能够被经济化吗？如果我们参考社会学实证主义创始人的观点，这样的做法是徒劳的。孔德在这个问题上明确地是"相对主义者"，他认为那些构思积极政治概念的人应该"排除这种关于人类在不同文明阶段幸福增加的形而上学争议，这种争议既空洞又愚蠢"。这一警告至关重要，涂尔干强调："社会科学必须坚决放弃那些它经常陷入的功利主义比较。"[3] 由于缺乏可以使其测量的相关标准，因此，测量幸福（在此处将其理解为非批判性的）既不可能，也毫无意义。谁能告诉我们古代人是否比现代人生活得更满足或更充实，或者现代人的生活是否比文艺复兴时期的人生活得更热烈？然而，确定无疑的是，围绕着19世纪科学社会学的实证主义，以奥古斯特·孔德和爱弥儿·涂尔干为倡导者，正在悄然地从理论概念过渡到实际测量。当然，不会单独地比较个人的幸福指数，而是意图管理和评估社会的幸福。公共服务、技术结构、社会工作等，所有这些都将会划分、引导整个生活。社会学将与统计学融合，整体而言，无论愿意与否，都将限制、界定、计算群众的热情和消费。正如近期政府所采用的小工具一样，实证主义的技术结构将致力于减少所谓的"集体浪费"，而后者其实是社会本能的一个结构性要素。

然而，计算、测量实际上等同于否认。不给予快乐的力量以应有的位置，便是将自己暴露于被压抑事物的残酷回归。限制快乐的表达就像限制暴力一样，实际上可能是在鼓励邪恶和极端的爆发。古代的智慧在这里是可取的，它容忍了一定的"阴影"，即快乐的力量，并通过仪式化来掌控它们。古希腊狄奥尼索斯节没有其他目标，就只是允许激情的自由表达。柏拉图在《法律篇》中很好地表达了这种现实主义智慧。面对斯巴达的道德家、无聊的理论家，以及那位为斯巴达这个以节制著称的城市提供管理课程的"技术专家"，雅典人提醒他们，这无异于在玩火。"我的斯巴达朋友，这些事情在有忍耐力的情况下是值得赞扬的，而在没有约束的情况下是非常愚蠢的。"[4] 对于一个天使般的城市来说，这一切都是可敬的，但在我们的世俗城市中，我们不能忘记我们与黑暗的大地之间的联系。最终，会计测量总是导致更大的失衡。而且，就像一个不会施法的巫师学徒一样，一个不会平衡对立面的社会可能会遭遇它所拒绝和未能掌控的元素的灾难性爆炸。生产性的幻想、全然的积极性和单维性就像是坚硬的护甲，正是因为它们的僵硬，反而导致了绽裂。

这就是问题所在，面对勤劳的普罗米修斯，我们必须证明喧闹的狄奥尼索斯也是社会本能的必要形象。现在的问题不再是如何掌控生活，而是如何消费和享受生活。"不再是让真实的自我在我内心绽放，而是收割我的生活并消费它。"（马克斯·施蒂纳）这是一个令人钦佩的视角，它很好地总结了生产本位主义和消费之间的对立，显示了它们不可调和的对立必须被维持。施蒂纳为自己和自己的主体性所写的内容可以被扩展：存在一种"大规模"的、受欢迎的消费，它允许并支持个人的消费。死亡，我们知道，对于个体来说，是这种消费的完成。也存在文明性的死亡，就像玫瑰一样，没有"为什么"。只有通过一种几乎有意图的消费游戏，才能理解玛雅帝国或克诺索斯文明的终结。游戏，我们不要忘记，经常是悲剧性的，但它的本质特征是多元的、多声部的，没有意义，或者更确切地说，是多义的。

弗洛伊德所说的儿童的"多形态的变态"(perversion polymorphe) [1] 接近于无目的的消费观念。而且，尽管儿童在这个问题上没有专业知识，我们可以说这是一种探索身体所有可能的色情方式，而且没有目的。萨德作品中的构建和形式没有其他动机：它们在集体层面上表达了这种非生产性的多形态变态。《索多玛的120天》(*Les 120 journées de Sodome*) [2] 很好地展示了这一点，特别是那些点缀着席林城堡生活的夜晚狂欢。尽管没有目的的游戏是规则的，并且会按照这些规则进行，但它最终将结束，这是正常的，因为这种游戏最终

---

[1] 在弗洛伊德的理论中，"多形态变态"描述的是儿童在性发展的早期阶段，他们对性对象的兴趣是多样化和不断变化的。这种现象在儿童中是正常的，因为他们的性取向尚未稳定》。随着儿童的成长和性取向的发展，"多形态变态"通常会逐渐减少。——译注
[2] 萨德最为挑战社会道德底线的代表作之一，讲述了一个虚构的欧洲王族在席林城堡(le château de Silling)中进行一系列极端的性放纵和暴行的故事。——译注

可能会转变为身体上的游戏。街区的生活、经济适用房的地下室、乡村和农民们的异教主义都在提醒着我们这一点。童年给我们树立了非生产性的榜样，这不禁让人想起神秘主义者（如雅各布·伯梅）所谈论的"生成之快乐"了。

或许将生产和繁衍相对立有助于理解我所说的生存意志或社会本能之持续性。一个完全拒绝快乐原则的现实原则，是否也是在否定它自己？狂欢在这里是为了向我们展示，情欲可能性的领域并不仅限于（再）生产。这是一个无休止的矛盾元素的游戏，通过它们的组合和架构，我们可以理解世界是如何以一种隐秘的方式延续其繁衍的。

二、即时伦理

在生产本位主义的模式面前，我们应当强调，存在着多种与世界及时间的流逝相处的可能性。快乐并非只有一种形态，而且无需深入探讨就能明白，除了正常且具有生产力的快乐之外，还有许多民间实践，无论它们是明显还是隐晦，都表明了与身体的联系远未结束。如果借鉴吉尔贝·迪朗的洞见，我们可以说，存在着一种"向下"（hypo）的越界，正如曾经存在"向上"（hyper）的越界一样，后者帮助我们更深入地理解前者。我认为，狂欢——可能是一种越界的形式——拥有相同的结构。与生殖性的绝对命令划清界限，可以为我们提供新的视角，去理解古斯塔夫·荣格所说的"狄奥尼索斯之谜"的种种表现。

我们可以回想一下，在性接触的前戏中，身体的所有部分都参与其中。日常实践和各类情色文学都表明，性行为是由多种身体上的挑逗所组成，这些挑逗让人联想到多形态变态的游戏，这种游戏既不是生产性的，也不是生殖性的。诱惑的艺术在这方面亦是如此，它从多个方面吸引着欲望的对象，却并不将任何一次追求进行到底。对于诱惑者来说，其兴趣不在于征服或实现目标，而在于享受所提供的多样性和潜在可能性的乐趣。

同样地，我们可以对阉人作出"赞美"，将其视为非生产性快乐的典范。在这方面，多米尼克·费尔南德斯（Dominique Fernandez）的小说《波波利诺，或那不勒斯的秘密》（*Porporino ou les Mystères de Naples*）出色地描绘了18世纪那不勒斯年轻阉伶的多形态快乐，从糕点制作到爱情纠葛，再到歌唱和打扮的乐趣，他们为激情的投入提供了广阔的视野。甚至可以说，一种精致的色情——有些人可能会称之为堕落——永远不会满足于过于简单的性行为实现。在这方面，萨德那令人畏惧的作品具有深刻的启发性。我们可以回忆起，对于萨德来说，婚姻不过是为众多堕落行为提供便利的遮羞布。事实上，这样的情况远比人们想象的更为普遍，一些忧郁的心灵习惯于将此称作道德的沦丧，他们却忘记了这是人类历史的一个常数，抑或正是推动文明活力发展的最可靠动力。

无论如何，我们都必须认识到这种非生产性快乐的广泛性和普遍性。正如傅立叶所描述的"挠脚底"（gratte-talon）爱好者，他们的快乐在于轻抚老妇人的脚底。在我们的村庄或城市街区中，有许多看似无害或残忍的癖好。过去的阉人或太监只是未完成性行为的一种典型形式，这种性行为未完成的特点已经渗透到社会身体的整体之中。我们不应忘记阉人在社会中扮演着重要角色，他们"守护"（*ekhein*）着女性的"床榻"（*eunê*），同时与帕夏（pacha）[1] 无法亲自

---

[1] "帕夏"（pacha）是一个历史悠久的土耳其头衔，最初用于指代高级官员或统治者，尤其是奥斯曼帝国时期的总督或军事指挥官。这个头衔源自波斯语，意为"统治者"或"领袖"。在奥斯曼帝国及其属国上，帕夏是对于具有一定权力和地位的人的尊称。——译注

满足的众多女性保持着性关系。著名的新教徒查尔斯·安西隆（Ch. Ancillon）在其《论阉人》（*Traité des eunuques*）一书中指出，阉人"只能迎合肉体的欲望、感官享受、激情、放荡、不纯洁、淫欲和淫荡。由于他们无法生育，他们比完整的人更易犯罪，同时也更受放荡女性的欢迎，因为她们可以享受婚姻的乐趣，而不必承担婚姻的风险"[5]。这可是一套完整的计划！当然，现在有其他方法可以减少所谓的"风险"，但这位柏林法国殖民地的严肃法官没有意识到的是，有许多种快乐是生殖性所不考虑的。在这里被称为"放荡"的行为，实际上是对冒险的需求，这与爱情的冲动非常契合。有一种漂泊的必要性，这与生产性原则的定居性不相符。随着情境和时代的变化，主角可能会改变，但消费的冲动始终如一。

在安西隆的《论阉人》中，他提到了尼禄和他的朋友斯普罗斯（Sporus）之间的亲密关系。除了安西隆的道德化语气[6]之外，这个例子和人类历史中的许多其他例子，都突显了在性社会经济学中的消费的普遍性。提供这个例子的章节标题是"真正的阉人在公民社会中的地位"，显示了这个地位的重要性，章节的后续内容为此还提供了许多例子。当我们了解到历史记录通常只涉及显赫人物的生活时，我们就可以推测普通人的消费行为的普遍性。需要注意的是，不是反常现象作为社会运作的解释模型，而是阉人、同性恋者、单身者等形象，有时被过分强调，实际上是社会生活中必要"失去"的象征。正如多米尼克·费尔南德斯在其为《论阉人》所作导言中指出的，阉人和同性恋者正在给家庭结构引入"混乱的酵母，而家庭结构是生产导向型社会的基石"（第17页）。实际上，值得注意的是，这种"生产性道德主义"并非某个特定政党的专利。不论是强势的右派还是理性的、负责任的左派，他们对阉人和同性恋者的排斥态度都是一致的。希特勒的极端例子便是明证。

人们常常沿着米歇尔·福柯的思路，揭示了道德监管所扮演的角色。因此，我们无需详尽无遗地重提此事。可以肯定的是，对身体进行不懈的规训，使其符合生产秩序，恰恰揭示了差距和分歧的持续存在。如果必须不断强调、惩罚并反复规训，那是因为那些微小的、常常被遮掩的"损失"总是不断地重现。我们对于 15 世纪和 18 世纪的研究，同样可以应用于每个以普罗米修斯价值观为主导的文明时代。《圣经》中对俄南的谴责 [1]，在 19 世纪卫生学家 [2] 的著作中得到了呼应，而历史学家或人类学家无疑也能在其他时期发现相似的情况。在这个意义上，俄南成为了非生产性变态行为的一个范例。为了抵制这种行为，人们提出了多种理由，目标却一致：将神秘的性能量导入单一且实用的模式。此外，值得注意的是，正如让·博里（J. Borie）在其对 19 世纪卫生学家加尼耶（Garnier）的分析中指出，俄南主义（l'onanisme[3]）并不局限于独处的快感。在道德主义者的视角中，任何非生产性的行为都会被贴上俄南主义的标签。简而言之，此处针对的是放荡不羁。除了包括各种形式的手淫、女同性恋行为、男同性恋行为、鸡奸、兽交、女同性恋情感和性关系等在内的性行为，任何不符合经典生殖器官模式的性行为都被归类为俄南主义，即"任何严格意义上旨在或导致精液在女性生殖道自然路径之外排放或流失的行为"[7]。不能再更精确了。然而，文本接着强调：任何"不以生育为目的的性快感"都是堕落的行为。我

---

[1] 《圣经》中对俄南的谴责源于《创世记》第 38 章，俄南因拒绝将自己的种子传递给已故兄弟的妻子，选择将精液洒在地上，被视为对上帝命令的违抗，因此受到谴责。——译注

[2] 在 19 世纪的欧洲，有一批学者和医生专注于研究公共卫生和卫生问题，他们被称为"卫生学家"（les hygiénistes）。这些卫生学家在他们的作品中讨论了性行为、性卫生和性道德等问题，他们的观点反映了当时的社会价值观和对于性行为的看法。——译注

[3] 在法语中，"l'onanisme"这个词通常指的是自慰行为，即手淫。然而，在不同的历史和文化背景下，"onanisme"这个词的意思可能有所扩展。在一些道德、宗教或法律论述中，它可能不仅仅指自慰，还包括任何被视为非生产性的性行为，即那些不涉及生殖目的的性行为。在某些情况下，它甚至可能被用来泛指任何被视为浪费或自我放纵的行为，而不仅仅是与性有关的行为。——译注

们将在后文看到其他形式的这种行为，这些"向下"的越界行为明确拒绝性行为的功利主义和目的性。难怪那位神圣侯爵萨德，从王室监狱里被释放后，因其对鸡奸、自慰和无节制性行为的辩护，最终在新兴资本主义的监狱中结束了其生命！

我们有必要从某些宗教模式来审视这一点，但可以肯定的是，"向下"式的越界行为从根本上拒绝功利主义，并且更彻底地拒绝线性历史观。吉尔贝·迪朗指出，宗教日历上的斋戒与它们所准备的狂欢节日有着有机的联系。[8]这种特定的越界在本质上是对时间的超越和偏离，它打破了时间的线性连续性。禁欲可能是一种体验"失去"和"消费"之神秘的方式。在北美克里克（Creek）印第安人中，这种保留甚至到了狂欢节前必须进行净化和催吐的程度。禁欲、苦行、保留所有这些行为都以一种极端的方式强调，我们总是对生命负债，死亡和空虚总是存在于性的总体经济之中。这是一个需要深入探讨其后果的观点：狂欢与性高潮不应被混为一谈。从积极的角度来看，前者可能是体验后者的最弱方式。当然，这样的强调可能会变得很夸张，但如果想要全面解释狂欢节的所有细微之处，它似乎又是有必要的。我们永远重复不够的是："向下"的释放是必要的，反之亦然。盖涅贝（Gaignebet）关于狂欢节的研究，或者更确切地说，勒鲁瓦·拉迪里（Le Roy Ladurie）的更具体的研究表明，在通过大斋节的禁欲（性禁欲、食物禁食等）来"埋葬他们的异教生活"之前，人们总是会爆发放纵（包括性的放纵、暴力、绑架等）。这两种行为的结合被认为是完全正常的，而且有趣的是，新教在其理性化的过程中，通过消除大斋节的禁欲，同时也消除了狂欢节的过度行为。[9]因此，它预见到了即将到来的道德监管的兴起，严肃的态度打磨着所有的偏差（无论是"向上"还是"向下"的越轨），却没有意识到它们其实已经构成了一个难以割舍的整体。

　　超越那些民间传说或轶事所描绘的历史特殊性，我们必须强调，持续存在的失去和消费，实际上反映了生与死之间那矛盾而紧张的辩证关系。神秘主义者的生活与著作，以及那些极端放纵者的行为，都是这种紧张关系的极致例证。禁欲主义，作为对自我牺牲的残酷的一种委婉表达，其形态多样，而本质上却是一种根植于个人与社会深处的债务人本能。神秘主义者和放纵者都是对这种债务现实有着深切感受的伟大恋人，他们以一种苦行的生活方式，强烈地体验着这种债务。《索多玛的120天》[10]中的自由放荡者所制定的"规则"为我们提供了启示：他们将极端的放纵、令人恐惧的残酷和严格的节制相结合，揭示了人类学上的偿还性，这种偿还性构成了性消耗与性保留的结合，而这种结合实际上颠覆了对性爱过于简化和功利的看法。作为例子，我再次提到在18世纪的俄罗斯由安德烈·伊万诺夫（Andrej Ivanow）创立的名为"斯科普斯基"（Skoptsy）的阉割派（châtrés，阉割者），他们以苦行的方式，遵循福音书的建议（按照字面意思），即"有为天国的缘故自阉的人"（《马太福音》19：12），来体验性的强烈激情。他们对自我施加残害的描述，让人想起了萨德侯爵所谈论的"精致折磨"。他们实践的"火洗礼"会将阴茎和阴囊烧灼至骨，女性则会切除生殖器官和乳房，儿童的阉割更是家常便饭，诸如此类。[11]他们所追求的"激情福祉"，尽管奇特，却值得关注。这种追求以特有的方式体现了一种狂欢的凝聚，这种凝聚在日常生活中的"施虐-受虐"爱情实践中经常以微小的形式重现。

　　在这场关于"向下"越轨的反思中，我们必须面对的一个悖论，这个悖论将在后面关于宗教的讨论中再次出现，那就是：无论是以一种过度的形式，还是以更平淡无奇的形式，保留或消耗都是生命价值增值的原因和结果。这种增值可能促进生育，或者奠定生命整体维持的基础。矛盾的是，消耗可能比严格和强制的生产要求更为有益。在《中国古代的性生活》[1]一书中，高罗佩多次提到了男性在性行为中的保留，这最终会增加他的创造潜能。他写道："男性应该学会尽可能长时间地延长性交，而不达到高潮。"这种控制性高潮的做法使他能够吸取、吸收女性的阴气，同时增强他的阳气，可能使得他的精液在适当时机更加富有生育力。此外，这些频繁且持续的性行为作为一种次要效应，允许女性"激发她沉睡的阴性质"，从中她获得了额外的身体益处。12 历史学家指出，这种"保留性交"（*coitus reservatus*）的做法能够满足众多家庭妇女的性需求；甚至有可能，这种益处远远超出了这个范围。无论如何，给予女性快乐和保证精液质量更好，都是禁欲的结果，这种禁欲也成功地将中国色情艺术提升到了令人羡慕的高度。

在另一个文化领域，即《圣经》中，提到了一些实践，这些实践在意图上即使不是完全相同，也是极为相似的。例如，一则关于大卫王的生活故事，《耶路撒冷圣经》如此记载："大卫王年纪老迈，虽用被遮盖，仍不觉暖。所以臣仆对他说：'不如为我主我王寻找一个处女，使她伺候王，奉养王，睡在王的怀中，好叫我主我王得暖。'于是，在以色列全境寻找美貌的童女，寻得书念的一个童女亚比煞，就带到王那里。这童女极其美貌，她奉养王，伺候王，王却没有与她亲近。"（《列王纪上》1：1—4）。这里体现了这种没有实质性性行为的结合所具有的象征意义。虽然国王没有与女孩发生性关系，但与年轻生命的接触似乎有助于延长老人的生命。这一场景生动地描绘了生命与死亡之间有机的、人类学上的结合。正是这一事件之后，大卫获得了力量，能够对抗亚多尼亚的阴谋，指定并加冕

---

[1]　本书中的翻译主要参照高罗佩：《中国古代的性与社会》，吴岳添译，太原：书海出版社 2023 年版。——译注

所罗门为王，从而确保了正统王室的连续性和生存。现在，这仍然是一个非批判性的、非训诂学的观察，我们可以将这一事实视为一个"美丽的故事"，它象征着普遍的民间实践。有趣的是，这种保留性交总是伴随着生命力的增强。

从中国的道教到异端的亚当派，以及许多其他需要讨论的表现形式，"保留性交"是一种对抗以生育和生产为目的的性行为的方式。它不仅仅是一种心理分析范畴，而是以多种方式构成了社会失范的潜在动力。在贞洁和自愿的禁欲中，存在着蒲鲁东（Proudhon）所说的"内在的愉悦"。这种控制性高潮的愉悦不仅仅是精英灵魂的特征，它建立并表达了一种人民的贵族品质，这种贵族品质知道如何通过狡黠或欺骗的手段来抵抗强力的命令和规范的要求。然而，正是因为这种抵抗不是英雄式的、直接的，它才能够持续下去。在柔弱之中，存在着愉悦、快感和享受，这才是抵御那些充满活力的、压倒性的唯能论的最可靠防线。

那么，该如何结束这场走向社会性高潮的渐进之旅，除非指出其根植于另一种时间观念？实际上，简而言之，生产本位主义的时间观念是线性的，是进步的。它总是关乎于达到那些充满歌声的明天或其他"彼岸世界"，它们才是我们这个世界的"真理"。相反，性高潮既是保留也是过度，无论如何都是一种消耗，它迷失于当下，耗尽于瞬间。它不依赖于假设的未来或不确定的过去。激情的魅力总是片刻的，尽管这样的片刻可能在无尽的循环中反复。正如柏拉图在《会饮篇》中所述，当"爱的教导"完成之时，那些经历其中的人"就会突然发现一种无比奇妙的美者，即美本身"[1]（《会饮篇》，210e）。确实，正是这一刻构成了神秘体验或放荡体验的根本。无边

---

[1]　此处翻译参见柏拉图：《会饮篇》，王太庆译，北京：商务印书馆2013年版，第64—65页。

际的爱，不论其表现形式如何，都是在不考虑后果的情况下被实现的；尽管如此，未来最终还是会被它所占据。一种在瞬间实现并消逝的激情，通过将死亡融入自身，它接纳了死亡；通过直面命运，它不断地、反复地证实着永恒的存在。正如尼采以极端的方式宣称："然而，快乐不希冀有继承人或后代——快乐渴望的是自身，它渴望永恒，渴望事物的重复，渴望一切都永远保持原样。"

这样的时间观念基于世界的永恒性［参见 13 世纪异端哲学家西热·德·布拉邦（Siger de Brabant）的《论世界的永恒性》(De eternitate mundi)］。犹太-基督教传统是线性的，它需要灾难和基督的再临，其本质上是生产本位主义的。相反，我们所谓的异教（信仰多神）首先是循环的，"相同的宗教、相同的物种，周期性地重现"（西热·德·布拉邦）。正是这种循环时间观带来的相对化，给予当下事物以全部的强度。对逝去时间的欢愉未必总是言辞表达，它自然而然地、近乎本能地被体验，并深刻塑造了一种强大的群众智慧，这种智慧虽然披着基督教的外衣，但骨子里仍然是异教的。永恒的世界无需努力，无需生产性的幻想，它指向存在主义的静寂主义。这便是防御的根基，因为一切都将重启，而经济理性毫无意义。因此，失去和死亡被视为生命循环的瞬间，即使它们以悲剧形式经历，也成为整体永恒连续的一部分。

奥克塔维奥·帕斯对比了基于线性时间的"革命精神"与融入循环时间的"诗性精神"，后者体现了情欲和类比的瞬间时刻。在总结前述内容的基础上，我倾向于发挥这位墨西哥诗人的直觉。相对于在启蒙运动、社会主义、实证主义中以不同方式展现的现代性（它们都是对焦虑的衍生物，是对焦虑的合法化和合理化，并且基于时间的线性观念运作），情欲和爱之身体构成了一个坚硬的内核，在大众文化中留下了深刻的痕迹。爱之身体，无论是轻声细语还是更明确地表达，都要求一种节奏时间，这类似于诗歌的对应系统 [1]，它允许不考虑效率，而是自然地进行结合、融合，以及日常情境的随机组合。

注释:

1. G. DURAND, *Figures mythiques et visages de l'œuvre*, éd. Berg, 1979.

2. 参见 Cox(H.), *La Fête des fous*, éd. Seuil, 1971, p.91。

3. 参见 COMTE(A.), *Cours de Philosophie positive*, 2e ed., IV, 273, cité par Durkheim (E.), *De la division du travail social*, ed. F. Alcan, 1926, p.231。

4. PLATON, *Les Lois*, I, 637 a, b.

5. ANCILLON(Ch.), *Traité des eunuques*, éd. Ramsay, 1978, p.21. 也请参阅多米尼克·费尔南德斯的优秀陈述，它很好地阐明了我的观点。

6. ANCILLON(Ch.), *op. cit.*, p.105.

7. 参阅让·博里的众多引用及分析。Borie(J.), *Le Célibataire français,* éd. du Sagitaire, 1976; ici p.99。

8. 参见 DURAND(G.), «Structure religieuse de la transgression» in *Violence et transgression*(Coll.), éd. Anthropos, 1979, pp.29, 30, 33。

9. 参见 LE ROY LADURIE, *Le Carnaval de Romans*, éd. Gallimard, 1979, p.340。

10. 参见 SADE, *Oeuvres complètes*, Cercle du livre précieux, 1967, T.XIII—XIV, pp.50, 62。

11. 参阅瓦尔特·舒巴特的描述。Schubart(W.), *Eros et religion*, éd. Fayard, 1972, p.274.

12. 参见 VAN GULIK, (R), *La Vie sexuelle dans la Chine ancienne*, éd. Gallimard, 1971, p.75。

---

[1] 诗歌的"对应系统"通常指的是一种诗歌创作手法，其中诗人通过建立一系列的象征、隐喻或意象之间的相互关联，来传达更深层次的意义或情感。这种系统可以在诗歌中形成一个复杂的网络，通过对比、类比、重复或其他修辞手法，将不同的元素相互联系起来，从而增强诗歌的象征意义和艺术效果。——译注

第二章 社会的神性

"他爱的并非是我们……而是那些来自四面八方的、他所喜爱的所有特质，他将这些特质都寄托于一个名字之上。"

——托尔夸托·塔索（Torquato Tasso）

一、"伟大母亲"与狂欢

因此，相对于一个由生产和基督教化（parousie，耶稣再临）主导的历史时期，存在一个充满诗意和情欲的时刻，一个关于身体之爱的时刻，一个次要且隐蔽的时刻，围绕着它，社会本能的持久性得以组织。我将这一过程称为"地下中心性"，它是真正的群众生活智慧的宝库，只在极端情况下才显现。正是围绕着这一时刻，我们组织起对深层多元神论的维护，以对抗宗教或政治上一神论中的还原论和极权主义过程。

谈及印度教的万神殿，人们无不为它的丰富多彩而赞叹。奥克塔维奥·帕斯指出："神性即是一种社会，是一系列关系。"因此，他重新提出了社会神性的问题，这一问题自埃米尔·涂尔干和奥古斯特·孔德以来，一直是社会学争论的核心。将社会关系视作神性，就是要全面领会我们所说的多神论：神祇各具特色，展现了社会关系的多样属性，这些属性共同构成内在的超越性。因此，个体化原则被颠覆了，资产阶级意识形态下的主体概念不复存在，只有在集体中，它才能体现出真正的意义。在《荒原狼》(*Le Loup des steppes*) 一书中，赫尔曼·黑塞 (Hermann Hesse) 曾言："只有在牺牲自我之中，生活才能达到极致的热烈。"这正是对社会狂欢最完美的诠释。我们之前提到的"失去"，以及它的某些调性变化，能够更新并丰富集体身体，即社会本能。地中海沿岸，自古以来性宗教便盛极一时，至今仍以鲜明的特色展现出共存的强烈感受，无论是其委婉还是极端的表现形式。在神圣与纵欲之间，占据主导地位的是外在化的表现。家庭、黑手党、团体、村庄、邻里，这些都像是共同体化的载体，其丰富性难以估量。正是这些众多且牢不可破的社会联系，构成了社会结构的多彩与喧嚣，其主导特征便是感官主义。而在被"定性"之前，感官总是以复数形式存在的。这是一个有趣且富有教育意义的隐喻，清晰地揭示了在狂欢中提及的共享概念。

　　宗教活动因此是探究聚合冲动的绝佳领域。在盛行的道德主义将其简化为单一婚姻的结合之前，"共在"远非单纯的理性合伙契约，而往往是"通过身体的交融"(*per corporum comixtionem*)，"通过肉体的结合"(*per copulam carnalem*) 来实现的。肉体合一，显然是一种深植于共同需求中的要求，其宗教根基昭然若揭。在我们自身的传统中，这种肉体的混合已被含蓄地表达，并得到了妥善的引导。然而，异端邪说的突然涌现，再次显现出那些无法被完全束缚的元素。我无意对宗教狂欢的表现进行结构化且详尽的阐述。我将仅提供一个印象派和折中主义的描述，通过一系列的笔触，描绘出其大致轮廓，提出一些线索，主要目的在于激发思考，提出问题。因此，以一个跨越时空的例子来说明，古印度两大史诗《摩诃婆罗多》(*Mahâbhârata*) 和《罗摩衍那》(*Râmâyana*) 通过一系列故事讲述了著名神祇湿婆的冒险，他兼具创造与毁灭之力。他的妻子们（卡莉、杜尔加、帕尔瓦蒂）既充满对他的爱意，又各具残忍的一面。因此，希腊人麦加斯梯尼，塞琉古的大使，绝非是无缘无故称其为"狄奥尼索斯"的。一位经典宗教历史学家清晰地展示了湿婆崇拜中散发出的神秘感官主义[1]：激情的狂热和禁欲主义的实践在他的崇拜中相辅相成。他的妻子之一被称为"不可接近的"（杜尔加）[1]，另一位妻子卡莉则被称为"黑色"而让人联想到了夜晚的深邃神秘。对他的崇拜本质上是狂欢的。湿婆及其妻子们所呈现的多元形象，生动地揭示了狂欢的本质，即性格的融合，激情的倍增，旨在超越那致命的个体化。这位被蛇缠绕、佩戴骷髅项链的神明，既与死亡嬉戏，又对死亡嗤之以鼻。通过这些行为，他将那挥之不去的有限性焦虑予以仪式化，并加以驱除。这正是整个狄奥尼索斯式神秘主义的精髓，即通过情感与肉体的多元性，集体面对那不可逾越的极限问题。

出神、醉酒、激情，以及社会学所谓的欢腾，它们的基本功能在于"驱散那些威胁要将人拖入地狱的危险"（荣格）。湿婆这位双重性格的神祇，其淫秽的崇拜活动汇聚了各种焦虑情感，同时也提供了一种解决和放松之道。从这个角度来看，它是一种象征性的技术，有助于信徒们展开其人生历程。东唐维尔（Dontenville）为其讨

---

[1] 她也是湿婆的化身之一，代表着难以捉摸和不可侵犯的力量。——译注

论双重性格之龙的章节命名为："大地母亲的分娩"[1]2。我们被邀请参与"被扼杀的龙"的驱魔仪式，这实际上是一个安抚的过程。控制野兽，同时为其提供一定的表达空间，这正是残酷的湿婆崇拜邀请我们去做的。这里蕴含着一种悖论的智慧，其社会影响值得深思。如果没有这种残酷的表达，存在的债务和黑暗时刻就会在社会身体中扩散，而当今一些血腥的暴力事件正展示了这种扩散可能带来的后果。因此，轻率地将那些被提及的狂欢和残酷的实践归类为野蛮的蒙昧主义是过于简单的，它们的净化效果已无需证明，而且它们属于或曾经属于一个美学空间，其伟大不容忽视。同样地，对塞贝勒（Cybèle）[2]的崇拜也将残酷、狂欢与美学融为一体。与那不勒斯的阉伶一样，塞贝勒的阉伶不仅提供了最放纵的性满足，他们同时也是美与音乐享受的侍者。

这种崇拜，作为一种真正的宗教共融，激发了所有的感官，而衰落的势力对此也并非无动于衷。（参见《尼禄研究》，1975 年 / 第 CLX 卷，第 21 页及以后）在驱逐地狱的同时，我们也在享受着其中的愉悦，进而踏入美的王国（天堂），这不正是将所有的好处集于一身吗？那些在崇拜中服务的堕落天使，那些懒洋洋的阉人，就像双面的雅努斯神（Janus）[3]一样，他们展示了宇宙秩序中激情的综合，在这里，夜晚与白昼，出神与失望紧密交织，形成了一个不可逾越的混合体，我们只需尽可能地从中汲取所有的善。这种诱人果实的甜美而苦涩之液拥有巨大的力量，它唤醒了我们对自己作为有限存在者的认识，而我们的这一本质并非只有缺点。

---

[1] 就像母亲分娩的痛苦和努力一样，面对和处理这些充满矛盾的情感也是一个艰难但必要的过程，它可能导致新的成长和发展。——译注

[2] 古代弗里吉亚（Phrygia）的一位女神，后来在希腊和罗马神话中也占有一席之地。她通常被视为大地之母、母性、生育和自然的化身。她的崇拜在古罗马时期非常流行，尤其是在帝国时期。——译注

[3] 雅努斯是罗马神话中的门神，通常被描绘为有两个面孔。——译注

　　然而，即使是以色列人民，他们对上帝来说是如此珍贵，如同眼珠一样宝贵，但这个民族却有着"刚硬的颈项"[1]。《圣经》中充满了谓之"不忠"的例子，从我们的视角来看，这些不过是不可抑制的生命愿望的简单表达。在巴耳·培敖尔（Beel-Phégor）[或巴力·毗珥（Baal-Péor），取决于不同的翻译]的庇护下，一些奇特而令人不安的习俗得以延续。正如《何西阿书》的预言所说："他们却来到巴力毗珥专拜那可羞耻的，就成为可憎恶的，与他们所爱的一样。"（《何西阿书》9：10）。《圣经》注释家们，作为《圣经》文本的专家，已经适当地展示了这些狂欢的实践是如何持续存在的，以及如何通过不断对抗那些不断重现的"高地"，即多神教崇拜中心的吸引力来加强唯一神的地位。《圣经》的非凡之处，这一点在后面讨论卖淫问题时将更加明显，在于选民历史的线性叙述中，无法抹去其与黑暗的狄奥尼索斯神祇的所有联系。《圣经》中不断提及，即使只是暗示，耶和华是一个嫉妒的上帝，正是以这种身份，他不断地与各种形式的狂欢行为作斗争。在《列王纪上》中，亚撒仿效他的先祖大卫，"从国中除去娈童，又除掉他列祖所造的一切偶像"。罪恶往往近在眼前，因此他不得不"贬了他祖母玛迦太后的位，因她造了可憎的偶像亚舍拉"（《列王纪上》15：12，13）。尽管国王们一代代更迭，但剔除那些可能唤起地下力量或狄奥尼索斯狂欢记忆的斗争却始终如一。

　　我要明确的是，这场斗争是权力征服的一部分。对耶和华的崇拜并非否认所有的性冲动，而是试图引导、定向并保留这种冲动。正是通过这样的方式，唯一神为未来的生产本位主义铺平了道路，并由此揭开了人们所说的极权主义的序幕。这种引导从未彻底

---

[1]　意味着他们的固执或不易屈服。——译注

完成，先知们的抱怨尤其凸显了这个悖逆民族不断的迷失和反复的堕落。上帝与他的子民之间存在着一种特殊的关系，这一点在许多经文中都有所体现（如《何西阿书》1—3，《耶利米书》2，3……），而任何偏离正轨、追求其他性行为的做法都被视为对这种关系的背叛。以色列被选中，宛如一个被精心挑选并装饰起来的女人，但"只是你仗着自己的美貌，又因你的名声就行邪淫。你纵情淫乱，使过路的任意而行。你用衣服为自己在高处结彩，在其上行邪淫……你又将我所给你那华美的金银、宝器为自己制造人像，与它行邪淫"（《以西结书》16：15—17）。如果在《圣经》文本中我们能够听到这些先知的抱怨回响，那是因为狂欢仪式是如此普遍且种类繁多。先知们所挑战的并非是虚构的敌人，而是一种强大的社会宗教势力，它威胁到了对唯一上帝的平静敬拜。为了征服土地并成为上帝的选民，必须集结力量，而不是任其四散。在这里，普罗米修斯再次反对多变的狄奥尼索斯。

在这些例子中，我们可以确定宗教的放纵行为是一种原型。它象征着人类的共在，而与耶和华的特殊关系最终不过是对多元性欲的一种委婉说法。一夫一妻制或许取代了多配偶制，但性关系依旧持续，并准确体现了我们所说的"神性"，即社会整体。无论是以忠诚的形式还是流浪的性的形式，宗教的色情都深刻地映射了一种宇宙层面的性结合。在所有宗教中偶尔出现的圣婚（hiérogamie）[1]，只是一种象征，它通过仪式表达了自然与人类之间的创造性结合。宙斯以金雨的形式降临达娜厄（Danaé）身边 [2]，或是农民仪式中用水

---

[1] 一种在宗教仪式中象征性模拟的婚姻，通常涉及神祇、英雄或圣徒之间的结合；这种婚姻不是真实的世俗婚姻，而是一种精神上的联姻，旨在通过仪式强化某种神圣的联系或理念。——译注

[2] 在希腊神话中，宙斯是众神之王，达娜厄是被父亲阿克里西俄斯囚禁的女儿。宙斯渴望与达娜厄结合，因此他化作金雨渗入达娜厄所在的密室，与她发生了关系。——译注

酒向年轻处女，这些都是对普遍的婚礼的模拟，确保了世界的连续性，即永恒的世界。圣婚呼吁一种模仿，它迫使自然去模仿被仪式赞扬的事物。在这个意义上，放纵中的身体混合具有了宗教／社会功能：它使得那些原本因为他异性而被推向相互排斥的人们能够和平共处。差异并没有被否认，而是被纳入了一种感官游戏中，使得差异变得可以被接受。正如通过仪式化的暴力确立了城市的根基，放纵行为通过重演圣婚的象征，确保了世界的延续和不朽。

确实，圣婚和圣妓可以被视为狄奥尼索斯神秘传统的不同面向。宗教历史学家，甚至小说家［例如皮埃尔·路易（P. Louys）］都曾探讨过这种神圣的卖淫。这种卖淫的显著特点是其聚合功能，它能够建立或恢复基本的团结或共同体。寺庙常常是这种卖淫的特权场所，这种卖淫通常采取夜间狂欢的仪式。通过这种方式，性的出神与宗教的出神合二为一。如果我们从广义上理解色情，那么无论是从狭义上的妓女，还是广义上的宗教人士，他们的卖淫行为都具有相同的功能。毕竟，对于神来说，最本质的特征不就是对所有的人都是全部的吗？关于这一点，神秘主义者已经表达得非常清楚，正如波德莱尔所宣称的那样："卖淫最多的存在，是至高无上的存在，那就是神，因为他是每个人至高无上的朋友，因为他是共同的爱之沙粒，取之不竭。"已经有人说过，与普罗米修斯式的言论相比，大众的言论是诗意的；也就是说，它们韵律化了激情、情感和情境。而且可以肯定的是，波德莱尔的"深刻修辞"［莱昂·塞利尔（L.Cellier）］在这里与大众的语言相呼应，后者是由对应构成的。这个人几乎有意地认识到，在道德和各种"应该是怎样"的背后，生命冲动是无法抑制的，并且通过这种方式，它与神性相似。而且，无论是否命名，日常的邪恶都知道，"怪物"和"阴暗"隐藏在我们每个人的内心最深处。

你认识这个脆弱的怪物吗？

伪善的读者！——我的同类，我的兄弟！

由狄奥尼索斯象征的不可摧毁的生命，并不与他人共享，卖淫在某种程度上是这种生命极端的表达，并且具有神秘性。

让我们再次回顾一些《圣经》中的例子，这并非为了使论证变得复杂，而是为了清楚地展示，作为一种被赋予"神性"角色的卖淫行为，是如何融入人们的日常生活之中的。例如，撒莱将其女仆夏甲给了亚伯兰，"耶和华使我不能生育，求你和我的使女同房，或者我可以因她得孩子"（《创世记》16：1）。同样，亚伯拉罕的兄弟拿鹤和他的妾流玛生有孩子（《创世记》22：24）。以色列的儿子流便毫不犹豫地"与他父亲的妾辟拉同寝"，在其父远离时（《创世记》35：22）。在罗得的故事中，为了使所多玛的居民放过他所收留的两个陌生人，罗得甚至提出献出他的两个"处女"女儿（《创世记》19：8[1]）。而且，我们可以轻松地找到更多这样的例子。在《列王纪上》和《列王纪下》的每一章中，卖淫无处不在，无人幸免。年轻"男孩和女孩们"的行为让历史的记录者（以及间接地让耶和华）感到非常不悦，他们继续卖淫，直到一个更年长或更道德的国王出现，才得以制止。仿佛回到了古希腊，巴力（Baal）神庙的前院毫不逊色于希腊的狄奥尼索斯节！让专家们去详尽分析和减轻这些文本及其类似文本的影响吧！我们则将这些看作是存在主义态度的迹象，这种态度将性视为一种包容性的神话，在日常生活中以无罪地、无羞愧地体验着。在放纵和卖淫中，身体融入了一种超越个体或个体

---

[1]　法文原著中误注为第 6 节。——译注

间互动的本能。根据詹姆斯·希尔曼（J.Hillmann）的说法，这是一种"超心灵力量"（force ectopsychique）³，或者说，是一种强烈的氛围，在这种氛围中，共同体沐浴其中，并因此确保了与宇宙的联系。与父权制相关的问题在这里并不重要，因为性交是自然而然的，这并不是一种以生殖或生产为目的的性行为。在这样的情况下，生育孩子更多是关于生命的繁衍和创造，而非简单的物质生产。弗洛伊德对于父权的幻想和他将阳具降格为阴茎[1]的理论，在这里并不适用。宇宙狂欢的概念表明，性"永远不是单一的，也不是始终不变的"，它可以呈现出多种形态，甚至是相互矛盾的形态，这些形态在广阔的万神殿中为我们提供了无尽的可能。因此，体验性的游戏，就是见证那永恒的循环，它在宇宙和社会层面上不断重复，每一次都是全新的开始。

在宗教色情之中，我们希望铭记的是它与对"伟大母亲"（Grande Mère）的崇拜[2]有着千丝万缕的联系。不论这种崇拜被赋予何种名称，它在贯穿时空的众多宗教传统中都有着不可否认的地位。醉酒、放纵、卖淫、荒淫，这些行为最终都指向了与母系或共同体的融合，并由此衍生出社会生育力的概念。"全在的存在"（L'être tout à tous），以神或神性为典范，映射出一种宇宙合一的深刻含义，其中蕴含着爱与恐惧的创造及毁灭的宏大原型。在加蓬南部的一场"令人兴奋的仪式"中，乔治·巴朗迪耶精确地描绘出了在那里主导着仪式的

---

[1]　在弗洛伊德的学说中，"阳具"（phallus）是一个富含象征意义的术语，它不仅仅指代男性的生殖器官，还在文化和心理分析领域象征着权力、创造力和男性主导地位。相较之下，"阴茎"（pénis）一词则仅限于描述男性的生理器官，不承载任何象征性的含义。因此，"将阳具降格为阴茎"这一说法，指的是弗洛伊德将"阳具"这一蕴含深刻象征意义的概念简化为仅指生理结构的"阴茎"，从而忽略了其在文化和心理分析中更为深远的重要性。这种批评指出，弗洛伊德的理论简化了对性的理解，未能充分考虑到性行为和性别角色在社会和文化背景中的复杂交互。——译注

[2]　"'伟大母亲'的崇拜"是一个象征性的概念，它指的是一种对母性女神或女性神灵的崇拜，这种崇拜在多个古老文明和宗教中都有体现。伟大母亲通常与生育、繁殖、大地、自然和生命的周期性再生等概念相关联。她代表了创造力和养育生命的力量，是一种对女性力量和母性的神圣化和尊崇。——译注

性欲的强烈激发与放大，以及它所引发的既吸引人又让人排斥的"神圣疯狂"（folie sacrée）。然而，作者从这场集体欢腾中提炼出的精髓，是竖琴——象征着"创世的第一位女性"（*Première femme*）——的乐声与仪式主持人的歌声——他呼唤着"布维提（Bwiti）[1]，万物的创造者……"——所形成的美妙融合。"竖琴的纤细声音融入了那悠扬的歌声之中。"⁴"爱的迷醉"，即由此产生的情感并不令人感到惊讶。我们提到的纵欲宗教（la religion orgiaque），其实是一种肉体交合，一种身体混合，它将个体与超越自我的存在——神性、神的世界——结合在了一起；换言之，这就是社会本能。柏拉图传统对此有着清楚的认识，他将爱神视为人类与神明之间的桥梁（参见《会饮篇》，202e）。这种在不同文化背景下皆可发现、既残酷又/或温柔的性欲，实际上是构建人类共同体的必要途径，或者说是必不可少的入门仪式。

二、圣洁与放荡

涂尔干的学识渊博且不可或缺，其精辟的见解远远超越了实证主义的初衷与断言，他深刻揭示了宗教在本质上是一种极其"社会性的"事物。他在《宗教生活的基本形式》一书中为我们提供了丰富的观察和例证，这些亦都支持了我们的观点。当信徒们聚集时，他们所进入的那种欢腾状态，使得打破常规在民间节日上成为一种自然而然的后果；而宗教仪式正是基于对"必然要破坏那些平常最受人尊崇的规范"才建立起来的。作者在注释中特意指

---

[1] "布维提"是加蓬和刚果民主共和国的一种传统宗教和宇宙观，主要崇拜一个至高无上的创造神"布维提"及祖先的灵魂。——译注

出，这种违反行为"尤其（表现）在性的问题上"[5]。这个例子清楚地表明，狂欢仪式，通过其激发想象的功能，促进了社会结构的形成。正如涂尔干的谨慎措辞，这种仪式"所起的作用也是不容忽视的"。同样，他对一场庆典的长篇经典描述证实了激情的膨胀："这种跃动的激情冲破了所有限制"，进而"到处只见狂暴的举动、哭喊、嘶咧的号叫和各种刺耳的噪音"。这些放纵的激情无法被任何东西所束缚，"于是两性的结合违背了性关系的规定原则。男人相互交换妻子。有时候人们甚至乱伦，这种平常要受到憎恶和严厉惩罚的行为，此时却可以公开进行并且不受处罚"。在一次节日庆典中，"乌鲁鲁人把他们的妻子领来，交给金吉利人，金吉利人便与之交合"（第 308、309、311 页）。所有这些仪式都在一个充满暴力、残忍和过度的氛围中进行，仿佛为这场集体欢腾营造了一个保护性的茧。

但最引人入胜的是，这种神圣的性狂欢和性狂热实际上竟然能"激活"日常生活（第 313 页），从某种意义上来说，它们为日常生活赋予了意义。这种酒神节的表达只有在与日常诗意的对比中才能被真正领会。日常的平凡正是在这种短暂的狂热中扎下了根，而这也正是对神圣的最佳诠释。因此，对性放纵的考虑绝不能被忽视，它拥有自身独特的影响力，其重要性不容小觑。正如涂尔干所指出的，我们可以在图腾动物中看到这种重要性，因为它是日常生活中完美的崇拜物，既是身份认同的手段，也是结构性的支持。每种性类型都有自己的图腾动物，随后，根据个体的不同，这些图腾动物会变得更加具体和个性化。对这些图腾动物的冒犯或侵犯可能会引发激烈的斗争，有时甚至会非常血腥。然而，在记录这些斗争的同时，有趣的是可以注意到，在某些文化，如在库尔奈人中，这些斗争有时会以婚姻的形式结束。[6]这种对残酷的性——即需要通过侵略性来表现自己的性——的提醒，可能会让我们想起那些（相对无害的）邻里或村庄之间的斗殴，这些斗殴往往以欢乐的聚会告终；而聚会的乐趣，亦只有用民间俚语才能够充分表达。民间智慧有云："手上的游戏，坏孩子的游戏"(Jeu de main, jeu de vilains) [1]；毫无疑问，无论是异性之间，还是同性之间的追逐和推搡，往往会在或多或少无足轻重的借口下，最终导致性行为的发生。这些性行为在较小或更加微小的层面上，反映了残酷与爱之间的宏大有机悲剧；也就是说，它们讲述了死亡与生命的故事。

在宗教和日常生活中的性解放中，存在着一种狄奥尼索斯式的神秘主义，或可称之为"狄奥尼索斯的神秘"。这种神秘主义之中包含了死亡、残酷、暴力以及感官的极度兴奋等元素，所有这些元素都与"毁灭-重建"的原型游戏融为一体。神秘主义者的历史清楚地告诉我们，他们是如何在这些多元元素的组织中构建他们的生活和思想，这是一种对立的统一。我们在阉割的实践中再次发现了这种性与神秘主义的残酷，这在很多方面都极具吸引力。例如，在查尔斯·安西隆的《论阉人》中就清晰地指出，被奉献给神明的阉人总是极其俊美的少年。

为了投身于神圣的事物，需要具备特定的品质，这些品质对于爱的艺术是有益的。通过将性器官献祭，使得其敬赠行为有了更高的价值。这种做法最终在基督教教会中得到扩展，尽管尼西亚会议曾对此表示反对。7 在奥里金 (Origène) [2] 的例子之后，他为了遵守福音书的指示而进行了自我阉割，这一行为成为了历史上的一个注脚。在教会的历史长河中，我们发现了多个宗派，它们通过献出自

---

[1] 当孩子们玩手上的游戏，相互打闹时，事情往往以非常糟糕的方式结束。——译注
[2] 古代基督教的著名神学家和哲学家，生活在公元 185 年至 254 年之间。他是早期基督教思想的重要代表之一，以其深入的《圣经》研究和神学教导而闻名。——译注

己的性器官来实际地奉献给上帝，从而凸显了性与神秘主义之间密不可分的联系。如果要详尽地探讨这种现象的不同表现，那就需要一篇冗长的论述。在整个教会历史中，这种神秘的、残酷的奉献行为屡见不鲜。有时，它甚至会以比较"温和"的形式出现。例如，格雷瓜尔·德·图尔（Grégoire de Tours）记录了一个克勒蒙特参议员的故事，他娶了一位出身显赫的女子为妻。然而，当这位参议员想要实现婚姻之实时，那位年轻的处女却拒绝了他，她清楚地表明自己已经发誓要远离一切肉体的欢愉，并成功地说服了参议员。"他们多年来同床共枕，却始终保持着贞洁的誓言。"在这位神秘主义妻子去世后的葬礼上，那位名士丈夫感慨地宣布："我感谢你，主，永恒的上帝，我在归还你托付给我的珍宝时，它与我接受时一样，完整无缺。"《论阉人》中记载了许多相似的情况。书里所讨论的极端贞洁实质上是狄奥尼索斯精神的体现。在这种情境下的禁欲，是一种反向的狂欢，它带来愉悦和战栗。在罗伯特·穆齐尔的小说《没有个性的人》（*L'Homme sans qualité*）中，由于音乐上的分歧，克拉丽莎——"始终既是英雄又是少女"——为了她对爱情的信念以及她所代表的爱情理想，牺牲了她的欢愉。"克拉丽莎在丈夫演奏瓦格纳音乐的那几周里拒绝了他。"（《没有个性的人》，第1卷，第57页）同样，在这种爱情所带来的紧张感中，以及一个敏感灵魂所具有的强烈情感的驱使下，克拉丽莎选择了禁欲，展现出了英雄般的自我克制。然而，毫无疑问，正是通过这种克制和自制，充满活力的克拉丽莎实际上激发了她内心对于广泛激情的更深层次的渴望。

神秘合一，无论是与神圣实体还是它们的替代品（例如，音乐）相结合，都是人类学中的一个持久主题。希腊神话通过众多将神明与凡人结合的联姻描述，非常详尽地展现了这一点。在这方面，天空和大地，即乌拉诺斯和盖亚这对原始夫妻[1]，仍然是一个无与伦比的完美典范。[8] 随着时间的推移，通过宗教编年史中记载的众多神秘激情，我们见证了天主教会中僧侣独身生活所孕育的与圣母玛利亚（既是处女又是母亲）之间纯洁而短暂的关系，这一点圣贝尔纳（Saint Bernard）曾深刻地描绘过。在圣女特蕾莎·达·阿维拉身上，我们发现了性欲的崇高升华。她的生活、她的著作、她的行为都充满了感官上的完美激情。她那激烈而神秘的贞洁在各个方面都如同狂欢。贝尼尼在罗马圣母玛利亚胜利教堂的雕像，展现了圣特蕾莎的一次出神瞬间，其表现力之强，令人瞩目：那是一次爱的陶醉，巴洛克艺术巧妙地突出了其中的异教韵味。

如此狂欢式的神秘主义依然是一种常见现象。在一系列不同寻常的机缘下，我有幸听到法国西南部一个严格封闭的女修道院院长讲述的故事。这位坚毅而理性的院长负责管理近百名修女，她在一次小规模的私密聚会中分享了前任院长兼修道院创立者的神秘出神经历，而她本人正是这一事件的见证者。前任院长在生命的晚期，坚持要让人们知晓这种非凡体验。在那位出神者（l'extatique）与她所深爱的高尚对象之间，存在着一种无形的、精神上的紧密联系，就像是存在着一条"金线"。在这种神秘的精神结合过程中，还会出现一些次要的迹象和表现。这种结合不仅是个人的内心体验，还具有公开的性质，可以为他人所共见。这一切都让人联想到古代的神秘婚礼，仿佛是在重新上演一场神秘莫测而又带有悲剧色彩的宗教性酒神节庆。那个场景及其关系的强度，让我在十五余年后，每当回想起那一幕，都会感受到乔治·巴朗迪耶在描述之前所讲到的狂

---

[1]　乌拉诺斯（Ouranos）和盖亚（Géa）是古希腊神话中的原始神祇。乌拉诺斯是天空之神，代表着天空；盖亚是大地之母，象征着大地。他们是一对神祇，共同孕育了其他神祇和万物。——译注

欢仪式时所提到的"不安"。毫无疑问，这类体验以多种形式存在，并在当代各种神秘主义中深深扎根。然而，需要明确的是，我们之所以将所讨论的神秘主义称为狂欢，是因为它超越了单纯的个体体验，成为了集体的表达。诗性的措辞由灵感激发，作者的个人意愿则相对次要。[9]正如艺术家一样，神秘主义者充当了神的代言人，神"剥夺他们的理智，把他们当作仆人来使用……真正说话的是神本身，神通过诗人把声音传达给我们"（柏拉图，《伊安篇》，534c—d）。

在性欲神秘主义中，这一点极为明确：与神性，即与集体的联结，深深植根于性活力的过分旺盛之中。正因为神秘主义者无法满足于一个注定有限的爱之对象，他们才意图通过与代表整体的上帝结合，来实现与整体的交合。因此，性欲神秘主义有时会导致严格意义上的狂欢式释放，这一点并不令人惊讶。民众对修道院和对圣徒们曾经停留之地的热情，在这方面是颇具启发性的。人们所推崇的，是那种普通且升华之爱的具体实现，而那样的实现在日常生活的偶然性和实际限制中是难以企及的。大众对于那些了不起的女性情人或者对于那些放荡不羁的男性所具有的钦佩之情亦是出自同样的原因，他们实现或象征着一种被过多因素所束缚的社会性性冲动。因此，那些因其出格行为而成为媒体焦点的家伙，享受到了大众们的非凡宽容。从吉尔·德·莱斯（Gilles de Rais）——恋童癖和儿童杀手，到被称为"大众杀手"的杜塞尔多夫的"吸血鬼"[1]——他同时也是一位非常著名的诱惑者，我们可以将这些由"灵感驱动"所导致的"偏离之人"，列出一份长长的名单，而他们既是神性/社会性的原因，也是神性/社会性的结果，或换言之，他们既是自身着迷的（fascinés），也是使人着迷的（fascinants）。

---

[1] 指的是德国历史上著名的连环杀手海因里希·皮茨（Heinrich Pütz）。——译注

所谓的"上帝的恩赐"（La *fruito Dei*[1]），现在需要我们象征性地理解其含义（连同符号所承载的全部力量）。享乐和愉悦，在被贬为世俗之前，本质上是神圣的／集体性的。我们之所以在此强调，是因为在经历了一段个体主义和理性化的阶段之后，享乐正在重新寻回其在酒神精神中的根本，这一点在神秘主义中得到了充分的体现。他们所用的词汇中，充满了性的意味：如"爱人""心爱的人""丈夫""未婚夫"等等，这些都是用来描述耶稣的词汇。瓦尔特·舒巴特（W. Schubart）在神秘主义的众多领域中，指出了所有与这种关于爱与温柔的表达相关的内容。圣杰罗姆（St. Jerome）劝诫道："让我们爱基督，不断追寻他的怀抱。"众所周知，圣伯尔纳以他特有的方式诠释了《雅歌》（*Cantique des Cantiques*）[2]（其中上帝被视为爱人，而人类灵魂被视为被爱者）。神秘主义者克里斯蒂娜·埃布纳（Christine Ebner）如此亲近基督，她"渴望如火，如同渴望一位新婚之夜的丈夫"，马格德堡的梅希蒂尔德（Mechtilde）亦然："主啊，请深深地爱我，频繁地爱我，长久地爱我。我呼唤你，充满渴望，你热烈的爱燃烧着我，每时每刻……我只是一颗赤裸的灵魂，而你，在我之中，是那位最华美的主人。"我们可以轻松地举出更多例子，但还有什么比我们刚刚引用的这段文本更充满情欲，它毫不逊色于文学为我们提供的最美丽的爱情篇章。在《圣经》中，正如我们所见，《何西阿书》（1）和《以西结书》（16）都赞颂了耶和华与以色列之间的结合。哈西德派的神秘主义者宣称，虔诚的信徒能够毫无遮拦地直视上帝，就像情人毫无掩饰地凝视他所爱的爱人。在神秘主义者的爱之陶醉中，一切都是愉悦："欢愉、甘美、上帝的甜蜜、至善之乐等。"（圣奥古斯丁）我们生活在一个自我圆满的享乐世界之

---

[1]　拉丁短语，直译为"上帝的果实"，这里指性行为或性享受。——译注
[2]　一首在基督教和犹太教传统中都具有重要地位的宗教诗歌。——译注

中，它不仅自给自足，而且凝聚并结晶了潜藏在社会机体中的爱欲，使之明晰起来。

然而，在某些时刻，这种宗教的慈悲（compassion）不可避免地会演变成纯粹的激情（passion）。在古罗马时期，一座原本供奉贞洁女神的庙宇逐渐变成了各种放荡行为的集中地。我们可以想象一下，在衰落时期，这一切将是何等景象！这并不是指禁欲修行转变成放荡，而是一种对过度行为的特别强调。这些行为时而结晶为禁欲的形式（hypo，过少），时而表现为放荡的形式（hyper，过多）。再次强调，尽管我们不应过于拘泥于严格分析，但循环模式的重要性不容忽视。在普罗米修斯式的环境中，一些原本不是主要关注点的事物可能会因为循环模式的变化而变得不再重要，这就使得之前的主要价值点重新成为关注的焦点。在社会的想象物领域中，昼间律（régime diurne）和夜间律（régime nocturne）之间永恒的斗争持续上演（吉尔贝·迪朗）。在俄罗斯的"奇尔斯特"（Chlystes）教派中，从"hypo"（禁欲）到"hyper"（放荡）的转变机制表现得尤为明显，这个教派原本是一群苦行僧的聚集，后来却变成一群神圣放荡者的重新集结。我所查阅的两位作者［瓦尔特·舒巴特和菲利普·德·费利斯（Ph. de Félice）］对这个教派的描述完全一致。这些鞭笞者（在俄语中称为"奇尔斯特"：鞭子）起源于丹尼尔·菲利波夫（Danila Philipov）；他们严格地、苦行般地遵守性禁欲。他们的第六条戒律明确规定："切勿结婚；已婚之人应与妻子如同姐妹般共同生活。"一系列苦行修炼旨在征服罪恶的肉体。生育，被视为"至高的罪恶"，因此被排除在天国之外，与之相关的亦是如此。然后，据评论者所说，"出于某些不明原因"，这个教派发生了根本性的转变。人们开始裸体共舞、男女混杂、与"兄弟"或"姐妹"共同生活，性行为在神圣之爱的名义下被许可；唯独婚姻被视为一种不可饶恕的严重罪行。

"任何坚持肉体之爱而不结婚的人，并未犯罪。然而，在肉体之爱的驱使下结婚的人，却犯下了可恶的罪行。"有趣的是，唯一被视为罪恶的是婚姻，"它将原本属于集体的性行为私有化了"。我们确实面对的是一个酒神式的宗教。崇拜依照一系列具体而血腥的狂欢仪式进行，高潮是"集体性行为"，没有加以区分。据说，是基督本人组建了这些群体，这使得人们将这次庆典称为"基督之爱的仪式"。东正教会，在追捕这些异端时，称这个仪式为 "swalnij grech" [1]，即"集体罪恶"（更准确地说是"集体的性行为之罪"）¹⁰。这些宗教狂欢活动，不顾性别、年龄和亲属关系的限制，甚至在"圣爱庆典"期间允许对怀孕的妇女进行崇拜。这些活动涉及对怀孕妇女的身体或她们所生的孩子的各种血腥仪式，从而凸显出在宗教狂欢中，死亡与生命确实被紧密地融合在一起。可以明确的是，这种充满情欲和血腥的崇拜吸引了众多修女，在集体狂欢之外，她们甚至在她们的修女室中继续实践爱的仪式。另一位宗教历史学家也提供了相似的记载。他描述并补充说，这些狂欢的聚会（"集体罪恶"）也被称为 "Radénijé"，在某些文献中被译为"劳作"(travail) ¹¹。结合对怀孕的圣母之腹的崇拜，这一细节恰当地提醒我们，身体的融合与混合是对宇宙乡愁的一种回应，是一种渗透于所有神秘主义之中的自然崇拜。狂欢，作为一种自我剥离的过程，旨在实现与他人（l'autre）的融合，以及与"他者"(l'Autre) 的合一。至于那些模糊的酒神祭祀，它们本身并没有其他意义。

关于奇尔斯特教派的转变，实际上并不令人惊讶。在人类历

---

[1]　在东正教传统中，"swalnij grech"（发音为 "szwalnij griech"）来自俄语 "свалить грех"，直译为"倒置罪恶"或"承担罪恶"。这个短语通常用于描述耶稣基督承担人类的罪恶，这是东正教和基督教其他分支中十字架的象征意义的一部分。——译注

史中，我们经常可以看到这样的情况 [例如，玛格丽特·尤斯纳尔 (M. Yourcenar) 在《苦炼》(*L'Œuvre au noir*) 中提供的例子，以及农民战争期间的明斯特 (Münster) 城都是此类情况的例证]。在性欲神秘主义的体系中，从 "hypo"（禁欲）向 "hyper"（放荡）的转变是完全合乎逻辑的。我们知道，当一些长期禁欲的苦行僧激活了他们细腻且神秘的感官享受时，他们要么成为了充满激情的恋人，要么化身为狂热的放荡者，他们在放纵中所投入的热情与对身体控制的专注不相上下。

在我们的基督教传统中，关于神秘的性欲神秘主义，有一整段值得讲述的历史。在官方教义中，身体及其情感往往被抽象化处理，但在一些非正式的性的共同体当中，它们却经常以极端的性行为的形式周期性地浮现。尽管我们所知道的，主要是那些最为重要，或者是那些曾经受到过司法追诉的教派。例如，我们可以提到一个奇怪的犹太基督教教派，即萨拉巴伊特 (sarabaïtes) 派，它曾经存续了很长时间（公元 4 世纪至公元 9 世纪）。或者更经典地说，有尼古拉派、身体派、该隐派、"柯尼斯堡的虔敬派"(18 世纪)，英格兰霍德斯维尔的灵媒四重奏 (1901 年)，以及亚当派。[12] 正如人们试图证明的那样，正是强烈的宗教情感驱使着这些信徒投身于狂欢之中，这种情感应被视为一种通过身体的混合来表达的神秘合一的愉悦。与福音书中提倡的自我否定建议相一致，这些狂欢的异端分子——例如在公元 2 世纪的亚当派（诺斯底派）或 13 世纪的 "庇卡底人"(Picards)——在顺应他们的性本能时，放弃了他们狭隘的个性，从而让自己迷失在了集体的 "绝对他异性" 中。通过达到性高潮的出神，他们因此与神性相融合，达到与神合一的状态。我们应该从这样的角度来理解和评价日常生活中偶尔出现的狂欢行为，以及现代专业媒体所报道的类似现象。在这背后，存在着一种可以被称为"阿斯塔特情结"(complexe d'Astarté) [1] 的东西，它驱使人们相互联结，融合为一，共同抵抗由时间的流逝带来的种种焦虑。

通过参考高罗佩关于中国古代性生活的书籍，我们可以进一步丰富我们的讨论。这个文化深厚、爱情艺术扮演重要角色的国家，也孕育着一种狂欢神秘主义。以一种经典的方式，结合我们所能想象的精致，这个国度的日常情色被一系列书籍所引导，这些书籍展示并丰富了被称作是"房中术"的艺术。需要明确的是，这种艺术被视为一种通往不朽的精神途径。它促进了一种启蒙，即将感官、理性和宗教融合在一起，以使日常生活的前行之路更为和谐。正是在这样的背景下，我们便能够理解如同大约公元 184 年"黄巾军"起义期间所产生的那种性欲神秘主义，这场起义标志着汉朝的终结。

这场受到道教启发的起义，最终在血腥中被镇压，但是张角的追随者们，即一些起义的发起者，"仍在传道"。与他们敌对的佛教徒指出，这些追随者大规模地"采用混气之法进行性修炼……把男女之气结合在一起"。在他们起义一百多年后，一部关于道教的作品中记载，对于这些追随者来说，性行为是为了"用消灾祸"。由此，他们放纵地实践着修炼。"士女溷漫，不异禽兽，用消灾祸。"性融合确实具有拯救的力量，它也是一种对抗社会逆境和自然逆境的方式。高罗佩引用的一些其他文本亦充分展示了道教寺院是如何成为这些性修炼活动的首选之地的。一位皈依佛教的道教徒，甄鸾，在570 年写道："臣年二十之时，好道术，就观学，先教臣《黄书》合气、三五七九，男女交接之道。四目两舌正对，行道在于丹田。有行者度厄延年，教夫易妇，唯色为初；父兄立前，不知羞耻，自称中气真术。"[13] 我们可以列举出更多像这样的引用，它们将神秘主

义、集体完善与性实践紧密地联系在一起。作者明确指出，这种性欲神秘主义的持续存在，吸引了"男男女女成千上万地加入这类教派"。直至非常晚近的时期，我们仍然能够发现这些古老的实践。在1837年，一道皇帝的诏书说，在山东高密，一些男女组成了一个秘密教派，只有成对地进行该教派修炼的人方可加入。"他们夜晚成群地待在一个房间里，不点灯，在黑暗中性交。"同样，在1852年[1]，官兵一次追捕数百名狂热分子，这些极端信徒宁愿选择死亡，也不愿意他们的性实践被规化。最后，作为一则趣闻，我们可以提到1950年的中国，一个名为"一贯道"的道教秘密教派因其性实践引起了政府的注意。据《光明日报》报道，该教派的头子们，被描述为"无耻的色鬼"，他们组织女道徒举办所谓的"比美"，并以道教的名义"怂恿成员们乱交，说这样就可以使参加者长生不老且摆脱疾病"[14]。

在寻求真理的道路上，道家的集体性行为以及其他存续的实践，是对共同神秘主义的一种加剧和明确的表述。如果我们愿意相信修道院中存在着放荡行为，那是因为我们认识到，过度的克制很容易转变为它的反面。撇开政治动机不谈，对圣殿骑士的谴责正是基于这样的理由，而雅克·德·莫莱[2]的"供认"与萨德对他那个时代放荡修道院的描述遥相呼应。在这个问题上，真相的重要性不大；重要的是，**从逻辑上来讲**，狂欢崇拜是有可能在修道院中发生的。[15]

在针对圣殿骑士团的163项审讯指控中，除了不敬之罪，比如"向十字架吐口水和用垃圾覆盖它"（*mingere super ipsam crucem,*

---

[1] 法文原著中误为1850年。——译注

[2] 雅克·德·莫莱（Jacques de Molay）是圣殿骑士团最后一任大团长，于1307年在法王腓力四世的命令下被捕并遭受酷刑。在酷刑中，莫莱最初承认了一系列罪行，包括否定耶稣基督和践踏十字架，但后来他撤回了这些供认。尽管如此，他还是在1314年被腓力四世和教皇克莱门特五世下令执行火刑。莫莱的死亡不仅标志着圣殿骑士团的终结，也象征着十字军东征时代的结束。他的生活和事迹因此成为历史上的传奇。——译注

calcutione et mictione)。还包括了一个叫作"鸡奸"的罪名。在接纳新人的仪式上，新手会亲吻接纳他的资深骑士的嘴唇、肚脐以及通常不被如此使用的身体部位，最后他会发誓向他的兄弟们奉献自己。就引用这段文字的评论者而言，这段关于圣殿骑士团的描述显然对萨德的思想产生了影响。[16] 如果鸡奸这种所谓的"幻想"在萨德的作品中占据了重要地位，那是因为它（鸡奸）与修道院中的鸡奸行为有着共同的神秘主义基础。这种神秘主义是一种残酷的共融，它贯穿了作品的始终。圣殿骑士团、共济会，以及某些秘密社团中的道德沦丧，所有这些对那些追求极端生活逻辑——"hypo"（向下 /禁欲）或"hyper"（向上 / 放荡）——的人来说，都散发着一种诱人的过度气息。这样的逻辑是悲剧性的发展过程，它体现了所有社会本能的特征，并将狄奥尼索斯神秘主义中的放荡与圣洁完美地结合在一起。

注释:

1. 参见 REINACH(S.), *Orphéus*, histoire génerale des religions. Lib. d'éducation nationale, 1930, p.88。

2. 参见 DONTENVILLE(H.), *Histoire et géographie mythiques de la France*, éd. Maisonneuve, 1973, p.29。

3. 参见 HILLMANN(J.), *Le Mythe de la psychanalyse*, éd. Imago, 1972, p.47。

4. 参见 BALANDIER(G.), *Afrique ambiguë*, éd. Plon, 1957, pp.324, 326。

5. DURKHEIM(E.), *Les Formes élémentaires de la vie religieuse*, PUF, 1968, p.547.

6. DURKHEIM(E.), *op. cit.*, p.236 note 4.

7. ANCILLON(CH.), *op. cit.*, p.101 sq.

8. 参阅对此想法具有进一步发展的 DONTENVILLE(H.), *Histoire et géographie mythiques de la France*, éd. Maisonneuve, 1973 p.9 et ch.I。

9. 弗朗索瓦·乔治 [GEORGES(F.), *La Loi et le phénomène*, éd. Ch. Bourgois, 1978] 很好地展示了莫里斯·勒布朗（Maurice Leblanc）被阿尔塞纳·吕潘（Arsène Lupin）所占据、转变和揭示的状态。p.28. 柏拉图的引用很好地阐明了这一现象。

10. 参见瓦尔特·舒巴特对它的完整描述，*op. cit.*, p.71 sq。

11. 参见 FELICE(Ph.de), *Foules en delire. Extases collectives*, éd. Albin Michel, 1947, p.213。

12. 参见威廉·舒巴特的列表，*op. cit.*, p.171。

13. 合气，即把男女之气（本质）结合在一起。

14. 所报告的事实和引用均出自高罗佩的著作。参见 Gulik(R.Van), *La Vie sexuelle dans la Chine ancienne*, éd Gallimard, coll. Tel, 1977, p.122, sq。

15. 在关于圣殿骑士团的此类"虚构出来"的实践领域，可以参阅克洛索夫斯基的小说。Klossowski(P.), *Le Baphomet*, Mercure de France, 1965。

16. 关于这一点，可以参阅这本解释详尽的著作，即 Lacombe(R. G.) *Sade et ses masques*, éd. Payot, 1974, p.114。

第三章　宇宙结合

这个美妙的概念，它关乎权力与界限、意志与法律、自由与适度，以及动态的秩序。

——歌德

一、万物同情

色情神秘主义清楚地展示了与宇宙整体融合或与自然合一，是社会狂欢的一个不变特征。因此，这一特性是值得探讨的，尤其是它提出了社会本能的基本问题，如激情的有机性和差异的游戏。尽管这可能看起来是一种迂回，但我们无法省略对"宇宙"的参照。长远来看，这样的分析将使对日常生活的研究更加深入和清晰。确实，我们需要恢复性的全部广度和效力。心理主义试图将其简化为一个分析对象，或多或少带有病理性质，而生产本位主义则将其纳入功利主义的大视野中。无需再对此进行回顾。根据刚刚所言，只需记住，性狂欢本质上是对待他异性的众多方式之一。性不仅仅是个体或多或少能够自我控制的具体功能，它无疑还是一种"原型表达"，这种表达不断重述着生命与死亡紧密交织的神话。从这个意义上来说，正如我试图通过各种例证所示，受虐狂远不只是一种病理"案例"，它或许（为何不呢?）是一种"出神的释放"，即"灵魂所渴望和追求的，通过发现肉体强烈而不可抗拒的价值及其细腻的愉悦——这同时也是我们极度的痛苦——来实现"[1]。性，在其多样的表现形式中，蕴含着丰富的"想象力"元素，这并非仅仅通过怀疑的态度就能应对。病理学对于心理学而言，正如异化对于解放主题，两者在某种程度上都是基督教原罪教条的直接延续。

在道德的观念之外，我们可以将性狂欢视为大地的呼吸，它或许振幅不一，但无论如何都是世俗发展的推动力。可以肯定的是，心理学主义在此遭遇了难题，因为在所谓的狄奥尼索斯视角下，自我意识开始衰弱乃至消解。更确切地说，它变得毫无意义。若重拾尼采的观点，阿波罗立足于意识和自我控制；相反，狄奥尼索斯则代表着黑暗、具有破坏性和解构的一面，它是"感官享受与残酷的可怕混合"（尼采）。然而，正如自由主义传统所理解的那样（无政府主义是一种无需国家干预的秩序），狄奥尼索斯式的混乱实际上映射出一种坚实的有机性，这种有机性在歌德之后可以被称作"动态秩序"（*beweglicher Ordnung*）。

古希腊毕达哥拉斯学派的灵魂转世、图腾崇拜、印度教中的灵魂不断迁移（*samsâra*）、古希腊奥菲斯教派的"出生循环"（*Kyklos tês généseos*），以及印度教中的无限重生（*Karman*），这一切都体现了事物的一种根本有机性。微观的个人世界与社会身体相似，且与周遭一切相互联系。事物与物种的永恒建立在时间循环性的观念之上。然而，宗教历史学家雷纳克（Reinach）认为，所有这一切实际上都是对

"社会本能的一种夸大表达"[2]。有一种本质的对应关系，它与西方进步历史观的线性思维形成了鲜明对比。古希腊神话中有许多故事，描绘了神祇或著名人物如何变形为植物或动物。宙斯为了他的各种爱情冒险，采取了各式各样的伪装（如化作金雨、公牛、天鹅等等）。达芙涅[1]、尼俄柏[2]、狄奥斯库里[3]等也展现了多样的形态（参见雷纳克，第 120、121 页）。这些变形并非无关紧要，它们体现了一种普遍而坚定的信念，即能够感受到宇宙各元素之间的连续性。在这方面，希腊的奥菲斯教派极具启发性。诸如《降入地狱》(la Descente aux Enfers) 之类的诗歌清晰地描绘了连续重生之循环，这些循环以魔法般的形式表达了永恒的复始，以及这些"相同"元素之间本质上的相似性。意大利的民间宗教同样带有这种有机性的痕迹。我曾在其他地方提到过，"mundus"[4] 原指人们扔垃圾、死刑犯和被父亲遗弃的孩子们的坑洞（trou）。这个坑洞实际上是一个储存库，它确保了世界的连续性。[3] 作为力量的源泉、魔法的宝库、深渊般的坑洞，"mundus"即世界本身，它恰如其分地象征着生命与事物之间无尽相连的链条。

有趣的是，理性否定了循环时间的观念，这样做是为了确保宇宙的连贯性（cohérence）和凝聚力（cohésion）。基督教、进步主义和马克思主义就是在这些废墟上建立起来的，但这种"协调性"

---

[1] 达芙涅（Daphné）是希腊神话中的一位宁芙，她在阿波罗的追求下逃脱，她请求父亲将自己变成了一棵树，通常被认为是一棵月桂树或桂树。——译注

[2] 在希腊神话中，尼俄柏（Niobé）是坦塔罗斯的女儿，也是底比斯王安菲翁的妻子。她因生育能力和孩子美貌而狂妄，公开嘲笑勒托女神。勒托的两个孩子用箭射杀了她的 12 个孩子，只有她的一个女儿和一个儿子逃脱了屠杀。——译注

[3] 狄奥斯库里（les Dioscures）是希腊神话中的一对兄弟，他们是宙斯与斯巴达国王的女儿勒达所生的双胞胎，通常被称为卡斯托耳（Castor）和波吕丢刻斯（Pollux）。他们以勇敢和忠诚著称，是海上的保护神，特别是在航海和马术方面。他们的形象常常与马和海洋联系在一起。——译注

[4] 在古罗马宗教和神话中，"mundus"（复数形式为"mundi"）是指一个神圣的坑或洞，它被认为是连接人间世界和地下世界的入口。这个词通常与地下世界或冥界有关，被视为一个通向死者之地的入口。在古罗马的宗教仪式中，"mundus"会在特定的节日被打开，以便神灵和死者的灵魂可以自由地来到人间。在更广泛的拉丁语用法中，"mundus"也可以简单地指"世界"或"宇宙"，但在这个特定的宗教和文化背景下，它具有上述的特殊含义。——译注

（cohérée）的自然界变成了纯粹的研究对象和利用资源。接下来的情况众所周知。如今盛行的灾难理论，尽管它们试图与线性时间观念划清界限，但实际上它们仍然在某种程度上受到了线性时间观念的影响；这些理论只是以不同的清晰度对这种"普罗米修斯式"的时间观念的后果进行了推理。从神那里偷来的火点亮了整个世界。我们不应忘记，我们的世界观和思想观念是会发生变化的。"我们正在经历一个真正的时代的回归（revuelta）。"（奥克塔维奥·帕斯）其他价值观开始显现，即使它们并非是主导的价值观。狄奥尼索斯在机械时代的顶峰时期（19世纪的个人生活或个体主义时期，抑或浪漫主义时期）只是低声细语地进行参与，但现在变得越来越喧嚣。这样的日益喧嚣所反映的，正是循环观念在当代的复苏及具体化。

因此，宇宙绝不是一个连贯的整体；混乱和不可预测性是其内在的组成部分。社会生活，尽管被各种合理化和解释所装饰，但实际上仍被这种不可预测性完全贯穿。然而，事物之间存在一种基本的一致性，这种一致性与社会本能中的基本团结相呼应。图腾主义，正如涂尔干严格分析的那样，很好地解释了这种宇宙团结的概念。在这个问题上，我们不打算采纳涂尔干的概念，他忠实于他的实证主义方法，试图净化和区分他的图腾概念。我们可以关注图腾与个体之间存在的紧密联系。此外，由于原始人"无法将个体与物种分开思考"[4]，因此，个体与某个特定元素的联系自然地扩展到了整体。动物、岩石、树木——作为图腾——因此成为人类与宇宙之间的中介。由于这种中介的存在，人类与其环境之间存在一种强烈的团结。它们甚至构成了一个不可摧毁的整体。"*Umwelt*"[1]（环境或生活空间）不仅仅是

---

　　[1]　"*Umwelt*"是一个德语词汇，由德国生物学家恩斯特·海因里希·海克尔（Ernst Heinrich Haeckel）在19世纪提出，用来描述一个有机体在其生命过程中的直接环境或生活空间。这个概念强调了环境对生物体的重要性，以及生物体与其环境之间的紧密联系。——译注

次要元素，它是构成世俗世界的必要条件。这样的团结以不同程度的形式持续存在，有时甚至以残存的形式表现出来。

出生时种植的树（涂尔干，第 234 页）、图腾动物、多种多样的膜拜物及护身符……这些都是为了证明人与自然之间的联系。当代生态学同样揭示了这一现象的重要性。

孟菲斯神学中有一个概念可以阐明整体性的想法，这就是特别指明国王力量的"*Ka*" [1]。而"*Ba*"（个人的灵魂、精神）是个体的、可以被描绘的，相比之下，"*Ka*"则是一种无个性的包容力量。这种力量类似于罗马的"守护灵"（*genius*），它确保了事物的持续性和不朽。这样的概念使我们能够理解一个个体如何为一种超越自己的力量所推动，如何在其中迷失，又如何在迷失中参与不断的创造。亨利·弗兰克福（H. Frankfort）提供的文本和诗歌清楚地表明，虽然国王的"Ka"（他的力量）被认为是最集中的，他几乎成为了"Ka"的化身，但"Ka"仍然是所有世间元素的整体性和团结的象征，就像"胎盘"[5]一样，它是人类、动物和无生命物体共浴的源泉。这是一个引人入胜的隐喻，它凸显了去个性化的动态性以及整体之有机性的强大力量，在这样的整体中，每一部分都与其他部分紧密相连。这种观念所指向的宇宙秩序，是一种生机勃勃的建筑学，在这里，情感、情境和状态得以无穷无尽且差异化地演绎。在这个意义上，它回溯到了狂欢式的构建或形象。正如弗兰克福所言，在古埃及人的眼中，"生命是一个宏大网络的一部分，这个网络超越了地方共同体和国家共同体的界限，延伸至自然及其统治力量的隐秘深渊"（第 17 页）。

在这个既结构化又灵活的宇宙整体中，死亡在不断的复活中找到了意义，形成了一个无尽循环。死去的灵魂，化身为鸟，继续

---

[1] 在古埃及文化中，国王被视为神祇在人间的代表，拥有神圣的力量和生命力。这种生命力被称为"Ka"。——译注

与宇宙相连，而尼罗河流域依然是其首选之地。我们面前是一个多维度的和谐体系，它以自己的方式诠释了永恒的美好故事，即事物的持续存在。然而，对社会学分析而言，更具启发意义的是，这种对宇宙有机性的理解直接加强了共同体的凝聚力。社会共识——目前在西方知识体系中似乎被削弱了——就源于共同体与自然之间建立的具有结构化、差异性和紧张关系的联系。我们甚至可以说，因此，自然与文化的分割其实是一个假问题。在和谐中，自然带有人为的成分，正如社会本能具有自然属性。这个复杂的整体，正如埃德加·莫兰的工作所再次提出的，确实是一个充满对应关系和类比的多神教结构，其中多样的变异自然地流动，形态各异的诸神不断地相互吸引，永不停歇。我们面对的是一种动态的根基，一种具体化的社会本能，它们超越了政治指令和派系划分。更深入地说，宇宙对应的本质在于享受时间的流逝，在于对转瞬即逝的当下的珍惜和体验。在大众的意识中，永恒不是别的，而是对永恒当下的感觉，即使在其平凡中也充满了强烈感受。因此，线性思维或灾难论被相对化，因为日常生活中的悲剧才是常态。

这种无处不在的异教氛围，我们同样可以从占星学的不断成功中感受到。无论何时何地，占星学都提供了一个稳定的参照点，适用于社会的所有阶层。从面向普通女性的占星术到面向"边缘"学者的占星科学，占星学涵盖了广泛的态度和思考，这些都是根据星体运动来确定的。对于非传统的社会学家而言，这些不同的态度都应当被平等对待。它们所指向的，实际上是一种泛神论，以其自身的方式表达了"万物同情"（sympathie universelle）的理念。通过行星作为媒介，神与人得以沟通。命运虽然在其必然性上依旧冷酷无情，但它的严苛有可能被减轻，人们可以与之协商。一些非常博学的研究表明，这种关注已深深植入众多文化群体的神话和梦想之中。[6]诗人马尼利乌斯（Manilius），所有占星家都会引用他的作品，他最能表达这种永恒的暗示和根本的默契，这种默契在宇宙内部建立起了人与星辰之间的联系。此外，这种默契正是促进人们之间相遇的原因。正因为宇宙的融合，社会的融合才得以可能。因此，占星学在此促进了人们的聚集，它促成了联合。众所周知，即便是世间显赫人物的婚姻，也会在成婚之前咨询占星家。

那些喜欢阅读大众报纸的现代读者，在回应其追求者的求爱之前，亦会进行类似的占星咨询。然而，除了这种有限的应用之外，占星学的泛神论还反映了一种广泛的直觉，即每个个体都是世界的共同责任人，是超越了个体的更大整体的一部分，同时却又被包含在这个整体之中，并受到这个整体的保护。这就是基本的有机性，它使得生物和事物以相同的节律震动。切不可误以为这种异教信仰仅仅是乡野之人的专属。在乡村，这种信仰可能具有非常典型的形式，即使在今天，我们仍然可以在农民的日常生活中看到它的痕迹；比如，月亮和星星主导着他们的工作和爱情。然而，这种宇宙亲密感同样渗透到了城市生活的灰暗色彩之中，众多小说家［比如，我想到了于斯曼（Huysmans）或超现实主义者］深知如何通过对街道、花园、庭院和广场的细致描绘来展现命运的征兆。漫步、相遇、客观的偶然性，这些也都是个人启蒙的一部分，使每个个体成为更大集体整体的一部分。这样的视角既超越了心理学的个人主观主义，也超越了各种实证主义的客观主义。人的这一非个人维度，无论是超越了个体，还是低于了个体，都能够引导我们了解社会和自然的有机性，这也有助于我们更准确地理解我所说的"超越的内在性"，这种内在性建构了社会本能的结构。马克斯·韦伯所珍视的价值的多神论——人们开始认识到其重要性——能够解释所讨论的建筑学游戏。因为只有在多元性存在时，才能实现平衡，即使这种平衡是矛盾的或紧张的。社会共感觉（La coénesthésie sociale），既是运动的感觉，也是整体的感觉，这种平衡几乎是一种有意识的平衡，由相互对抗的力量共同塑造，因此它既灵活又坚固。正是因为有"整体"的存在，才会有运动。这个看似矛盾的现象在歌德的"动态秩序"（ordre mobile）[1] 这一形象中得到了很好的表述；事物和人们总是通过块状、通过整体来移动的。

因此，所谓的"万物同情"是通过超越个体化原则来实现的。这种宇宙情感的一种表现形式是在宗教伪装中体现出来的。交换服装在狂欢节和其狂欢氛围中是自然出现的；在阿芙罗狄蒂（特别是塞浦路斯的胡须阿芙罗狄蒂）的节日中，男性和女性会交换他们的服装。对塞贝勒的崇拜也是由身着女性服饰的祭司来庆祝的。

正如舒巴特（《爱欲与宗教》，第 70 页）所指出的，这些习俗反映了人们追求完整生活的渴望。双性性（La bisexualité）的存在是对这种完整性的一种象征性表达，而神就被认为是两性同体的。超越性别的限制是确认不朽、体验战胜死亡的一种方式。观察到这种节日或宗教中的双性结合现象非常有趣，因为它明确了一种潜在的态度，这种态度逃避了"应该是怎样"的强制性规定，为日常的异教信仰奠定了基础。双性人的形象总是吸引着人们的注意，同时也让人们感到不安。它象征着男性和女性之间不断追求的永恒融合。这涉及一种矛盾和冲突的融合，其影响可以在日常生活的琐事中被观察到；在不同的情境和时刻，每个人都会表现出要么是女性特质，要么是男性特质。同样值得回忆的是，与占星学相关的讨论指出，"双性人是炼金术过程的最后一个阶段"。对于炼金术士来说，

---

[1] 在歌德的自然哲学中，"动态秩序"是一个核心概念。歌德认为，自然界中的秩序是动态的，它随着时间和空间的变化而变化，但这种变化是有规律的，不是随机的。这种观点与当时流行的静态宇宙观相对立，后者认为宇宙是一个由不变法则和永恒结构组成的地方。——译注

"opus"（作品）[1]的最终阶段是这样的一个形象，它打破限制、与整个宇宙相和谐。16世纪的一位德国诗人如此描述了这一完美道路的终点："在起初，我认出了我的第一个儿子，我们是一体的。接着，他启发了我，我生育了他……我成为了母亲，但仍然保持着处女……因此，我的儿子也是我的父亲——正如上帝按照自然所安排的那样。"[7]到了这个点，宇宙的融合完成了，身体的混合最终导致了一个统一的存在，它综合了所有通常分离的品质。

双性性确实是自我完整性，以及原始矛盾的统一的标志。具有男女双性特征的神祇形象多种多样。更常见的是那些不可分割的神圣伴侣，如盖特和努特[2]、奥西里斯和爱西丝[3]、阿提斯和塞贝勒[4]、席佩托特克和特拉佐特克[5]、塔穆兹和伊什塔尔[6]、阿多尼斯和阿芙罗狄蒂、湿婆和杜尔加等。只有耶和华因其自豪的独特性而略显孤

---

[1] 在炼金术和神秘哲学的语境中，"opus"通常指的是炼金术士或神秘学者的某种精神或物质上的工作，尤其是指炼制长生不老药或贤者之石的过程。因此，根据不同的上下文，"opus"可以翻译为：炼金术作品、神秘作品、创造工作、转化过程，等等。——译注

[2] 在埃及神话中，盖特（Get）和努特（Nout）是两尊重要的神祇，分别代表着大地和天空。——译注

[3] 奥西里斯（Osiris）是古埃及的农业和死亡之神，被认为是埃及国王的象征。爱西丝（Isis）是古埃及的保护女神，同时也是智慧、魔法和家庭的女神。她是奥西里斯的妻子。——译注

[4] 阿提斯（Attis）和塞贝勒（Cybèle）是古希腊神话中的重要神祇，特别受到小亚细亚弗里吉亚人的尊崇。塞贝勒是地母神，象征大地、生育和自然力量，被誉为"伟大的母亲"。阿提斯是她的儿子和伴侣，其故事与复生和植物的生命循环紧密相连。——译注

[5] 席佩托特克（Xipe Totec，剥皮者之王）是阿兹特克神话中的一个神祇，代表着生命的循环、死亡和重生。他被描绘为穿着人类牺牲品的剥皮，象征着旧的死亡和新生的诞生。他是农业更新的神祇，也与生育和季节变化有关。在阿兹特克文化中，他的崇拜与人类牺牲和牺牲品的剥皮仪式密切相关。特拉佐特克（Tlazolteotl，净化者之女神）是阿兹特克神话中的女神，代表着污秽、净化和生育。她以四种不同的形态出现，每种形态都与生命的不同时期相关联。特拉佐特克被认为是净化罪恶和赋予人们第二次机会的神祇，她在阿兹特克宗教仪式中扮演着重要的角色。她与生育和农业丰饶有关，被认为是棉花纺织的保护神。——译注

[6] 塔穆兹（Tamuz）和伊什塔尔（Ishtar）是美索不达米亚地区古代神话中的神祇，分别来自苏美尔和巴比伦神话。塔穆兹是苏美尔神话中的植物和丰饶之神，与农业生产有关，他的死亡和复活象征着植物的生长周期。伊什塔尔是巴比伦和亚述的女神，代表爱情、战争和丰饶。在美索不达米亚神话中，她是众神之后，具有强大的力量和多样的形象。伊什塔尔的悲伤和寻找塔穆兹的故事在古代文学中广为流传。塔穆兹的死亡通常发生在夏季，与植物的生长周期相符，而伊什塔尔的悲痛则预示着冬季的寒冷和植物的凋零。——译注

立！我刚才提到的那些神圣伴侣，就像是一系列关于一个原始存在的诸多隐喻，这个存在在其双性特质融合的完整状态中，囊括了快乐与愉悦的真谛。社会狂欢简单地试图在狂热中体验这种原始的出神，我们熟知的各种神话其实没有其他意义，它们只是对这种最初之出神的映射与诠释。无需在此过多探讨这一观点，我们只需记住，原始的双性存在同样出现在许多梦境之中。荣格在讨论这一主题时，通过引用众多炼金术文献，并辅以重要的图示，展示了不同文明中原始双性存在的体现，如诺斯替主义中的"人"（Anthropos）[1]、男性和女性本质的结合、"哲学的人"（hommephilosophique）、印度的"纯婆"（purusha）[2]……这些都是"世界的黏合剂"（*glutinum mundi*，即结合不同元素的力量）和"生命活力"（*vis animans*）的不同调性变化的表现形式。"生命活力"使结构上异质的元素能够保持在一个富有成效的混合状态之中。[8]

在某些极端或特殊的变态行为中，同样透露出一种追求和融入整体性的渴望。萨德主义者的行为就是这一点的明证。同性恋也是一种试图超越刻板性别界线的方式。通常情况下，同性恋被主流意识形态所限制，并通过反转其常规来模仿所谓的"正常"行为模式。而有时，它则巧妙地扮演着嘲讽者的角色，从而对腓力斯式（philistine）[3]的传统道德规范造成冲击。在《索多玛的120天》中席林城堡举行的婚礼，以及尼禄与阉伶斯普罗斯之间的爱情和婚姻，都是这方面的典型例证。他们所引领的狂欢场面清楚地显示，与常

---

[1] 在诺斯替主义中，"Anthropos"通常被视为宇宙灵魂或人类原初纯洁的形态，代表着与物质世界相对立的更高层次的精神存在。——译注
[2] 在印度哲学中，"纯婆"（purusha）是一个宇宙灵魂的概念，代表了一种超越的、无形的、不变的实体，被认为是宇宙和所有生命的最终实在。——译注
[3] 该词源自《圣经》，原指一个与以色列人为敌的族群，以不虔诚、世俗和物质主义著称。后来，这个词用来形容忽视精神文化价值，只追求物质享受的人，即"市侩且庸俗的人"。——译注

规的偏离实际上是一种宇宙幻想[1]的标志，它将生与死融为一体，形成一个充满活力的整体。当我们超越那些仅仅是约定俗成的界限时，我们就能触及并体验人类学的极限，使每个人成为一个缩小的宇宙，一个拥有、利用并滥用众多潜在可能性的微观世界。

在这种精神下，阉割同样可以体现对宇宙、对整体的色情化想象。众所周知，阉人能够感受到强烈的愉悦，而太监也可能成为热恋中的伟大情人。因此，在希拉波利斯（Hierapolis）的阿斯塔蒂节日狂欢中自我阉割的男子（参见舒巴特，引用作品，第30页），或是为了向塞贝勒女神表示敬意而进行自残的祭司们，他们这么做实际上是在向母性宇宙力量致敬。这些狂欢式的阉割行为是对完整性渴望的回应。而且，通过自我剥夺，他们实际上增强了给予这种牺牲的丰腴神性。在这种情况下，个体的地位并不显著，因为个体的出神在狄奥尼索斯式的共同体的集体行为中得以保持或增强。在评论《论阉人》时，多米尼克·费尔南德斯指出，安西隆的严肃态度实际上引导我们认识到阉割是一种释放："阉割是为了摆脱性别的束缚。"[9]当然，《论阉人》的作者并没有走那么远，但他明确指出了性别的暧昧性，这一点无疑与矛盾性、柔软物质及其宇宙层面的不断变化相吻合。社会本能在前进中戴着面具；如果它对各种权力的抵抗总是间接的，如果它在强制性的压迫下展现出就像腹部那样的柔软性来，这可能是因为它仅仅在反映宇宙的暧昧性。如我在他处所言，狡黠（ruse）是社会身体的一个恒久特征，因此它在整体的非同一性中找到了自身的根基与力量。超越亚里士多德的逻辑，暧昧性教给我们的是，"第三者（le tiers）是既有的"。在世界多义性的语境

---

[1]　当人们从事超越传统规范的活动，如狂欢或被视为异端的行为时，这反映了他们对宇宙更广阔、更深层次真理的幻想或想象。这些行为不仅挑战传统价值观和规则，也表达了对宇宙更宏大和神秘层面的渴望和探索。——译注

中，以一种矛盾的方式，我们可以同时是这个和那个。阉割的事实以及狂欢的教益都在试图表达，个体所构成的所有方面和状态，会像"蝴蝶般"多样化地展现出来。

中国道教的性隐喻与此有着相似的含义。道教炼丹家为了寻找"长生不老药"（金丹），所经历的实践与性修炼相辅相成，两者均以追求永生为目标。若以高罗佩的图表为参照：白虎—铅—火—气—西—阳—男；青龙—朱砂—水—卵子—东—阴—女。这些元素的交织既象征着性结合，也象征着炼丹术的过程。

> 白面郎君骑白虎，
> 青衣女子跨青龙，
> 铅汞鼎边相见后，
> 一时关锁在其中。

同样，我们不应忽略，至少对男性来说，关键在于唤醒女性的生命力并将其捕获。这种在性活动中进行的节制实践可以被视为对宇宙一体化的关注。欢愉终究是现实的。最重要的是强化生命力，因为每个人，无论男女，最终都要从这一生命原则中获得他们各自的身体力量和存在的动力。因此，在某些道教派别中推广"性修炼"的观念也就不足为奇了。[10] 在此例中，性别融合，身体的混合深植于一种深厚的宇宙神秘主义之中。我们再次面临的是完善和巩固这件由人类作为担保者并需不断实现的"opus"（作品）。正如俄罗斯奇尔斯特教派所言，放纵是一种真实的"劳作"（参见上文，第64页），它要求人们在身体和精神上做出重大投入。在这些情境中，性的壮举成为了真正的创造性工作，是创世的行为，它们在宇宙的整体性中维持着社会平衡。超越生产和繁殖，以及它们的实用性，这些行为象征着更广泛的生育力，其中每个人既是创造者也是被造者。因此，狂欢在严格意义上是"有德"的，它同时强调并更新了凝聚集体的力量。正是通过狂欢，我们能够超越政治和社会的框架、超越它们的强制和控制，维持这种被我称为"基础社会本能"的模糊而充满活力的状态（不受任何规划以及"应该是怎样"的约束）。

确实存在着生命的永恒性。这就是构成一切存在的基本悲剧；脆弱性和随机性总是与事物的不可抗拒的持续性相伴随。我们所讨论的宇宙色情以自己的方式表达了一种死亡与生命之间无限混合的二元性。在人类历史中不时出现的各种农业崇拜，通过施肥土壤、模仿与大地女神的交媾，同样展现了极限与无限这对双重极性之间的无限混合。就此而言，生育神祇可能是社会神性最原始的形式。无论如何，它们以一种富有启示性的方式提醒我们，宇宙的统一会将个体集体融入一个超越后者自身的整体之中。

另外，中国的性生活艺术无与伦比，提供了这一原型过程的众多例子。自然与狂欢以各种方式结合，既精致又粗野。例如，高罗佩所汇集的关于古代中国人性生活的文献，清楚地展示了春天来临时民间婚姻的方式。在庆祝自然复苏的节日里，年轻人会组织聚会，他们唱歌、跳舞，并重拾那些涉及"生育崇拜"的诗篇，然后开始肉体的结合。整个夏季和秋季，这些在自然名义下订立的婚姻会持续进行，而年轻女孩的怀孕则是唯一的合法化标准。在这些活动中，年轻人经常使用动物界的隐喻来表达他们的爱情竞技，这些隐喻通常优先于肉体之乐的使用。

> 溱与洧，方涣涣兮。
>
> 士与女，方秉蕑兮。
>
> 女曰："观乎！"士曰："既且。"

"且往观乎！洧之外，洵訏且乐。"

维士与女，伊其相谑，赠之以勺药。

溱与洧，浏其清矣。

士与女，殷其盈矣。

女曰："观乎！"士曰："既且。"

"且往观乎！洧之外，洵訏且乐。"

维士与女，伊其将谑，赠之以勺药[11]。

自然化作了情侣爱欲游戏的华丽舞台，而形似生殖器的芍药在这春意盎然的季节里，以其浓郁芳香作为对神明的献礼。尽管这里的农业崇拜看似世俗，但它通过一场盛大的婚礼舞蹈，巧妙地象征着自然与女性生育力的和谐统一。

在越南的守护神崇拜中，我们发现了情欲与仪式的深度融合。男孩必须关注决定其生计的雨水和恶劣天气。正如之前所述的例子，在自然界经历蜕变的时刻，就会举办一系列游戏、体育和诗歌竞赛、唱歌和舞蹈等活动来庆祝新生。这些游戏和歌声节奏性地与"在户外举行的年轻人的性结合相呼应，其热情、力量和自由奔放唤醒了深藏于地心之中的神秘生育力"[12]。我们可以想象，这样的场景与自然环境中生机勃勃的丰富性是多么的相得益彰。这些庆祝丰饶的狂欢节庆体现了自然与社会之间不可分割的联系，它们使自然变得社会化，使社会变得自然化，它们同样也纪念着宇宙的和谐与平衡。公开的性行为提醒自然其固有的丰饶性。所有这些宴会和盛会，作为狂欢的前奏，都在提醒我们，性爱在某种程度上是庆祝大地恩赐的一种仪式，是这种庆祝的高潮。在现代公司、社会团体或各类聚会的餐桌上，即便以较为含蓄的方式，宇宙狂欢的精神始终存在。无论是适度或放纵地享用食物，还是言语上的交锋，或是惯常的荤段子，都体现了这一点。有一个更值得深入分析的例子，我在此顺带提及，那就是猎人们的聚餐，这通常是男性群体的聚会，在狩猎归来后举行。在那里，被行军和狩猎行为所激发的热血仍然沸腾，猎人们的兴奋感远未退却。在共同分享狩猎所得的部分猎物时，他们实际上也是与刚刚通过狩猎活动所感受到的自然力量进行着一种神秘的交流。这场仪式化的，有时甚至是炫耀性的盛宴，其中过度和消费占有重要地位，它提醒我们，自然不仅仅是被利用的对象（*Gegenstand*），也是一个我们可以与之竞争，甚至使其受伤的伙伴（*Gegenspieler*），但我们必须始终保持对它的尊重和敬意。狩猎有其自身的生态学，这是天真抗议者所无法理解的。在多样的仪式中，这种生态学展现了生命与死亡永恒冲突的和谐。无论如何，农业崇拜和那些通过言语或行为来庆祝宇宙和谐的多样实践，都提醒着我们世界的不朽和生育力。我们需要深入领会这一点，因为在我看来，是它决定了我们对构建和巩固社会本能的狂欢的理解。在中国传统文化中（参见高罗佩，第 41 页），雨水被视为上天的精液，它使大地受孕；这种宇宙的结合在微观层面体现在了男与女的结合之中。众所周知，希腊神话遵循类似的模式。正如一位希腊历史专家所指出的，在年度性的农业崇拜大节日中，人们总是会将得墨忒尔（Démèter），即"小麦之母和狄奥尼索斯，即灌木植被的至高无上的神"紧密联系在一起 [13]。

　　乡村的节日和庆典巧妙地将狂欢实践与对自然产物的崇拜结合在一起。得墨忒尔和狄奥尼索斯这一对组合，生动地象征了宇宙的结合与狂欢的结合。在对非洲节日的研究中，乔治·巴朗迪耶指出，共享美食和富有挑逗性的舞蹈也是不可或缺的元素。舞蹈中，男女轮流模拟着虚构的交欢。随着夜幕降临，情侣们便会消失"在森林深处享受鱼水之欢"。然而，这些节日庆典的深层含义，超越了简单的性技术解读，更关乎对"一个基本法则的认可"[14]，这个法则将人类行为纳入到一个更广泛的生育力之中。通过重复而仪式化的狂欢舞蹈，人们再次见证了宇宙融合。春天的节日、自然的宗教，构成了理解狄奥尼索斯精神的整体背景。狄奥尼索斯式的人通过自然的力量，将普罗米修斯式的人所分离的东西重新联合起来。而且，在一个无休止的循环中，经过一段长短不一的缺席之后，狄奥尼索斯的精神再次浮现。就像一度被压抑的幻想，狄奥尼索斯的精神在"现实"的秩序中开辟出了一条道路。因此，那些在平日可能被视为不合时宜或边缘的做法，在某种程度上，反而成为了理解社会生活平凡性的重要参考。

农业神祇的原始性是毫无疑问的；这些神祇随后主宰了狂欢仪式。从弗洛拉或波莫娜[1]的庆典到卢帕卡尔节或萨图尔纳利亚节[2]，这个转变非常迅速。这些节日之间的联系在于对宇宙和社会丰饶的追求，在于对天空与大地和谐的追求，在于对一种矛盾的平衡的追求，这种平衡总是不断地重述着古老的神话——乌拉诺斯与盖亚的结合。

这种万物同情触及人类的情感和激情，这就是它不可超越且不可简化为其他人类管理方式的原因。其中，色情秩序有其独特的性质，其影响力和重要性既不容否认，也不应被忽视。尽管展示其与宇宙的联系可能会被认为是过时的，这却让我们能够认识到色情在人类历史中普遍存在和持久不变的广度与深度。当狄奥尼索斯

---

[1] 弗洛拉（Flora）是罗马神话中的春之女神，掌管植物生长和开花。波莫娜（Pomona）是罗马神话中的果树和丰收女神，她与弗洛拉有时被视为同一神祇的不同方面。——译注
[2] 卢帕卡尔节（Lupercales）是古罗马庆祝丰饶和生育的节日，与狼有关，与罗马神话中的牧神法乌努斯（Faunus）有关。萨图尔纳利亚节（Saturnalia）是古罗马的冬季节日，以庆祝农神萨图尔努斯（Saturnales）的名字命名，是一个放纵和欢乐的节日，节日期间社会秩序颠倒，奴隶和主人互换角色。——译注

回到他的母系祖先之城底比斯时，他既没有被他的祖先卡德摩斯（Cadmos）认出，也没有被他的严肃而明智的表亲彭透斯（Penthée）认出。他带来的崇拜活动引发了欢腾，但无法被当时的严格管理体制所接受。因此，狄奥尼索斯通过让底比斯的女人们陷入狂热来证明，狂欢的秩序亦同样存在。社会无法脱离其宇宙环境而独立存在。幻想也有理性无法理解的理由。因此，这些女人，以阿高厄（Agavé）为首，成了酒神的女祭祀。

> 因此，我打算证明我的神性出身
> ……而且不会离开这里
> 除非我在这里重建了秩序，并且让自己
> 为人所知。
>
> （欧里庇得斯，《酒神的伴侣》，"开场白"。）

二、有机秩序

然而，需要明确的是，作为狂欢联合模型的宇宙整体性，不是一个无差别的整体，而是一个结构体系，一个组合。这是一个由激情和身体构成的架构，萨德或傅立叶为我们提供了例子，并且它首先建立在复杂性和差异之上。显然，平等主义在这种有机性中是完全缺席的。我们甚至可以认为，狂欢主要关注的是一个"层级分明的个体"（*homo hierarchicus*），其无数的面相会根据不同的情境、感情的波动、经济斗争或政治斗争进行排列、组合和分解。因此，为了深化对狂欢的分析，我们需要尝试理解这些元素是如何相互结合和构建这个整体的。我提到了傅立叶和萨德，确实，在探讨我们所关注的问题上，这两位的作品具有不可替代的价值。然而，没有必要再添加额外的评论，因为已经存在一些现成的评论。对于傅立叶，西蒙娜·德布（Simone Debout）的评论，特别是她指导下的完整作品集，以及对于萨德，吉尔贝·莱利（Gilbert Lély）编辑的完整作品集中的珍贵评论，都是研究和理解作品的不可或缺且足够的工作资源。在启蒙哲学传统的背景下，资产阶级生产本位主义开始兴起并得到巩固（18 世纪和 19 世纪），在个性化原则确立并获得其高贵地位的时刻，萨德和傅立叶是那些虽然身为时代之子，却感受到并思考这些原则的局限性，因此预见了它们的终结的作家——确实，任何文明都孕育着自身的死亡。通过对激情差异和多样性的思考，这两位作家试图精确地探究差异是在哪里以及是如何接合的，是什么样的组合始终且无处不在地影响着人们的共在的，又是怎样的一个合取的奥秘能够以一种或残酷、或温柔的方式最终塑造了我所说的社会本能的。

由个体组成的"群体就像一种化学分子，其中没有任何'价'（valence）[1] 是自由的；萨德的整个语法体系就是寻找完整的形象"[15]。罗兰·巴特对萨德的这种评价同样适用于傅立叶。无论如何，我接受这个观点；它很好地描述了狂欢结构中的不同整体性，这种整体性是由差异化的个体构成的。

这个"完整的形象"（figure totale），作为语法上的隐喻，既是整体，同时也是由最绝对的相互关系构成的。特殊的形象在变化，各种组合在形成和消解，每个主角轮流扮演被动和主动的角色，在一个仍然严格的等级体系中，互补性是必要的。当然，特别是在萨德

---

[1] 在化学中，一个原子的"价"是指它能够结合的电子数，从而形成化学键。在这里，作者将这个概念类比到社会或群体结构中，意味着每个个体在群体中的作用和与其他个体的互动，就像化学键一样，是构建整体结构的关键。因此，"价"在这里指的是个体在群体中的相互作用和关系，以及他们如何共同形成一个有组织的整体。——译注

的作品中，那种有时让人难以忍受的残酷始终存在。但归根结底，这难道不是死亡无处不在的强迫性存在的隐喻，以一种固化的形式呈现出来吗？

中国传统中阴阳的结合在这方面可能是有启发性的。很早的时候，中国人就已经感受到并表达了这样一个事实：每个男人都拥有女性的一面，每个女人都拥有男性的元素。（参考高罗佩的图表，上文，第98页）这个观察结果非常基础且简单，它再次与西方的雌雄同体形象相呼应，引导我们处理结构上的二元性。可以说，这种二元性构成了随后社会结构建筑的基石。中国哲学中的阴阳原则可以成为所谓"社会狂欢"的象征：如何实现对立面的结合，这些对立面在保持各自特性的同时，却能够形成独特且统一的形象？这是所有社会必须面对的核心问题，但这个问题尤其让西方社会感到困扰。正如我们所见，宇宙为这种矛盾的结合提供了一个模型。接下来，我们需要更详细地阐明这一点。

宗教生活，特别是神秘主义，为理解社会狂欢提供了一个有趣的模型。我们将在讨论教会的"神秘的身体"时进一步了解这一点，但可以肯定的是，整体性在那里被深刻地体验；同时，这个整体性包含了构成它的众多元素。神秘主义者也与其教会和共同体中的不同成员保持着联系。他的生活、他的忏悔，甚至他的出神，所有这些都是由他人的存在、罪恶和不幸所决定的。我甚至认为，今天激发我们过上隐修宗教生活，即一种具有强烈神秘色彩的生活的根本动机，首先是关于"他异性"的问题，然后才是关于"全然异己"（Tout Autre）的问题。这意味着，人们在社会、职业和爱情生活中的管理与应对，即与他人建立的关系，构成了决定他们是否选择完全隐退并实现精神升华的关键因素。这种观点并不是对神秘主义丰富性的简化，它暗示（因为这可能是一个独立发展的主题）多元性及其管理实际上涉及无限性的问题。多元主义并不是一个无足轻重的话题，它甚至是理解任何社会组织的关键。

有一种组织能够阐明这种差异化的有机体，那就是黑手党。在这种组织中，整体与部分各司其职，即使关系艰难，有时甚至是血腥的，它们也要确保每个人都能在集体中找到自己的位置，并为集体贡献自己的力量。黑手党由"家族"构成，这些家族象征着一种原始的坚固性。团结不是一个空洞的概念，它在规则的保护下运作。扬尼（Ianni）关于纽约黑手党的作品，使我们能够更精确地理解整体与部分之间的关系，这种关系建立在基本团结的基础上。书中提及了 1892 年和 1900 年的警方报告，并展示了"黑手党代码"。无论这样的代码是否真实存在，它所揭示的现实是无法否认的。[16] "黑手党代码"的核心要点在于与中央权力的距离，即与国家及其各种控制工具的距离。也就是说，"永远不要向国家的权威机构求助以寻求正义"。这样一个原则上的距离，带来了我们所了解的后果，即它确保了对所有形式的中央集权的有效抵抗。共同体，作为一个整体，必须自己解决所有面临的问题。对于那些希望保持自己独特性和差异性的外来者来说，这种态度是至关重要的。然而，一旦确立了这一原则，我们就会再次发现相互帮助，以及"在对共同体指定的需求者给予关照的情况下"分享资源的必要性。与上级权威保持一定的距离、全面地互相帮助、向有需要的人提供帮助，这三个原则很好地描述了一个集体有机体的组织特点，它们不仅确保了整体的绝对整合，同时也保留了特定构成部分的个性。实际上，成员不应该是一个个匿名且原子化的个体，完全依赖于一个全然未知的核心（类似于《1984》中的"老大哥"）。每个"家族"成员，根据自己的方式处理事务，他们唯一的义务是尊重一个或多或少的隐性平衡，这种平衡确保了整体的动态持续。这就是另一条规则所总结的："组织优先于个人"（第 201 页）。这并不是一种任何形式的压制；众所周知，黑手党成员通常具有强烈的个性，但是，只有当这种个性在结构上整合到整体中时，它才具有意义。个人的生命最终并不重要；或者说，它只有在能够增强或不对整体的生命构成威胁时才具有意义。扬尼研究的具体案例，特别是卢波洛（Lupollo）家族的例子，清楚地表明，所有这些运作都基于对家族的绝对"忠诚"（loyauté）。无论是"扩大的家族""伸展的家族"，还是"扩展的家族"，以怎样的概念来界定它并不重要。家族成员"在经济和社会方面都是自主的"（第 205 页），然而，他们形成了一个结构性的整体，这个整体是紧密结合的。正是这种看似矛盾的张力吸引了人们的兴趣。总的来说，一种根据个体差异进行调整的"规则"确保了有机共识，其直接或间接的影响对所有人来说都是可取的。由此可见，基于这种模型的社会本能与基于其他模型的社会关系之间有何等大的不同。后者建立在一个抽象的、俯瞰的、匿名的模型之上，需要严密的控制（包括警察、社会工作，以及各种日常生活的管理机构）；而前者，则是一个灵活而多样化的整合过程，其中每个人的潜力都被认可和利用。

如果我们深入探讨这个模型，可以回忆一下，黑手党家族之间的联合构成了一个被称为"科斯卡"（cosca）的团体，这是一个源自意大利西西里岛的词汇，原意是指"洋蓟"（l'artichaut）[1]。同样地，以一种有机且灵活的方式，每个家族都成为了整体中不可或缺的部分。这个比喻足够生动，因此花足够多的时间来探讨这个概念是值得的。正如扬尼所观察到的，黑手党是由"一些功能上紧密结合在

---

[1]　洋蓟是地中海地区的一种常见蔬菜，它的球状花苞可以食用，其花蕾富含营养，味道鲜美。在西西里方言中，洋蓟被称为"cosca"，这个词语也被用来指代黑手党家族之间的联合体，因为黑手党家族像洋蓟的叶片一样紧密相连，共同构成一个强大的组织。因此，洋蓟成了黑手党结构和团结的象征。——译注

一起的部分"组成的整体。同样地，联邦原则事实上是通过整合各个领域的特定特点来实现其整合的。尽管黑手党涉及的是犯罪活动，但其关注的对象并不仅限于犯罪本身。家族之间会就特定的"领土""领域"或"投资"等进行划分，并在这种划分的基础上，通过竞争和模仿来促进整个组织的全面发展。这种发展模式的成功是显而易见的。这种联邦主义模式的有机整合是生命活力不可抑制的明显标志。而"洋蓟"的形象再次让我们想到了"灌木神"，即狄奥尼索斯；他首先是生命发展、繁茂植被、有序且富有成果的成长之神。因为在这种差异化的有机体中确实存在一种秩序，但这种秩序是内在的，而非强加的。或许可以说，尽管没有赋予它哲学上的地位，但这种"自然秩序"更多的是被体验而非言语化或理论化，它几乎是一种有意图的存在。在研究黑手党的历史，特别是分析其意大利根源时，扬尼注意到，意大利南部一直是一个"充满无政府主义者而非无政府状态的国家，因为合法性的规则被一种'无形且自发'的'社会家庭秩序'所取代"（第36页）。正是这种自发性，以及其隐秘性的特质，是最值得注意的；它很好地表明了外部控制和外部规划的无效性。这种自发性所产生的组织结构是灵活的，但它在各个方面都承担着共同体的支持、生活和存续功能。那不勒斯的黑手党也有类似的结构，包括"中心"、地理区域、活动领域。这些"中心"相互协商，可以一起讨论共同利益，但每个"中心"都会保持其独立性，尤其是为保护那些组成它们的多个小型犯罪团伙（参考第40页）。让我们回到一个常见的观点，即这种多样性中的统一，正是保证每个人活力与个性的东西。在这里，我们确实遇到了一个"合取的奥秘"（mystère de la conjonction），即一个在个体主义时期，曾被人们试图隐藏起来的奥秘；然而，以一种残余的方式，它至今仍然困扰着社会。为了不给人留下这里是在为犯罪辩护的印象，我们应该指出，意大利人区分了作为组织的黑手党与"黑手党态度"（attitude Mafia）。后者特别指的是有机团结的一种表现形式。黑手党组织是这种精神在特定领域的应用。记住，黑手党的行为方式混合了团结、互助和忠诚。这种风格在当代社会学开始分析的"网络"概念中有所体现。实际上，所有制度领域都存在类似"黑手党"的组织。新的发现是，人们开始认识到这些"黑手党"并不是原创性的创造，而是复制并强化了日常生活中的那些常见的做法。专注于社会态度质量的日常社会学，必然会注意到那些贯穿社会的复杂网络。言语的交流、性的流动和商品的流通，都沿着一系列被不同权力所忽视的道路进行，并且它们还会有意地保持着这样的状态。无论是为了日常饮食、消费、家务劳动或家庭之间的互助，组织和管理休闲活动或空闲时间，甚至在与工作或主导的道德观念相抗衡的过程之中，都存在着大量的集体创造和缺口，它们亦都体现了这种所谓的"黑手党风格"（style mafia），并且很好地概括了被我们称为社会本能的东西。村庄或城市街区的生活就是由这种基本的团结构成的，尽管它看不见，但它是社会肌体的无形骨架。在线性或灾难性的时间之外，在数量性的秩序之外，存在着一种垂直的时间，它承载着当下平凡生活的强度。这个看似抽象的概念实际上指向了所有这些宏观视角无法捕捉到的微不足道的小事的累积和凝聚，而正是由这些小事构成了生命的活力、社会结构的权力，以及狂欢的动力。

因为狂欢不应被简化为性行为；或者更准确地说，狂欢只是集体欲望的一种特殊表达方式。爱欲是社会本能的基石和结构，它促使个体超越自我，融入更广阔的集体。这就是为什么社会学首先是对性的研究。实际上，资产阶级价值观的理性化者，西方生产本位主义的倡导者，未能洞察到"勺子共产主义"与性共同体之间存在的深厚联系。正是由于存在着有机的团结、相互的帮助和持续的支持，情感的交流才得以形成。在一个无休止的因果循环中，共享财富与共享性爱相得益彰，结合在一起。无论是以简单的方式，或者以一种更委婉的方式，我们所讨论的网络都体现了这种深刻的团结，而狂欢则是这样的共享精神的极致展现。因此，财富与性爱的共享成了一种仪式技术，负责了全部的象征性交换。人类学家塞尔维耶（Servier）描述了直到 1954 年，在一个农业崇拜的仪式中，塔切塔（Tacheta）地区的青年男女是如何在"常识之夜"实践"集体性行为"的。在白天，年轻女孩们一边唱着悲歌，一边四处寻找着食物：

> 给我们一些粗面粉
> 我们便给你一个孩子
> ……给我们一些肉
> 我们便给你孕育生命的温床

夜晚，大家共聚一堂、共享晚餐，随后便是夜幕下的亲密接触。文本的后半部分提供了一系列关于这些"集体婚姻"的例子。[17] 这些所谓的"放荡行为"在地中海地区（正如我们之前看到的，其他地方也是如此）实际上是司空见惯的，但在这里值得我们注意的是，这些行为与财富的共享有着密切的联系。在宇宙的整体性观念中，我们通过与他人分享我们从自然界获取的资源，以此来补偿我们对自然界的索取；同时，也通过共享我们的生命和肉体，以此来重新找回被个别存在（产品、个体）所破坏的统一性。我们可以举出更多的例子，来强调存在于整体与部分之间、全面性与差异之间的相互作用。"集体婚姻"中的性象征主义有助于我们理解这一过程。在所引用的例子中，尽管这种象征主义根植于一个纯粹的宗教背景之中，但它同样适用于 18 世纪的精致晚宴、19 世纪资产阶级的私人密室、我们城市的周六晚上的性狂欢，或者是当今乡村的田园嬉戏之中。我们将在后面进一步讨论这个问题；而对寻求不变的人类学规律的社会学家来说，这些亦只不过是同一种无法抑制的"幻想"的不同变体表现而已。

从特定差异中诞生而来的全面性，按照司汤达对这一术语的理解，正是一种"结晶"的过程。在司汤达看来，这种结晶使得我们能够赋予我们性欲所向的女性以多样的、或多或少的幻想特质。如果我们不对幻觉抱有偏见，如果我们承认幻觉和表象构成了我们世俗生活的基础，那么我们可以说，在社会层面上，狂欢活动围绕着性进行结晶，从而将那些否则可能会保持分散状态的元素聚集在一起。因此，狂欢实际上是一种根本的过程，它将宇宙的各个元素聚集并有序地排列。

通过音乐的概念来类比，我们或许能够理解这种差异性的整体性对于理解狂欢的重要性。这只是一个提示性的线索，一个简单的示例，它需要我们更深入地进行探讨。音乐实质上是一种追求统一的多样性。它既有紧张感，又保持平衡。在这些紧张感中，我们可以观察到不和谐与和谐之间的对立，节奏与旋律之间的对抗，以及复调音乐中不同声部的交锋。音乐的各个元素不断地分离与合并，它们相互纷争或相互平息；例如，复调音乐中的各个声部在最后的和声中达到和解之前，总是处于戏剧性的冲突之中。这最后的和声，就像宇宙的统一一样，标志着所有差异的融合。瓦尔特·舒巴特在他的著作（《爱欲与宗教》，第 178 页及以后的内容）中，并非无缘无故地将音乐和谐与情欲领域相提并论。例如，他提到了一种习俗，即在德国某些地区，人们会在圣妓的床下，以及新婚夫妇的床下挂上铃铛。铃铛的清脆响声唤醒了爱的激情。音乐与激情的激发始终紧密相连，舞会、舞蹈、夜总会都强烈地提醒着我们这一点。在欧里庇得斯的戏剧《酒神的伴侣》中，狄奥尼索斯的狂热女祭司们在酒神节的狂欢中狂热地歌唱和舞蹈。舞蹈和音乐是大多数狂欢仪式的一部分。强调这一点是为了提醒我们，"对立统一"原理始终是狂欢和谐与音乐和谐的源泉。从象征意义上讲，这种关系提醒我们，所有的有机性都源自差异的有序组合。简而言之，"存在"（Etre）之所以比"无"（rien）有意义，是因为相互矛盾的元素在一个过程中得到了组织，而狂欢在某种程度上是这一过程的完美范例。

　　总结来说，我们可以说个体和社会的微观宇宙通过引导性的差异游戏，组织成像周围宇宙一样的结构。通过自我超越，个体与其他矛盾元素结合形成一个整体，这个整体反过来又提升了其存在的价值。在所有社会中，这一过程采取了仪式启蒙的形式，这种启蒙可能是残酷的、有时是血腥的，但总是具有挑战性的。乔治·巴朗迪耶报告的非洲女孩的割礼实践清楚地表明，无论是退隐启蒙期[1]，还是之前自由性爱的阶段——"在这一阶段，女孩沉溺于爱情游戏"[18]；目的都是为了规训、统一，我会补充说，还有协调矛盾的性冲动。这种对差异的统一既发生在个体层面，也发生在社会层面。启蒙仪式"不仅强化而且使女性特质社会化"[18]。

　　我们不就割礼这一做法本身发表意见，而是将其置于更广泛的启蒙仪式的框架中，这些仪式在不同的社会和时代以不同的形式出现。重要的是要认识到，通过这样的仪式，人们从一个不确定的个体转变为一个更大的群体中的成员。如果人们主动要求经历这些仪式，那是因为他们认为这些仪式有助于他们认识自己，也让别人认

---

　　[1]　"退隐启蒙期"（retraite initiatique）是指在某些文化中，年轻个体为了完成向成人社会的过渡，经历的一个隔离的、秘密的阶段，在此期间，他们接受一系列的仪式和训练，以获得新的知识和技能。——译注

识他们。在这里，我们再次看到，界限与"定义"（*determinatio*）是赋予存在的基础，这是本质之所在。我们的存在仅限于我们融入一个秩序、将我们认可的差异融入一个超越我们自身的整体之中。当然，这种观点从未以这种方式被明确表达，它更多地是通过"近乎本能"的体验来感知，这种体验体现在深刻影响社会生活的多元主义之中。它经常通过多元价值观的多神论来表达，这些价值观超越了通常被强调的单一价值观的合理化（或正当化）。古代的万神殿就是这样的例证。

在对莫里斯·勒布朗（Maurice Leblanc）的《空心岩柱》（*L'Aiguille creuse*）进行的一段精细分析中，弗朗索瓦·乔治（François George）赋予了感觉以"'我'这个概念所具有的有机秩序的功能"，他认为，感觉是"'非我'对'我'的冲击，因此'非我'是促成'我'诞生的行为，尽管'我'本身并不显现，但'我'的位置已被明确标记"。[19]这正是哲学家们以他们一贯的严谨所表达的"未知现实"，它总是标志着他异性的特征。我们只能通过他人来成为自己，我还要补充说，是通过集体的"他者"。这确实是一种内在的超越性，它赋予了神性其在世间的真正尺度。这里关于感觉的论述，同样适用于感官，是它开启了与世界，即与他人的关系。幻想正是由此而生，它以多种方式赋予我们短暂的人生之旅以意义和兴趣，并使得情感能够被分享，成了所有象征秩序的基础。

这个有机的、多样的而又统一的秩序，现在可以通过"神秘的身体"这一政治神学的概念来照亮。在这一概念中，"身体"不仅仅是一个修辞的元素，它指向了感官的体验。所谓"神秘的身体"，是一种基于"状态"（中世纪意义上的"地位"）的结构化组织，每个人在其中都有自己的位置并承担着特定的功能。这是一个生物学的隐喻，它反映了社会层面上的宇宙秩序。我们在这里再次遇到了之前提到的冲突性和谐的观念，但它被"加重"，即通过身体及身体价值的各种具体性使其变得更加"人性化"。没有必要进一步发展这样一个概念（即便可能是因为我缺乏足够的能力来探讨它）。我们只需将其作为一个线索、一个问题，或者作为一个证明社会结构在任何时代都提出了许多问题的示例来指出即可。埃马纽埃尔·勒华拉杜里（Le Roy Ladurie）在他对1579—1580年罗芒狂欢节的分析中[1]，生动地描绘了"神秘的身体"是如何在兄弟会的存在和行动中得以体现的。除了负责性组织工作的"莫古维尔"（Maugouvert）[2]兄弟会外，他还介绍了圣灵兄弟会，后者体现了"平民社会的原始的基质……（以及）平民群体中古老和肉体的联系"20。圣灵兄弟会与"莫古维尔修道院"之间的关系既相互补充又充满冲突，然而，这并非关键所在。因为透过这种关系，我们面临的是社会组织的不同形式的问题，这一问题在德国社会学中得到了尤为明确的阐述。联盟（*Bund*）、权威（*Herrschaft*）、友谊（*Genossenschaft*），以及更多的术语，如社会（*Gesellschaft*）、共同体（*Gemeinschaft*）……所有这些都涉及社会建筑的不同构建方式。

如何思考和分析社会身体的多重功能，它们的结合、冲突和联系？这些问题是每个社会都会遇到的永恒问题，而狂欢节本身试图解决这些问题。或许更准确的说法是，当阿波罗式的疏离感占据主导时，狄奥尼索斯的欢腾周期性地唤醒我们对其共同体解决方案的记忆。当社会的抽象模式趋于盛行时，共同体的概念便重新浮现。"神秘的身体"提醒我们，在严格的物质关系之外，存在着一种无形的精神联合，一种"未知现实"，其效力不容小觑；以一种委婉的形

---

[1]　本书翻译参见埃马纽埃尔·勒华拉杜里：《罗芒狂欢节——从圣烛节到圣灰星期三1579—1580》，许明龙译，北京：商务印书馆2013年版。
[2]　法文原著中误拼写为"Mongouvert"。——译注

式，它可能是社会狂欢的一种表达。

　　或许我们应当采纳超现实主义者们的观点，承认存在着一种神秘的对应关系，这种对应生动地展现在小说的虚构世界里。以《荒原狼》为例，这部作品正是基于此种人与事物之间的深刻对应关系，它如同一种遥远的指引，潜移默化地引导着小说中那位孤独的主人公的存在性探索。同样，丹麦作家谢德（Schade）的作品《众生相遇》（*Des êtres se rencontrent*），尽管鲜为人知，但细腻地记录了书中几位主角在各个港口的相遇、重逢以及他们之间的相互影响。当然，这些小说中描述的情境虽然具有鲜明的典型性，但它们在很大程度上揭示了日常生活的真正质地。艺术家总是通过强调某些特征来使作品成为典范，但其描述的土壤仍然是日常的平凡。超现实主义者所谓的"客观偶然性"（hasard objectif）试图捕捉相遇中蕴含的冒险精神，这种相遇无论直接还是间接，都是构建我们日常生活的重要元素。无论是关于我提到的那些小说，在妓院的过度放纵、爱情冒险的强度，还是日常生活的平凡，都有一条"红线"贯穿其中，那是对个体之间的"对应"关系的描述，这种对应关系如同波德莱尔对自然的描述，构成了我们集体的整体性。我们试图捕捉的有机秩序，可以通过这样的视角来阐明，它最终揭示出宇宙、神秘或日常生活都指向了海德格尔所称的"简单"（simple）概念。实际上，日常生活的多元性强调了我们生活中的小动作、微小的创造，以及构成我们存在的存在情境，所有这些都组织起来，在一种富有意义的混合体中结构化。所有这些共同构成了诗人所描述的"符号森林"（forêt de symboles）。然而，"森林"所指的不仅仅是一个集合，它是一个全面的符号系统。正如吉尔贝·迪朗所指出的，这个"符号森林"指向了炼金术传统的"凝聚"（coagulation）概念。[21] 它将道德上所谓的"善"与"恶"整合在一起，社会多样元素的"凝聚"形成了一个作品，其中阴影和光明同样不可或缺。整体性的理念使我们理解到，创造力并非专属艺术家的专利，而是如同毛细作用一般渗透进日常生活的每一个缝隙。通过各种对应关系的相互作用，建立起了一种全局的平衡，这些平衡存在于彼此补充且充满张力的不同领域。善与恶在架构中相互交织，正是这种深层的统一性，超越了表面上的纷繁复杂，构成了万事万物内在的连贯性。这种"凝聚"的隐喻，它巧妙地融合了矛盾的统一，正是我们试图用"狂欢"这一术语来捕捉的核心概念。它展示了如何超越简单的实证主义或机械论模式，情感和激情的流动为社会结构的构建提供了一个有效的黏合剂。这就是狂欢的欢腾如此出色地概括的内容。路易·迪蒙在《阶序人》(伽利玛出版社，1966 年) 中分析的种姓制度，同样有助于理解我所提出的"有机秩序"(l'ordre organique) 概念。作者清楚地表明，从印度传统社会出发，等级制度与全面的相互依赖是如何相互作用和运作的。重点不应仅仅放在个体或社会上，而应放在他所提出的"整体论"(holisme) 上，这是一种强调相互关系的整体性观念。在这个意义上，种姓并不是像西方传统中的阶级那样的独立实体；它们不是与个体实质相对应的物质实体。种姓首先是在相互对立、相互协调中必要的元素，它们之间存在着深刻的相互依赖关系。种姓制度的等级统一体是流动的、矛盾的、多元的；它是由差异化的关系组合而成的。西方的单一体观念逐渐忽视、否认、拒绝的东西，在这里得到了全面而丰富的体验。与单维性导致孤立相反，我们面临的是一个由相互依赖构成的多神论。与集体孤独相反，人们发现了和谐团结的丰富性和生育力。因此，与其拒绝矛盾的现实，以至于它以多种形式的血腥暴力重新出现，不如将组织化的多元性纳入社会动态中。狂欢的色情狂热以一种变态的方式或以不同程度的表现形式确保了这种整合。从这个意义上说，它是悲剧的，或者它参与了一种悲剧性的视野，因为与单一体观念的完整性和完美相反，多元性是不确定的，其平衡需要不断寻找。激情的变化无常和情境的不稳定，以及持续存在的风险，所有这些共同导致了狂欢的悲剧性，但同时也确保了它的尊严，因为它需要一种持续的"生活的愿望"，这种愿望必须每天被创造。

　　正剧（Le drame），众所周知，是进步主义社会的专利，这种社会以项目为导向，始终展望未来。资产阶级世界正是这一特质的完美体现。相比之下，悲剧（le tragique）是一种"形式"，它让我们活在当下，感受那些普遍存在、根植于所有人类群体中的恒定而典型的紧张关系。有机性和矛盾的和谐，构成了表达悲剧的一种仪式性联系，它同时展现了残酷与温柔的并存。正剧展现的是那些或多或少的典型个性，而悲剧首先是将人物形象置于舞台之上，这些形象的结构超越了扮演它们的个体。这就是为什么经典悲剧中的主角总是依赖于他们的命运；他们必须完成，实现超越他们自己的类型。在这里，"存在的消解"（annulation de la présence）[1]（奥克塔维奥·帕斯）为一种秩序让路，这种秩序的强大力量保证了其持久的稳定性。在这个视角下，我们能够明确地识别出之前所提及的关系系统。在此，我们无需深入探讨方法论的问题，但有必要领会构成有机性的各个元素之间所形成的紧密联系。在这方面，类比的方法可能会提供极大的帮助。

　　实际上，多形态宇宙与构成狂欢基础的激情结构之间的关系，是通过类比来阐明的。这种曾是经典研究模式的方法逐渐被边缘化，

---

　　[1]　"存在的消解"指的是个体存在的取消或否定，转而代之以一种超越个体的、更加持久和普遍的秩序。这一概念通常与悲剧中的英雄角色有关，他们牺牲个人利益或生命，以实现某种更高尚或普遍的目标。这种牺牲是对个体存在的一种否定，但同时也是对某种超越个体存在的秩序的肯定，这种秩序通常被认为是更加强大和持久的。——译注

只有诗人和神秘思想家仍在使用。奥克塔维奥·帕斯援引了艾略特、庞德、杜尚、马拉美、布勒东等人的例子，充分展示了类比在理解社会现实方面的重大价值。[22] 对我们而言，这有助于更深刻地认识到，政治联盟在根本上是情欲的。因此，无论明显与否，狂欢都是社会组织的中心点和支点。事实上，类比所展现的是事物的置换系统，是可逆性的机制；事物以有机的方式相互对应，彼此产生共鸣。无需过多强调，人类学已经展示了自然秩序与社会秩序之间的紧密联系。个体将通过自然神殿来完成其启蒙之旅。并且，人类将以自然循环的形态，以一种全球性的"系统论"方式，调节其激情，安排其欲望。

　　世界的符号、它们的神秘性和组织方式，为社会符号提供了模型。不同的神秘主义流派都强调了这种从自然到社会的继承关系，这种关系是人们学习如何在社会中生活的根本。尽管涂尔干拒绝将泛灵论视为宗教的基本形式，但他无法不注意到，从图腾开始，一种对应机制就在人和事物之间建立起来了。虽然没有明确指出，但他通过这种方式承认了类比在人类群体中是起作用的。"这样，一种神秘感应的关系就把每个个体和与之相伴的那些生物或非生物联系起来了。"个人和集体的图腾在它们的多样性中象征着宇宙与人类小世界之间的紧密联系。在图腾崇拜中，人类、动物、植物等都被分类到不同的族群之中。正是这种分类使得生灵和事物形成了一个"牢固的体系"[23]，在这个体系中，整体构成了一个实体。有趣的是，通过这种类比对应，我们可以认识到社会的形成。多神教，作为历史中经常出现的现象，没有其他意义：它强烈地提醒了构成社会紧张团结的联合之谜，而这一点，如果没有多神论的提醒，是完全无法理解的。事实上，我们又如何解释那些由差异和侵略性而结构性地分离的个体的联合呢？

　　奥克塔维奥·帕斯曾说过，"自然与社会之间并不存在对立"
（《作品集》，第 209 页）。更好的说法是，这种被调节、有序的对立
构成了人性的独特性。更准确地说，自然物种的排列方式，这种
看似矛盾的安排，为社会结构的布局提供了模型。乔治·迪梅齐
（Georges Dumézil）提出的三角分工理论[1]，或是印度传统中的种姓
制度，都是关于有机秩序的典型且深刻的例证。而且，超越任何道
德评价，种姓制度通过组织差异，最终能够消除始终潜在的混乱，
这种混乱正是简化平等主义所鲁莽操纵的。我们目前所知的社会解
体，或是以各种方式出现的灾难主义，可能正是这些混乱的最明显
表现。整个神话都是人的动物形态观（zoomorphisme）和对动物或
事物的拟人观（anthropomorphisme）的不断混合，这很好地解释了
类比的效力。这表明，只有在差异分明且有机联系的世界中，存在
才是可能的。与基督教（及其政治发展）的堕落本性相反，基于
"分离"及其多重后果的视角，类比代表了这种"另一种宗教"（奥
克塔维奥·帕斯，《作品集》，第 129 页），即"一切相互联系"的
"另一种宗教"[2]。这种宇宙整体观念认为整个宇宙就像一种语言，是
一种神圣的话语。因此，不再可能将整体中的某个特定方面视为邪
恶或有害。我们只需平衡这些不同的方面，使它们能够相互制约即
可。狂欢的隐喻表达了这种超越善恶的诗意节奏，它试图将成分不
同的整体中的元素结合和融合在一起。

　　通过教导我们"一切相互联系"，类比很好地解释了阴影与光明

---

　　[1] 乔治·迪梅齐的三角分工理论是一种关于古代印欧社会结构的研究，它将社会分为
三个功能性的等级：神性等级（祭司和贵族）、英雄等级（战士和统治者），以及生产等级
（农民和手工艺人）。这三个等级在社会中相互依赖，各有其特定的功能和职责。这一理论
不仅描述了社会结构，还在神话和宗教信仰中有所体现，对后来的比较神话学和社会学产
生了影响。——译注
　　[2] "另一种宗教"（autre religion）指的是与基督教堕落观念相对立的宗教观念，强调自
然与神圣之间的连续性和相互联系，而不是分离和冲突。它认为自然界和人类社会是一个
整体，通过类比和对应关系相互关联和融合，形成一种和谐的整体。——译注

之间不可分割的必要性。正是对这种必要性的深刻理解和认识，使得差异得以整合。在多样性中，我们被迫与异质性的不同元素进行协商，与它们进行策略性的互动。这便是人们所说的差异的游戏。类比因此是一种象征性的技术，它与辩证法相反，不是超越矛盾，而是将它们保持在冲突的整体中。在这些情境下，爱和恨、残忍和温柔……都达到了最充分的表达。因此，我们可以看到，隐喻是社会分析中一个合法的过程，因为每个对象都与其对立面或互补体相联系。正如当代研究所指出的，存在一种矛盾的逻辑 [参考卢帕斯科（Lupasco）]，它基于"给定的第三者"。经过这样的分析，宇宙和社会对应关系的机制显得尤为丰富。同样，我们也可以衡量它对于理解各种狂欢现象的重要性，这些现象以自己的方式试图解释聚集本能。通过这些差异，并且确实是通过它们，狂欢直面并体验了无法逾越的他异性难题。查尔斯·傅立叶所推崇的"激情吸引理论"[1] 在这方面颇具启发性；对他而言，这代表着一项基于"物质、有机、动物和社会四种运动类比"的科学发现。同时，我们不能忘记，傅立叶受到了瑞典神秘主义者斯威登堡（Swedenborg）的影响，后者发展了一个类比系统。对于他们来说，吸引和对抗是宇宙的基本要素，也是社会的基本要素。傅立叶的"四种运动的理论"或他的"新爱世界"[2] 在社会组织中重新赋予了情欲的地位。与对吸引现象过于简单的分析相反，我认为我已经展示了在对应关系中起作用的欲望"同样"是残酷的。

快乐和享受并非一成不变。狂欢的"劳作"既依赖于柔软，也依赖于坚硬。一旦激情有了建筑结构，冲突就有了建构和象征。正

---

[1] "激情吸引理论"（Théorie de l'Attraction passionnée）是傅立叶关于人类情感和社会关系的理论，强调欲望和情欲的多样性与复杂性在构建理想社会中的重要性。——译注

[2] "新爱世界"（Nouveau Monde amoureux）是傅立叶构想的一个理想社会，主张通过情欲和欲望的充分表达来实现社会的和谐与进步。——译注

是这样，正是因为通过这种方式，困扰着个体身体和社会身体的阴影部分得以象征性地融合。狂欢因此成为社会多声部的终曲和弦，它维系着整体，是整个吸引机制的黏合剂。对应或类比是人们可以称之为"宇宙呼吸"或"社会节奏"的标点，它们是对由不确定性和流逝的时间引起的焦虑的最具体回应。这些回应所指向的有机秩序确实是一种持久性的标志，这种持久性能够抵御政治命令和政治强加的侵袭。狂欢和类比之间的联系并非偶然。两者都显现出一种力量，尽管这种力量可能被隐藏或掩盖，它却是我们日常生活的稳固支撑。"对普遍类比的信念带有浓郁的情欲色彩：身体和灵魂的相聚与分离遵循着相同的吸引与排斥法则，正如天体的会合与分离，物质间的结合与分解。"（奥克塔维奥·帕斯，《作品集》，第 97 页）在个体聚集的背后，有一种神秘的物质主义；它甚至是聚集的原因和结果。正是这种物质主义能够解释，在最显而易见的遵从之下，冒险精神、自由主义乃至放纵，何以能够持续不断。正是它构成了点缀人类历史的反抗的跳动脉搏，同时证明了平民的贵族气质深深扎根于尘世的本质。最终，无论是以朴实的还是精致的方式，这种物质主义都激励着我们在"此时此刻"收获我们大地的果实。由于坚信事物的无常，日常智慧深邃地倾向于享乐主义，这意味着它接受了悲剧的存在，但即便如此，它仍然强调了其本身所具有的独特宇宙意义。

三、死亡与矛盾

确实，差异的终极状态就是死亡。他异性是对自我的一种否定。然而，宇宙类比再次教导我们如何与有限性协商，如何将其驯服。

从某种意义上说，狂欢的目的别无其他。

民族学家或宗教历史学家强调了在原始崇拜中所有与神话祖先认同相关的事物。有时，即使有明确的血统关系，也会追溯到星辰或自然力量。关于这一点，荣格指出，这是一种"整合"，一种"在生命之源的返老还童之浴"，他将这些与"醉酒""启蒙仪式中的象征性死亡"以及"狄奥尼索斯的狂欢"联系起来[24]。实际上，我们处于同一领域；通过与祖先的认同，通过对身体混合所象征的自我死亡，狂欢能够驱散死亡，并以一种"顺势疗法"的方式将其整合。在这里，死亡与生命的宏大循环神话再次被述说，它们相互孕育。将我们的思考置于宇宙的诗意节奏中，我们不可避免地要短暂地转向死亡和矛盾之极。它们在社会效率上的作用经常被提及，但要注意这并非必然是病态的，而是展现了生命的额外活力，是生活愿望的突然爆发。这是一个值得关注的悖论：死亡或对死亡的委婉表达，以及矛盾事物，当它们通过仪式被整合时，便参与了世界的伟大游戏。

游戏精神，别忘了，始终被死亡的概念所萦绕。无论是原始的庆典，还是简单的消遣，所有的庆祝活动都或多或少明显地被对终结的强烈感知所困扰。因此，它们将对时间流逝的焦虑结晶化，并将其融入仪式之中，使之变得可以承受。以美索不达米亚的文本（如《吉尔伽美什史诗》[1]）或埃及的象形文字为例，这些原始文献不断地讨论着人类的死亡和神祇的永恒。然而，仪式性的节日和季节性的庆典旨在提醒我们："虽然人类之死不可避免，但周期性的复生奇迹却为其赋予了平衡。"[25] 实际上，节日的仪式化、死亡与生命，都以它们的

---

[1] 《吉尔伽美什史诗》（l'épopée de Gilgamesh）是一部古代美索不达米亚文学的经典作品，被认为是世界上最古老的史诗之一。它讲述了乌鲁克城邦的英雄吉尔伽美什、他的朋友恩基杜，以及他们在面对人类命运和神祇的挑战时的冒险故事。史诗探讨了友谊、英雄主义、人类对不朽的追求，以及人与自然和超自然力量之间的关系。通过他们的故事，吉尔伽美什史诗展现了古代人类对生命、死亡和宇宙秩序的深刻思考。——译注

矛盾性和互补性呈现。个体可能会停止生活，但整体却能够继续生存。正如自然界中集体存在的持久性，节日不断提醒我们这一点，而木乃伊化和雕塑的丰富发展则象征着这种延续性。宇宙秩序的不变性为我们提供了安全感，节日因此提醒我们，在宇宙秩序与原始混沌之间存在着不断往复的相互作用。通过庆祝这样的辩证法，我们能够驾驭其多样性的元素，既不否认秩序，也不否认混沌，它们被视为一个整体的不同阶段，最终没有任何力量能够撼动这个整体。

在当下，我们在狂欢节中找到了这种辩证法。这个保存了民众生活愿望的场合，同样展现了死亡与生命永恒游戏的无限循环。始终存在的暴力在此是具有启发意义的。关于罗芒狂欢节，埃马纽埃尔·勒华拉杜里（第 245 页）很好地展示了屠杀是如何融入一场游戏，且直至其最极端后果的。节日与死亡的结合远远超越了穷人对抗富人的简单斗争，尽管这种阶级对抗确实存在。作者将一个原型游戏简化为阶级斗争，这表明他受到了流行观点的影响，而他用来支持自己论点的文本，实际上指向了一个更为广阔的视角。在这场血腥的节日中，不同参与者所叙述的故事之间充满了矛盾，这些矛盾足以激发我们的怀疑。尽管构成"阉鸡王国"(Chapon) [1] 的穷人被指责为意图玩弄女性的行为可能只是"山鹑王国"(Perdrix) [2] 进行

---

[1] "所谓'王国'，是由群众当场挑选出的一些人组成的一个假想'王国'，最后可能还有一场盛宴。'国王'身边有时还跟着宰相、修道院院长等人，游行队伍中所有的人都化妆成各色各样的人物或动物。'国王'通常是一位民众领袖或声名显赫的人物，但是我们并不了解这方面的详情。"这个阉鸡王国也叫投石器王国。普罗旺斯方言中的 fonde，罗芒人读作 fronde，也就是投石器……罗芒的这群把石块当作武器的骚动不安的年轻抗争者，此时是否已经具有某种政治色彩……或许确实就是这样。""阉鸡王国属于……工匠和居住在城里的农民和葡萄种植者（居住在罗芒城里的以农为业的人口约占 36%）。"引自埃马纽埃尔·勒华拉杜里：《罗芒狂欢节——从圣烛节到圣灰星期三 1579—1580》，许明龙译，北京：商务印书馆 2013 年版，第 211 页，第 241 页，第 242 页。——译者注

[2] "这个'山鹑王国'的成员大多来自大广场和伊泽尔桥区……形式是民俗，内容却是政治，活动的中心地带是全城资产者最多的地区"；"山鹑王国代表着显贵们的反扑，其目的就是大肆屠戮。在富人们的严厉，工匠的民俗活动中隐藏着某种可疑的意图，显贵们反扑的矛头所指，就是工匠用以反对富人的民俗活动。"来源同前，第 219—220 页。——译者注

屠杀的虚假借口，但那并不重要，历史的真相总是难以捉摸。狂欢节无疑是一个沸腾的时刻，它有可能导致（或有人说会恶化成）人们在仪式上所扮演角色的那种状况。这也就意味着，狂欢节上出现的"女子的惊恐万分"（第250页）并非偶然，因为在一些极端的时刻，性兴奋总是存在的。当代狂欢节提供了许多这样的恐慌案例，其中暴力和性行为扮演了举足轻重的角色。实际上，我们必须认识到，我们面对的是可以称之为"象征性暴力"的现象，这种暴力类型强调了死亡与复活的不可还原的混合。勒华拉杜里在文中靠后的部分（第354页）提及的这种象征性暴力，是庆祝时间流逝（死亡与重生）、自然生育能力以及年轻人启蒙——总是带有"阳刚"和"危险"——的节日不可或缺的一部分。我们可以注意到，许多民间节日都会将剑（例如剑舞）和犁铧并置，剑象征着战士和死亡，而犁铧则象征着农民的耕作和肥沃的土地。剑与犁的结合，构成了另一种典型的象征性配对，其形象和想象功能在节日庆典中极大地震撼着大众。尽管我们不否认任何活动中都存在的政治影响，但其重要性似乎并不如通常所认为的那般显著，反而更为短暂。而象征意义则带有一种"残余"的印记（按照帕累托的说法），这种印记通过其各种调性变化，成为一条深深植根于社会结构中的红线。

值得注意的是，勒华拉杜里提到的罗芒狂欢节中的血腥节日庆典（参见第116页）是在圣布莱兹节（le jour de la Saint-Blaise）（2月3日）开始的，这一天是打谷工、织毯匠、梳毛匠的守护神节。圣布莱兹节是一个欢腾的时刻，其欢腾或会引发起义。阿诺尔德·范热内普（Arnold van Gennep）以及更近期的盖涅贝都强调了圣布莱兹本体所承载的丰富神话象征。这是一个象征每年更新以及生命复苏的熊一般的角色。它的喧嚣，尤其是那"冬眠结束后的第一声排气"，让人想起狄奥尼索斯——那位声名显赫的植物生长之神。因此，圣布莱兹被象征性地视作农神的化身，代表生育力和肥沃。乡村的爱情和城市的粗俗行为在圣布莱兹这里找到了一个古老的庇护所。叛乱、爱情、死亡和生育能力被熊那柔软的皮毛和锋利危险的爪子象征性地展现出来。这种双重性在狄奥尼索斯身上也得到了体现，他既具有男性的阳刚，又带有女性的阴柔。显而易见，探究政治现象的人类学根源极为重要。在此背景下，它们使我们能够认识到宇宙间的类比，并由此解释社会欢腾中的双重性。

我们必须强调死亡与性之间的紧密联系。在占星术中，天蝎座的标志代表着性放纵和死亡的并存。简而言之，天蝎座的人是破坏者，但同时也是深刻的创造者。在这一点上，它与我们的神狄奥尼索斯相似，而狄奥尼索斯的象征意义是难以穷尽的。作为生育之神、充满狂野生命力的神、狂欢之神，同时也是那些残酷的女祭司之神，当阿高厄在狄奥尼索斯灵感的驱使下，在狂欢庆典的高潮中杀死自己的儿子彭透斯时，她只不过是将某种逻辑推向了极端。作为植物之神的狄奥尼索斯，也以扎格列欧斯（Zagreus）的名字被认知，他是地狱之神。在许多描绘中，地狱的入口常常被展现为一个巨大的阴茎。在中世纪绘画中，那是个疯狂的享乐主义时期，经常以痛苦的情欲释放来表现永恒的惩罚。在拉丁语的墓碑铭文中，"*Priape*"（普里阿普斯）[1] 指的是：*mortis et vitae locus*（死亡与生命的场所）。

我们也应该记住，在阿尔冈昆印第安人的传统中，一个想要成为母亲的女人会接近一个垂死的人。同样，在印度，妇女会在被绞死者的附近沐浴。[26] 根据民间传说，具有多种魔力的曼德拉草是从被绞死者的精液中生长出来的。这种死亡与性之间的密切联系，一

---

[1]　"*Priape*"，普里阿普斯，亦称普里阿波斯，是希腊神话中的生育和丰产神，与农业丰盛相关。艺术中，他常以巨大生殖器形象出现，象征其强大的生育力。在罗马神话中，他与冥王普路同（*Pluto*）相当，是冥界的神祇。在墓碑铭文中，普里阿普斯被视为生命与死亡的象征。——译注

直为性学所津津乐道，它深深植根于人类的传统之中，并在无数的日常实践中得以体现。一位消息人士向我讲述了他在阿尔萨斯的一个小村庄里参与过的一场诡异的、带有死亡色彩的性学实践。年轻人们会在浪漫而偏远的空地上聚集，轮流将自己悬挂起来，直至阴茎勃起并射精。必须及时制止这些普里阿普斯神的狂热追随者。有时，救援来得太晚了，地方新闻就曾报道过发生在森林中的一起青少年奇怪绞死事件。克洛索夫斯基的小说《巴弗灭》(*Baphomet*) 描述的并不只是一些孤立的或精英主义的性实践，而是展现了跨越世纪和阶级的性热忱如何常常通过相同的方法达到相同的效果！这种联系的极端例子体现在瘟疫时期，这些时期往往成为盛大狂欢的机会。死亡具有激发狂热生命的奇特力量。恋尸癖不仅仅是精神科医生进行分类的一种病理变态，从更广泛的角度来看，它是宇宙结构中的一个重要元素。在死亡笼罩之地，生命变得异常旺盛。这是一种近乎刻意的平衡，它构成了永恒循环、不断重生的生命的一部分。被泰坦肢解并食用的狄奥尼索斯为人类的成长提供了肥料。在阿兹特克人中，席佩托特克；在埃及人中，奥西里斯神；在基督徒中，基督，他们都在各自的信仰体系中扮演了相同的角色。色情神秘主义洞察到了这一点，它将激情（在其完整意义上）、情感、死亡和生命的发育联系在一起。这种死亡与性之间的神秘联系源自性高潮或性出神时所唤起的永恒感。尽管性行为被喻为"小死亡"，它影响着个体，却促成了新生，它是整个生命体（如夫妻、群体等）的活力爆发。这个简单的日常生活中的隐喻，有助于我们理解社会持续发展的原因。众神之多样性，通过故事指称，生动地解释了这种恒定的现象。情欲沉醉和自我分裂，尽管可能令人不安，但它们也是广阔宇宙运动的一部分。正如一位神秘主义者所说："生命总是从死亡中涌现。"

以一种委婉的方式，我们在恐惧现象中发现了死亡与性之间的联系。正如希尔曼所指出的，"我们害怕去爱，同时也害怕爱"。之前提到的极端狂欢，或是被焦虑困扰的日常爱情生活，都反映了死亡（Thanatos）与爱欲（Eros）之间的接近。爱在所有文化中都被歌颂，无论是在儿歌、流行歌曲还是在最崇高的诗歌表达之中。然而，人们最害怕的仍是"那些恋人，因为他们的快乐伴随着破坏"。恐惧并不必然要被摒弃，而应被视为爱的阴暗面，它是爱不可或缺的对立面，同时也参与了结合的神秘。强调这一点，我们凸显了性的多元性。如果性引发不安，那是因为它本身就充满"不安"。在此，单一维度并不适用。参与了宇宙悲剧的爱情，不可能完全安宁。这种观点在日常生活中的血腥新闻事件和激情戏剧中得到了平凡的体现，这些事件在城市的街区或乡村生活中随处可见。诗人唱道："犯罪并非只发生在巴黎"，而地方新闻作为社会学的优秀指标，也不断地提醒我们这一点。通过激情或爱情犯罪，我们不仅可以解释，也可以阐明许多政治的或国家的历史故事。这不仅仅是些引人入胜的轶事，而是无数微小而普遍情况的结晶，它们构成了日常生活的基础。爱情中存在着谋杀。"心碎者"（bourreau des cœurs）［英文中的"ladykiller"（少女杀手）］是日常语言中的一个表达。当然，尽管这个表达被极度委婉化，但我们仍无法避免思考爱情狂热中所蕴含的暴力。诱惑如同一种狩猎，欲望促使人们进行掠夺，而性行为就是一场场战斗。整体而言，爱情总是充满不确定性。是那些"善良的心灵"在反抗着爱情中固有的残酷。每个人的激情生活都充分证明了人们是无法避免这种暴力的。吸血鬼不仅仅是用来吓唬那些不听话的少女的可怕形象，它也是人类学上的一系列情境的原型，这些情境以不同的程度经历着自我耗尽和重生的伟大循环。

古代中国的男子通过实行"保留性交"来吸收女性的能量，或者吸血鬼在舞会或性行为中吸取所爱之人的血液，两者都是在描述爱神厄洛斯在追求绝对时所展现的极致消耗。性施虐确实是将快感和残忍结合的终极表现。在同一过程中，酒神狄奥尼索斯的女信徒们会在狂欢和出神时宰杀并吞噬作为祭品的公羊，以此来获取力量。基督教的圣餐则以一种较为温和的方式，让信徒象征性地分享上帝的身体和血液。无论是用通俗语言进行，还是在神秘主义的著作之中，所有关于圣餐的论述都清楚地表明了神圣之爱的施虐特质。神食，以特定形式表达（我们可以轻松列举更多例子），有时会渗透到社会结构之中。因此，对许多人来说，性欲望会被暴力场景所激发。有时，甚至只是对这些场景的描绘，就能够引起他们的欲望。我们也知道，所谓的"家庭争吵"往往会以发生性行为而告终，而且这种性行为的狂热程度又常常与争吵的激烈程度直接相关。残忍是爱情的基础，它回忆、纪念爱情的初始结合，并在日常生活的平凡中重新激活它。犯罪学家、新闻报道，甚至性学家都提到了通过杀死动物或有时甚至是杀死人类来达到性高潮的情况。许多狂欢的高潮是在犯罪中发生的，并导致其他犯罪。当然，萨德的著作在这方面是典型的。他所有小说中的所有角色都是将残忍与快感完美结合的化身。无论是通过放血还是通过性虐待，血液都会大量流出。身体上的各种痕迹，让人联想到原始部落的仪式性伤害或当代恋人的爱情咬痕，它们在激情中唤起了想要通过自我毁灭、爆发，以达到完全融合的欲望。性行为中的"小死亡"指的是超越个人界限，并因此达到更广阔、无限的绝对表达。简而言之，在性行为之中，既有对血液的欲望，也有对温柔的渴望。克莱斯特（Kleist）的《彭忒西勒亚》（*La Penthésilée*）[1] 很好地概括了这一悖论：

---

[1] 彭忒西勒亚是希腊神话中于特洛伊战争中出现的女性英雄，阿瑞斯的女儿，亚马逊女战士们的女王。最终死于阿喀琉斯之手。——译注

> 亲吻和咬啮如此接近，
>
> 在爱情的狂热中，
>
> 它们轻易地交织在一起。

残酷的愉悦在许多方面是不可超越的，它代表了人类学上的一种恒定现象，它是死亡的一种调性变化，在宇宙运动中具有其特殊的功效。我们可以以列举许多对萨德作品的引用来证明"谋杀在所有的土地上都被崇拜和使用"。其中，一个经常出现在他作品中、抱有无神论思想的神职人员，通过给出许多历史上的例子，得出结论说："谋杀是一种激情，就像酒、赌博、男性和女性一样"，这正是使得放荡变得"刺激而美味"的原因。但简而言之，如果邪恶和混乱有其存在的必要性，那么狂欢所证明的是，为了达到一个更高层次的秩序，这个秩序就必须接近于对立面相融之和谐状态。在《哲学在卧室》(*Philosophie dans le boudoir*) 一书中，圣–丰德（Saint-Fond）详细阐述了这种形而上学，并提供了丰富的例证。他提道："平衡法则是一切宇宙法则中的首要法则，它们同时调节发生、生长和呼吸的一切。"这也就是说，所有事物在现实世界的平衡中都有其一席之地。

　　死亡和矛盾很好地嵌入了一个关于世界永恒的宇宙观中。"在世界上，一切都有重生：毛毛虫变成蝴蝶，种下的种子生长成树。"[27]存在一种持续的流动，一种生命的冲动，一种创造性的活动，由微小的姿态所组成，而放荡是这些活动中的极端时刻。宇宙的无限循环将万物转化为"更多的存在"，而社会生存意志也同样包含了"阴影"，即"人类情况的暗淡时刻"（恩斯特·布洛赫），并因此达到了一个更为广阔的整体。萨德的目标是绝对的融合。从这种意义上讲，狂欢是一种操作技术。在历史和自然中，混乱是一种时刻；正如我之前所指出的，暴力是基础。当最初的冲动逐渐消退，人类结构的固化迹象开始显现时，混乱、放荡和沸腾提醒我们有机性和差异化秩序的必要性。因此，对那些强调万物之间必要凝聚力的元素进行规范性的判断是没有意义的。

格奥尔格·齐美尔在讨论秘密社会时指出，它们表达了一种"除了显而易见的世界之外，还存在一个'第二世界'"的可能性。在这个"第二世界"中，暴力扮演了一个重要的角色。这个"第二世界"在某种程度上是维持现实世界表面结构的储备力量，即"德性"的来源。因此，通过研究那些致力于暴力的"黑手党"的行动，我们可以理解这一点，众所周知，黑手党是强大的社会整合系统[28]。黑手党所催生的凝聚力，无疑是这一过程的显著体现。那些如黑手党般的社会组织以极端方式展现的东西，在日常生活的"小规模"中也有所体现。青少年团伙、邻里生活、恋爱关系、家庭生活等，所有这些都在不同程度的暴力背景下运作，这些暴力最终构成了社会聚合的基础。我甚至会说，一个组织的质量直接与其管理混乱和基本暴力的能力相关。正如界限给予存在，定义了否则将无法定义的事物一样，管理死亡和矛盾是生命扩展过程中的一个基本特质。这种生命在面对和内化死亡的过程中，不仅抵御死亡，而且通过这种方式强化和确认了自己的存在。在各种表现形式中，过度是对存在的肯定，即尼采所说的"对生命说是"。事实上，还有什么比在酒精、熬夜、性消费和盛宴般的饮食中耗尽自己更致命的呢？然而，这些行为虽然令狭隘的资产阶级感到震惊，难道它们不是一种无法抑制的生命冲动的迹象吗？按照流行语，"超出自己的能力生活"，不吝啬金钱，好客款待，举办聚会和宴会，这在一个由严格经济观念统治的社会中，无异于每天都是在与灾难共存，而与此同时，这也是一种信念的表达，即最广泛的消费也是存在符号学中的一个基本要素。通过健康而无礼的行为挑战道德规范，运用狡黠的策略手段玩弄现行的制度与规则，虽然将这些运用在职场上可能会构成一定的风险，然而这样的做法确实能够给日常生活注入激情且打破过于严苛的规范束缚。"通过这些行为，我们不仅要对自己说'是'，而且对整个存在说'是'。"（尼采）实际上，将"死亡"融入生命发展，就是确保生命达到一种重要的"更多存在"。将"死亡"视为一种比喻，让我们回想一下黑格尔的"主奴辩证法"：正因为面对和接受死亡，个体才确保了自己的主权。勇气和冒险在结构上包含了死亡的可能性，同时它们也是生命持久性的因素，而宇宙的复杂性则是这一点的完美模型。正如涂尔干所指出的，存在着一种"匿名且非个人的力量"[29]，个体参与其中，但这种力量超越了每个个体。这种"力量"超越了一代又一代的个体，扩散在万物的存在之中，构成了世界的某种骨架。通过对偶发性死亡和日常死亡的接受来肯定生命，使得人类这个单体参与到了宇宙的宏伟游戏之中。从图腾崇拜到更复杂的宗教，我们都可以找到对这种"非个人的无限性"的感觉，其有效性或多或少地隐藏在日常生活的平凡之中。这种对无限的感觉通过植物和动物的元素中介，深深植根于地球的基质之中。这正是我之前提到的神秘物质主义，它可以帮助我们理解身体的愉悦、肉体的快乐和精神的享受是并行不悖的。

无论是凯卢瓦、赫伊津哈在他们的经典著作中，还是更近期的让-雅克·郁南布热（J.J. Wunenburger）在其最新对这一问题进行讨论的书籍中[30]，节日都被认为是唤起原始混沌的存在，而这种混沌仍然是现存秩序的一部分。因此，节日总是显得过度。无论是国家节日、宗教节日还是民间节日，都关乎着一个罪行、一次违抗、一次叛乱，或者是某个神明或著名人物的死亡。这些总是会与一个"创始性"的罪行有关。当然，这个罪行已经被制度化和合法化了，但这并不妨碍在举办纪念活动时从逻辑上讲仍会引发类似的过度行为。我们需要相当的天真才会对 7 月 14 日或其他同等节日里的沸腾和越轨行为感到痛心。节日作为社会力量的凝聚时刻，其本身蕴含着过度和死亡的强烈元素，但它在这样做的同时，也能够管理、适应这些元素，甚至必要时，能够与这些元素巧妙周旋。因此，狂欢是这些节日形式之一，它通过融合死亡概念，参与到广阔的生育过程之中。无需详细展开，我们可以回忆起人类学家已经展示了政治秩序是如何源于原始或偶发的混乱。乔治·巴朗迪耶甚至将这种定期重演混乱以提醒人们秩序的必要性的社会逆向机制称为"权力的诡计"。通过对秩序的戏仿，我们实际上是在更新它。无论是萨图尔纳利亚节、愚人节、狂欢节，还是所有短暂打破常规的节日，它们都让人们感受到混乱的威胁，并因此维持对现有状态的"忠诚"[31]。

无论如何，游戏、过度和社会反转都在提醒我们死亡在世俗世界中的结构性存在。这种提醒是一种"界限智慧"的标志，这种智慧或多或少是自觉的，它强烈地捕捉到秩序与混乱、聚合与解聚之间形成的往复运动。这种运动，我们在宇宙中也能够发现，它亦自然而然地在所有社会中体现出来。最具实证主义倾向的社会学家们已经强调了这一点："我们不应忽视，我们的社会进步本质上建立在死亡之上；这意味着人类连续的进步都必然要求对一般运动因素进行持续且足够快的更新，这种更新通常在每个个体的生命中几乎难以觉察，只有在代际交替时才会变得显著。"（奥古斯特·孔德，《实证哲学教程》）超越这种思维的严格线性特性，我们仍然可以认识到存在着一种有机的秩序，它以"整体论"的视角，将个体的有限性融入到集体的持久性之中。在某种程度上，狂欢节就是这种过程的象征性技术。通过自我的爆发，狂欢节直面死亡，并将其整合。狂欢，正是集体性地体验死亡。

　　为了结束这个话题，我们需要明确为什么所谓的"死亡"在社会结构中扮演这样的角色，当然，它以多种方式在日常生活的各个方面表现出来。很难认为个体和社会将成为一个同质、完美和统一的实体。实际上，这只是一个幻想，可以简称为普罗米修斯式的或阿波罗式的幻想，它试图通过依次统一自然、个体及其扩展，即社会关系，来实现控制。这种观点在 19 世纪达到了顶峰，并在一个尽管有多个核心（如马克思主义、弗洛伊德主义、实证主义），但仍然是同质的意识形态中得到表达。不必再重复这些论述。简而言之，我们应该减少矛盾、偶然性、幻象和多元性。个体，作为自己宇宙的主宰，在一个无菌且安全的社会中，不过是一个原子。因此所实现的社会控制，无论是广泛还是深入，都倾向于采用一种全球性的技术结构来取代基本的有机团结，这种结构抽象地恢复了失去的聚结性。于是，宇宙和社会的"对应"（correspondance）将让位于一种不需要强调其荒谬性的社会交流。在这样一个孤独的组织框架中，我们从未如此频繁地谈论"交流"（communication）！

　　实际上，这可能是死亡给予我们的一个重要教训：个体和社会都建立在矛盾之上。同样，宇宙的结合是一个我们不能忽视的模型。

　　埃德加·莫兰的《方法》试图接近[32]的世界"复杂性"并不建立在传统的"非此即彼"的逻辑上。许多人在不同的领域 [朱利安·弗罗因德（Julien Freund）、吉尔贝·迪朗、斯特凡尼·卢帕斯科] 都指出，"第三方"是存在的，它总是突兀地出现在政治、想象物，甚至理性本身之中。因此，我们应该基于一种更为复杂的矛盾逻辑，尽管这种逻辑更难以操作，但它可能更贴近宇宙的和社会本能的多元性。我们知道，神话思维以多神论的形式表达了这种逻辑。这难道不是意味着情境的动荡、情感的多样性、价值观的矛盾，以及死亡的存在，都不能被简化为一个抽象的统一体吗？诸神之间的斗争以及他们混乱而充满冒险的生活，从严格意义上讲，正是对差异化和组织化的秩序的表达，这样的秩序整合了所有的异质元素。在社会学领域，马克斯·韦伯受到尼采的启发，精确地表述了多神论价值观在人类社会发展中的动力本质。狂欢现象恰如其分地体现了静态与动态的结合，其象征意义和色情构建确实整合了本能的不变性与情感的流动性。狂欢所呈现的形象，是一种统一性与矛盾性的混合体，它不仅超越了理性解释的范畴，而且体现了永恒的"结合之秘"（*mysterium conjunctionis*）。

确实，可以借用荣格的话来说，"人只能被描述为一个矛盾的集合体"。因此，一个人会持续地进行斗争，这种斗争构成了他的本质。这种冲突在社会的运作中也同样可以看到。梦想一个没有摩擦的共识，一个没有棱角且不会被任何事物打扰的平坦社会，无疑是徒劳的。正如朱利安·弗罗因德所展示的，"第三方"是多种干扰的源头，但同时它也是所有社会的源头。他异性的难题，这个不断重现的问题，无懈可击地否定了单维度的理论。那些我们无法通过仪式化、考虑、管理来处理的事物，最终总会重新出现，它们越是被坚决和长期地否认，就会越加激烈地爆发。宇宙和社会的复杂性要求我们保持谨慎，需要掌握平衡的艺术。正如，用一种隐喻的方式，可以说地祇之神有时会对无情剥削自然的行为进行报复，他们也提醒我们，随意地扮演巫师可能是非常危险的。同样，社会的一味平坦化、过度控制、极端的消毒措施，这些都有可能引发剧烈的暴力事件以及"邪恶"的叛乱。灾难、危机、爆发等等，这些现象在单一线性、理性主导、单一价值观的发展过程中，都是不可避免的。极端的集中营及其暴行实例都是直接通过某种德国哲学，从启蒙运动（启蒙主义）及其简化思维那里继承而来的。通过将世界去魅化，将其简化为单一体，我们解除了其整体的紧张动态，这为极权主义开辟了道路。现在我们开始意识到，广泛的去神话化过程，在所有领域中，正在剥夺社会身体和宇宙身体的自然防御力。确实，当存在价值的多样性（多神论）时，就会产生相互中和和相对化的效应，这种反律法性的游戏保证了"存在"得以持续。如果缺乏这样的反律法性，就会出现由一种意识形态或一种思想体系像压路机一样占据着主导地位，并周期性地引发所谓的"被压抑物的回归"的激烈情况。

在这个意义上，思考矛盾是一种心智健康的表现。没有什么是绝对的，矛盾总是在任何情况下或事件中发挥作用。的确，对不同的人来说，同一件事物可能具有相反的价值：雨水可能给度假者带来不便，对农民却是宝贵的；对滑雪者来说雪是美妙的，但对驾车的人雪却是极大障碍。更有说服力的例子可能会表明，矛盾不仅仅是一个哲学观点或学派的争论对象。善、恶、真、美……这些价值总是相对的，对它们的评价需要细腻入微，这取决于它们所处的情境。这些基本常识对于洞察同一性和不矛盾原则的局限性是必要的：

> 我既是切割的创伤，也是那锋利的刀口；
> 我既是挥舞的鞭笞，也是那承受打击的柔颊；
> 我既是驱动的肢体，也是那旋转的轮轴，
> 我既是受难者，也是那执行的刽子手！

波德莱尔在《自我折磨者》（l'Heautontimoroumenos）中的这些诗句精准地描绘了矛盾的意义与范围。但要做到这一切，我们必须识别并接纳那股不断作用的矛盾力量。这样的接纳意味着超越个体的界限，进入一个毁灭与重生的循环。矛盾和死亡是联系在一起的，即使我们应该将它们视为概念的极限，它们的阴影也总是投射在我们

的全部存在之上。这就是萨德的教训。他所有的狂欢式构建最终都依赖于矛盾的显著存在及普遍作用。只有在实践"强化所有的对比和深渊"（尼采）时，我们才能以一种悲剧的方式生活，实现矛盾间的统一。

在情感的领域中，矛盾具有其独特的表达方式。或许我们甚至可以说，激情的建筑学结构构成了维系社会本能的能量源泉。面对政治上或社会上的任何形式的强制，面对广袤自然的无常与变迁，大众色情构成了一个储备库，它孕育了抵抗的力量和发展的力量。共同体的存在并非源于摆脱经济政治的束缚，甚至不是要通过其与各种形式的异化作斗争，而是在于日复一日地体验和拥抱充满激情与情感的矛盾。在游戏和过度、性行为和言语交流之中，在各种从众主义的面具之下，我们看到了一种"结合的艺术"，它凝结了社会本能的微小创造。从这种意义上讲，狂欢是一种无止境的游戏，也是一种无止境的挑战。在激情的世界里，不再有超越的障碍（至少按照"黑格尔—实证主义"的观点来看是这样的），而是存在着持续不断的矛盾元素的运动。我们不再处于对立或线性的领域，而是处于既重复又差异的"代谢"（métabole）领域。实际上，通过一种仪式化的方式，日常生活的裂缝、酒吧里的讨论、在街头或舞厅的"调情"、性行为的偏差、各种变态等等，都在重复和重演某种"相同"的事物，同时适应或被特定和个别的情况所容纳。结合的艺术是一系列对已知主题的变奏。这就是我们可以称之为日常诗学的东西。将生活铸造成艺术作品并不是先锋派或特定波希米亚群体的专利，而是我们每个人在日常生活中的普遍实践，通过各种各样且具有调性变化的方式（饮食、散步、着装、交谈……），这些实践共同编织出社会本能的坚实框架。这样的实践接近神话或仪式的"风格"，它汇集了我刚刚提到的"代谢"的修辞手法，以及"由欲望的目标、当下的同步性和因果过去"[33] 所指导的"换位"(métalepse)手法。在这种视角下，唯一重要的是"当下的兴趣"(沃尔特·本雅明)，这种兴趣在历史性的普罗米修斯主义之下一直是悄然存在的，但其柔韧的抵抗力无疑令人感到惊讶。凭借螺旋特有的弹性，激情与情境以一种有序而有机的方式排列组合。每一个矛盾的因素，作为这一螺旋的一个层面，保持其独特性，同时形成和谐有效的部分。这种建筑结构具有面对并尊重他异性的优势。它承认构成世俗现实的是光明与黑暗的混合，没有道德主义偏见，它接受现实的如其所是。

　　这个问题对于理解社会现象的重要性怎么说都不为过。或许，这正是关键之所在，它是所有经济分析或政治分析的基础。如果我们试图回避或忽视这个问题，那就只能得到一种抽象而遥远的"视野"。思考多元性及其秩序化，会将我们引向这种结合的神秘性，引向在其多重反响中可以被我们称为严格意义上的"象征性交换"的现象。这种人类学视角超越了西方知识体系在自然生命和其所谓的"社会生命"之间设置的虚假界限。同时，我们不要忘记，"社会生命"这一概念实际上是一个相对较新的创造。矛盾教导我们要超越这些障碍，它将宇宙的结合和社会本能视为同一原则、同一"残余"的衍生。布格莱（Bouglé）和后来的路易·迪蒙，通过对印度传统种姓制度的例子，深入探讨了社会统一性和错综关系复杂性这样的核心问题，正是由这些关系间的不同张力表现共同构成了整体社会的特征。在乔治·迪梅齐提出的三角分工理论的运作模式中，我们同样可以看到类似的研究方法。继而，吉尔贝·迪朗运用原型学的手段，重新探讨并完善了这个问题。他观察到，多功能的划分指向了一种"社会性本质"(nature sociale)（我们亦可称之为"自然的社会本能"），这种本质建立在各种秩序之间的冲突之上——这些冲突

113

事实上"在每种秩序的更细分的内部产生连锁反应"。然而，这种看似"无序"（anarchie）的状态，在它被当作一种存在的状态来体验时，却孕育出一种秩序原则，即"共治"（synarchie）[34]。因此，吉尔贝·迪朗利用罗马分区制的例子来分析从矛盾中建立起来的人类学平衡，这是所有社会本能"没有它不行"（*sine qua non*）的基础条件。任何人类聚集体的力量，最终都基于对他异性和他者的接受，也就是接受自我在一定程度上的消亡。内在超越性没有其他意义，它从多元的特定价值出发，构建了集体和共同体，这些价值在动态的张力中得以保持。狂欢色情就具有这样的功能；它不依赖于将一切归一的理性幻想，而是让日常生活中的各种激情始终能够以其多样性自在"存在"。

通过获得的形象来看，性狂欢显得既刻板又因构成要素的多样性质而充满活力，它很好地诠释了我所描述的运作中的矛盾性：这是一种"共存的多元性"（*pluralité conjointe*）。必须明确指出，这与简化的卢梭主义毫无相似之处，这里没有任何关于简单、未堕落的"善良野人"的说法。激情的多元性仍然是充满冲突的，而结合的艺术则在于管理和尊重这些冲突。以一种"近乎有意"的方式，有机的秩序构建了激情、差异、相似性和对抗，形成了一个看似脆弱然而却能够抵抗逆境和社会与自然强加的多元整体。就像弹性橡胶的构建，它可以向四面八方扭曲，呈现千变万化的形态，但最终仍然坚韧不拔，始终保持其原始的质地。多元性与他异性相互补充，它们共同构成了一个炼金术般的过程。我试图在性狂欢中捕捉的激情的这种"有机化"，确实与炼金术的作品相呼应。通过混合、剂量调整、净化、沉淀，我们欲达到那种被称为"性融合"的哲学石。伟大的小说家赫尔曼·黑塞笔下的英雄们所追求的，正是构成他们自身的多元性。"他朋友悉达多的脸从他的视线中消失了；但取而代之的是其他的面孔，无数的面孔，成百上千，它们像河流的波浪一样不断变换。"(赫尔曼·黑塞，《悉达多》）在《荒原狼》一书中，所谓的"魔剧场"(théâtre magique) 就是这样的地方，它沉浸在一种放荡不羁的氛围之中，个体的多元性和他们之间错综复杂的情感纠葛在此得以淋漓尽致的展现。小说中的角色，如瓦莱特（《玻璃球游戏》）、哈勒尔（《荒原狼》）、悉达多和葛文达（《悉达多》），实际上都是作者黑塞不同侧面的化身。尽管书中对于作者或角色所持的多元伦理观并没有明确表态，但可以肯定的是，这些描写都映射出了生命与事物的有机性。从这个角度来看，他书中弥漫的情欲氛围（即便是对约瑟夫·瓦莱特的那种"低调"的色情描绘中）是具有启发性的。多元论的极致在于探索他异性及其激情的游戏，而性狂欢则是这种体验的终极表现。在谈到卡洛斯·富恩特斯（Carlos Fuentes) 的作品时，奥克塔维奥·帕斯展开了一个饶有趣味的平行比较，他将这位作家的文风与其作品中身体所处的位置联系起来。富恩特斯的文风以"持续的爆发"为特点，充满了并列和组合，整体风格由流动和循环所主导。与此同时，在他的作品中，"身体占据了中心位置，那种渴望、性需求的紧迫感……最直接和即刻的感官体验……欲望和想象的交织，感官的迷乱和幻觉……情欲的激情扮演着决定性的角色"[35]。我们可以用隐喻的方式来解读这种文学分析，并认为色情带有一种原始和朴素的质感，它回归到了由多种元素混合而成的最初自然状态。色情，如同自然，是一种组合游戏，个体在其中消融于宇宙的大融合。持续的爆发同样也是身体的特质，因此它嵌入了一个超越其自身的现实之中。矛盾逻辑解释了这种爆发，它是对死亡的一种委婉表达。因此，身体不仅是温柔的对象和主体，也是残酷的场所。在激情的纠缠中，根据不同的情况，我们会遭遇打击或享受爱抚，否认其中任何一方都是徒劳的。萨德经常提醒我们，对自然施以侮辱和暴力，实际上是在向自然致敬；事实上，这样做意味着我们承认了自然内在的结构矛盾性，即它是创造与毁灭的混合体。通过具体化这种矛盾性，萨德创造的形象都充满了智慧，或许，它们能够代表真正的"现实主义"或"实证主义"，即不带任何幻觉的那种。

性狂欢，作为对矛盾性的完美融合，并不一定是沟通，它首先是一种共融。在这方面，它接近于诗歌或绘画的创作过程，"结合的艺术"通过恢复构成聚合体的各种元素的原始多样性，促进了集体出神。诗歌打破日常或理性语言的束缚，让隐匿的形象和感觉跃然纸上，它旨在借用马拉美的一句话，"要赋予部落的词汇以更加纯粹的含义"。性狂欢的"关切"是相同的。自我的持续爆发揭示了一种新的集体语法；通过展现被一维性幻想所否认的多元性，它重新连接到一种复杂但有机的秩序，这种秩序是所有社会本能的源泉。

借助被涂尔干视作所有宗教基本形式、社会聚合动因的图腾概念，我们可以阐明自己的观点。实际上，这揭示了"集体图腾"与"个体图腾"之间的辩证互动。集体图腾象征着社会的约束力，而个体图腾则是通过"自觉行为"获得的。两者之间的往复运动，它们的相互补充，重现了限制与自由之间的戏剧性张力。[36] 然而，真正重要的是，这些调性变化在一种更广泛的"形式"中找到了具体的体现，这种形式不仅赋予了它们意义，还让我们能够彻底地理解它们。确实存在一个普遍的包容性，涂尔干将它称为"神秘力量"，这种力量主导了社会本能，并且是社会凝聚力的源泉。无论是苏人信仰的"瓦坎"（Wakan）[1]、易洛魁人崇拜的"奥

---

[1] 法文原著中误拼写为"Wanka"。——译注

伦达"(Orenda)、阿尔衮琴人敬奉的"玛尼托"(Manitou)，还是美拉尼西亚人信奉的"曼纳"(Mana)，这些概念都描述了一种"针对遍布于这些事物之中的混沌力量"[37]。这种力量既是集体或个体图腾的起源，也是其最终归宿；它不仅解释了各种差异，而且还将这些差异融合成一个有序的整体。这种力量遍及自然界的每一个角落，无论是动物界、植物界还是矿物界，都能在共同体、氏族、部落和宗族中找到其共鸣。因此，在这个包容一切的体系中，光明与阴影的各种形态都在宏观宇宙和微观世界中找到了属于自己的位置。我略微"加强"了对涂尔干理论的解读，特别是在他将"机械团结"作为重点时，我更倾向于强调"有机联系"。即便如此，基于"非个人力量"的图腾主义所描述的是一个充满矛盾的关联体系，它将自然和社会结合成一个多变、有弹性的整体，我们的日常经验中充满了此方面丰富而具有启发性的实例。毫无疑问，深入描述和分析这些例子是需要专门研究的，但本文所提出的这一"形式"概念，或许能够为我们提供一个全面理解和欣赏它们的视角。

正如在各种图腾之间的隐喻性往返中，以及在包容它们的力量中，神秘而狂欢的"融合"使得主体性找到了它的完整性。通过接纳矛盾与死亡所象征的有限性，并悲剧性地面对它，这种主体性融入了宇宙的宏大整体。

正是因为不接受社会中存在的矛盾，所谓的"社会关系"才会变得专制。一个单一的社会结构无疑会看到驱动其发展的力量逐渐枯竭，但在这危险之中，也孕育着超越现状的可能性。时不时地，理性之光阿波罗会被喧闹的狄奥尼索斯所困扰。

注释：

1. 参见希尔曼的杰出分析：Hillman(J.), *Le Mythe de la psychanalyse*, éd. Imago, 1977, p.117。

2. REINACH(S.), *Orphéus*, Histoire générale des religions, Librairie d'éducation Nationale, 1930, p.72.

3. MAFFESOLI(M.), *La Conquête du Président*, PUF, 1979, p.63 sq.

4. DURKHEIM(E.), *Les Formes élémentaires de la vie religieuse*, PUF, 1968, p.227.

5. FRANKFORT(H.), *La Royauté et les dieux*, Intégration de la société à la nature dans la religion de l'ancien Proche-Orient, éd. Payot, 1951, p.104 sqq.

6. 参见例如：L. AURIGEMA, *Le Signe zodiacal du Scorpion*, éd. Mouton, 1976。

7. 参见 VITALE(A.), *Pères et Mères*, coll., éd. Imago, 1978, pp.38, 39。

8. JUNG(C.G.) *Psychologie et Alchimie*, éd. Buchet/Chastel, 1970, p.211.

9. 参见 ANCILLON(CH.), *Traité des eunuques*, éd. Ramsay, 1978, Présentation D. Fernandez, p.13。

10. GULIK(R.VAN), *La Vie sexuelle dans la Chine ancienne*, éd. Gallimard, 1971. p.119, cf: encore p.112 sqq.

11. GULIk(R.VAN), *op. cit.*, p.46 sq.

12. *Encyclopédie des mystiques*, T.4, éd. Seghers, 1978. *Le culte du génie tutélaire*, p.351.

13. Mosse(C.), *Histoire d'une démocratie: Athènes*, éd. Seuil, 1971, p.54.

14. 参见 BALANDIER(G.), *Afrique ambiguë*, éd. Plon, 1957, p.207 sq。

15. BARTHES(R.), *Sade, Fourier, Loyola*, éd. Seuil, 1971, p.35；参阅文本的后续部分。

16. 参见 IANNI(F.), *Des affaires de famille*, la Mafia à New York, éd. Plon, Terre Humaine, 1973, pp.199—205。

17. SERVIER(J.), *Les Portes de l'année*, éd. R. Laffont, 1962, p.137 sq.

18. BALANDIER(G.), *Afrique ambigüe*, éd. Plon, Terre humaine, 1957, pp.140, 141.

19. GEORGE(F.), *La Loi et le phénomène*, éd. Ch. Bourgois, 1978, p.29 sq.

20. LE ROY LADURIE, *Le Carnaval de Romans*, éd. Gallimard, 1979, p.330 sq. et p.385 sq.

21. DURAND(G.), *Figures mythiques et visages de l'œuvre*, éd. Berg, 1979, p.243 sq.

22. 参见 PAZ(O.), *Courant alternatif* (C.A.), éd. Gallimard, 1972. *Point de convergence*

(P.C.), éd. Gallimard, 1976。

23. DURKHEIM(E.), *Les Formes élémentaires de la vie religieuse*, éd. PUF, 1968, pp.212, 213.

24. 参见 JUNG(C.G.), *Psychologie et Alchimie*, éd. Buchet-Chastel, 1970, p.171。

25. FRANKFORT(H.), *La Royauté et les Dieux*, éd. Payot, 1951, p.19.

26. SCHUBART(W.), *Eros et Religion*, éd. Fayard, p.209, 它提供了多个例子来说明这一点。

27. 关于这种萨德理论的分析，请参阅 Lacombe(R.G.), *Sade et ses masques*, éd. Payot, 1974, pp.29—224。

28. 参见 IANNI.(F.A.J.), *Des affaires de familles*, éd. Plon, p.67。还可以参见 SIMMEL(G.) «The sociology of secrecy and of Secret societies», *The American Journal of Sociology*, vol.II, 1906, pp.441—498。

29. 参见 DURKHEIM(E.), *Les Formes élémentaires de la vie religieuse*, éd. PUF, 1968, p.269。

30. 参见 WUNENBURGER(J.J.), *La Fête, le jeu et le sacré*, éd. Universitaires, 1977。

31. 参见 BALANDIER(G.), «Ruse et Politique», in *La Ruse, Cause commune*, éd. 10—18。

32. 我们必须关注埃德加·莫兰所进行的巨大百科全书式的工作，它属于傅立叶式的"超理性主义"(hyperationalisme)：考虑到情感和理性螺旋式的运动。

33. DURAND(G.), *Le Regard de Psyché*, Cahiers de l'Université St-Jean de Jérusalem, éd. Berg, n 5, 1979, p.77.

34. 参见 DURAND(G.), *La Cité et les divisions du royaume* Vers une sociologie des Profondeurs in Eranos Jahrbuch, 1976; éd. Brill, Leiden。

35. PAZ(O.), *Courant alternatif*, éd. Gallimard, 1972, pp.51, 52.

36. 参见 DURKHEIM(E.), *Les Formes élémentaires de la vie religieuse*, PUF, 1968, p.230。

37. Ibid., p.284.

第四章　作为社会本能因素的狂欢

　　"因为有一个已悄然潜入你的内心堡垒……为了诱惑那些即将消逝的气息，并昭示世间无恒常的统一性，一切皆流动，无物常驻。万物不息地更迭交替，直至穷尽所有可能的变化组合。然后永无止境地重启这一循环，于一个既绝望又荒谬的纯真之中。"

——克洛索夫斯基，《巴弗灭》

一、动荡本能

　　黑格尔有言，现实的辩证法是一场狂欢（une bacchanale），而其中没有一个参与者是醉酒的。也许我们应该将这个观点理解为对一种真正的集体本能的认可，这种本能超越了理性的统治，或者更准确地说，它是在理性的内部起作用，确保了我所说的对抗命运。透过各式各样的调性变化，此本能亦应被视为感官乃至性的。在词源学意义上，任何社会中都总是存在着某种"恐慌"的成分，试图否认或边缘化这一事实是徒劳的。毋庸置疑，正是这种情感对秩序的幻想的破坏，使得在日常生活内部——无论是猛烈的还是温和的——都可能产生抵抗。

因此，"对性的追逐"(course au sexe)，作为存在主义冒险的最直观体现，可以被理解为一种全面的社会事实。它在任何社会结构中都是恒定的存在。此外，正如我们已经看到的那样，它表现出了对于当下的关注、社会关系（le social）的神圣性或超越性、与宇宙的联系，以及这些日常生活中的微小情境，如进食、饮酒和款待客人。因此，我们所说的狂欢实际上是一个真正的基本社会本能（la socialité）的保护所。

狄奥尼索斯的智慧常与阿波罗的那过于平静的确定性形成鲜明对比。在忒拜建城的古老神话中，狄奥尼索斯的闯入，打乱了其表兄彭透斯那看似明智却致命的管理。这一情节颇具教育意义：狄奥尼索斯所象征的一切，都指向了那股激发并困扰理性的生命力——换句话说，它松开了权力的束缚。这一形象，以不同的名字，出现在众多文化中，形成了一种人类学上的普遍结构。在乔治·巴朗迪耶的最新著作中，他识别出我所称的"动荡本能"(l'instinct turbulent)的几种变体：在达荷美（Dâhomé），有善于"与限制周旋"的"莱巴"(Legba)；在中美洲和北美印第安文化中，有仪式性的小丑；在祖尼人和霍皮人的文化中，则有神圣的小丑。这些"秩序破坏者"(rupteurs d'ordre)[1]的行列浩大，他们戏谑现存的权力，带来混乱，扮演着混乱的制造者。

这些各异的混乱制造者总是与极大的性自由相伴。乱伦、狂欢、性放纵、异装、佩戴性象征物等等，下流行为无处不在。这些对强加的道德规范的违反总是对整个社会产生巨大的吸引力。人们将那些无法通过常规途径得到满足的欲望和快乐，都投射到这些行为之上。在人们所熟悉的另一些情境中，如狂欢节、愚人节，这种角色反转是具有感染性的，它激发并激活了广泛的社会实践，这些实践已经无法被束缚。因此，滑稽剧、笑声、讽刺、嘲讽以及在实践中的价值观颠覆，不仅使社会机体重新焕发活力，还重申其原始势力 (puissance)，以对抗那些次要和委托的权力（pouvoirs)。

在这些欢腾的时刻，最引人注目的是它们所激发的爆发力。任何形式的秩序都建立在对统一的幻想之上，依赖于单一维度和主导的权力中心。而混乱的突然介入则挑战了这一点，它指向了多元的支点、多维度以及价值观的多样性。被释放的激情难以被控制，因为它们召唤了那些在社会结构中通常被隐藏的元素。正是从这个意义上说，这些激情具有颠覆性。尽管表面看似混乱，但这种表象之下的混乱却同样孕育着生命，因为它挑战了那种抽象的单维性，并提出了一种建筑性的结构，一种在功能和本质上都具有有机性和具体性的等级体系。仪式是其最为明显的体现。实际上，即使在最为放纵的展现中，这种对常态的颠覆也是严格编码的；存在一些必须遵守的规则，尽管这些规则相对于既定秩序而言可能并不明显，甚至可能显得完全不合逻辑。既定秩序依据的是单一逻辑，或者在最好的情况下（但实质上并无二致）是一种略显僵化的二元对立。然而，正如吉尔贝·迪朗所指出的，存在着一种"古老的中间层次的等级制度的狄奥尼索斯教义"[2]。这意味着什么，如果不是说社会的聚合始于"三元性"(triplicité)，即"第三方"（如朱利安·弗罗因德所描述）的概念？我们应该把这种"三元性"视为众多关系、联系和情境多样性的一个典范。并非偶然的是，我们在狄奥尼索斯的结构中发现了这种多样性，即情感发挥着作用的多重性。

　　这种充满生机的混乱展现了一种深刻的社会和宇宙建筑结构，角色和"性格"在其中迅速流转，时而激烈。这些都是社会整体性和宇宙整体性的正当表现。每个人都能在其中找到适合自己的位置，而这一过程不会对集体的利益或平衡造成任何损害。

　　这无疑就是狄奥尼索斯式的等级制度：在这个时刻，个体化的原则及其必要的伴随物，即至高无上的权力，无需存在，因为集体正是以此方式表达自身。个体、"我思"等等，以及垄断的国家结构，不过是同一现象的两个不同面貌。被命令成为这个或那个，这种或那种，无疑是支配的根源，这构成了拉博埃西（La Boétie）所谓的"自愿奴役"（servitude volontaire）的根基。极权主义和父权主义总是相伴而行。因此，我们也可以认为，这种逻辑的周期性干扰实际上是对约束的一种缓解。在这些中间等级制度的螺旋式和关键性的双重运动中，固定的职能、制度的僵化，以及有害的立场都是多余的。当然，这种过度的欢腾是不可持续的，因为它太过微妙，难以在实际生活中维持。但这又是另一个问题。无论如何，社会反转的规律性即便在其混乱之中，也促成了新情境的产生，打破了社会学重力所造成的单一状态。它使得事物和人能够进行新的"呼吸"，这种呼吸与宇宙的"呼吸"相契合，形成了一个多功能的平衡，在那里，一切都紧密相连且不可或缺。这种等级化的循环，最终是指向了将他异质本身视为一个问题。对于总是令人不安地想要简化的自我多元性，反转机制允许展现人类的多重潜力，每个存在的多形态变态在这种展现中得到了最佳的体现。变装、同性恋、乱伦、兽交、群体性爱等行为，已不再受限于"必须是这样或那样"的强制命令，正如多米尼克·费尔南德斯在介绍查尔斯·安西隆的《论阉人》时，将其称为一种"警察式的角色分配"。实际上，在激情的动荡中，最强烈的含糊性是可以得到表达的。跨性别狂欢节、葡萄酒节（或啤酒节）、学生的"蒙诺梅"（monomes）[1]、愚人节庆典，以及部分或完全的宗教性集会，所有这些活动，借助其中的猥亵与放纵，使得功能性的、实用性的、生产性的角色分配受到动摇。这些活动使得一种神话的和原始的雌雄同体的特征以或多或少明确的方式表达出来，社会学家可以在当代青年的多种行为中洞察到这一点。因此，在一段时间内，社会习俗会随着个体身体和社会身体内始终存在的潜能而增强。这种难以驾驭的、略显混乱的增长超越了权力的掌控。权力机构对此心知肚明，它们总是试图通过"文明""进步"的名义，甚至可以说是"幸福"的名义，来试图分化、缩减多元性，遏制感官。毋庸赘言，从 18 世纪到 20 世纪中叶，我们首先在西方，然后在全球范围内见证了情感的安全化和精致化机制的逐步建立，尽管这一过程并不完善，它伴随着或多或少温和的极权主义的强化。当政府忙于处理政治或经济的大事件时，人们的日常生活看似如常，但统治权力却不断地侵入日常生活的各个角落，甚至是那些原本自由的空间。在人类历史中不时出现的警察与医生的结合，无疑是极权主义最糟糕的起源。正如维尔弗雷多·帕累托提醒我们的，"道德国家"很容易忘记道德自由往往是文化大发展的保障。不存在永恒的道德，也很难接受国家以卫生主义、"应该是怎样"或虚伪的"幸福"的名义所设定的官方道德，这种道德自然会因结构效应而变得具有约束力。试图限制色情、规范卖淫或"净化火车站的图书馆"[3]，实际上是在公共道德领域实施排他性机制，这种机制曾导致基督教一神教排除多神教，随之而来的是狂热和宗教裁判所的所有后果，所有这些我们都很清楚。

　　我们没有必要在这里详细阐述这个观点，只需记住它，就能明

---

[1] 这是一种起源于 19 世纪末期的学生传统。学生们在街道上唱歌和漫步，以庆祝学业的结束。——译注

白在过去，放纵常常被视为民众健康的标志。当社会共识能够在那些道德上被禁止、但情感上共享的感官表达中体现出来时，该共识才是真实存在的。因此，按照其词源意义，伦理（l'éthique）[即一个民族的"气质"（ethos），结构的黏合剂] 常常是不道德的，这并不是一个毫无意义的悖论！

从这一视角出发，我们可以认识到，在社会反转、混乱或欢腾现象中，角色上的模棱两可，可以说是既合理又必要的。事实上，它的存在是为了防范或纠正那些高高在上的权力机构（无论是各类形式的领导、国家、技术结构等）对社会生活和基本社会本能的全面控制。它有助于恢复由某一特定价值的至高无上所破坏的平衡。马基雅维利和伊本·赫勒敦（Ibn Khaldun[1]）各自以不同的方式表明，社会的动荡不安，通过激活派系间的冲突，能够净化积累的暴力，并由此恢复民众的"德性"。因此，狄奥尼索斯式的扰动和角色逆转，既表达了社会中始终存在的价值观冲突，同时也将这些冲突仪式化，赋予了它们可接受且"过得去"的形式。某种程度上，节日代表着一种情感冲突的家庭疗法式体验。拒绝这种可能呈现多种形式的程序，就是让自己面临被压抑事物的反弹，就是鼓励剧烈和血腥的爆发。因此，通过偶尔抵抗权力，违反既定规范，社会欢腾几乎是有意识地从长远角度出发，使得放松的社会结构重新紧张起来，它"对抗"那些保障社会秩序的力量，并体现了共同体的独特性和特征。

实际上，与分离或原子化的时间相对，本能的混乱是一种有效的手段，它以一种或多或少有些粗暴的方式，提醒我们回归基本的紧密团结。正如古尔维奇（Gurvitch）所准确指出的，"当意识和行

---

[1]　法文原著中误拼写为"Khaldoun"。——译注

为之间的相互渗透达到最大限度时，它们的部分功能包含了参与团结的深层自我愿望"[4]。因此，狄奥尼索斯式的节日促进了言语和情境的混合，主要传达了人们日常对共在的强烈愿望。我们每天在公共场所、小酒馆、市场、广场等地方所目睹的日常景象，以及在生活的漫步中所经历的种种，这些充满变幻且引人入胜的社会生活画面，构成了社会生活的核心。在某个特定的时刻，这一切凝聚并强烈地重申了它们是社会存在的根本基础。当然，我们不应从规范的角度来评价这些现象，因为这些现象，我们稍后会看到，往往是不合情理的。这是因为它们放大了通常被孤立和封锁在个人身体中的"阴影部分"。正是这种结合，让我们能够解释过度的各种表现。最终，这些表现提醒我们，在所有形式的实用原则和现实原则之上，还存在着一种无法忽视或无法遮蔽的想象物的优势。反对任何价值观的一神教，节日中激情的爆发强烈地表明，这种想象物，正如吉尔贝·迪朗所指出的，是一种人类学的结构，因此它成了共融的因素。

因此，按照涂尔干的说法，社会会进入一种"集结状态"，以此来"强化其自我意识"。在这种状态之后，分散是必要的。只有在经历了充分的放松之后，我们才能理解紧张的状态，这种放松是通过一种下意识的自我感知来实现的，当这种放松达到一定程度时，聚集的冲动就会变得异常强烈。根据最近的历史学和民族志学研究，涂尔干对澳大利亚和北美部落的分析确实可以推广到更广泛的情境中：所谓的"集结状态"会导致一种"狂热"，以及一种"生活集体的真正放纵"[5]。因此，共同体通过这种方式得以加固，即便这种狂热在仪式上遵循着等级制度，它也允许我们绕过权力的垄断。通过与自然界的暗黑力量交流，并在历史的戏剧中重演周期性的悲剧，这种过度的庆典回忆起万物的本质统一性。在此时，意图与意志变得无关紧要；真正重要的是生命意志的强烈冲动，它为了展现自身，甚至不惜采用一系列"小死亡"的形式——因为它"知道"，通过这样的方式，它就可以仪式性地保护自己免受一种更加令人不安的社会性死亡的威胁。简言之，狂欢节以其自身的仪式作为对外部僵化规则的反击，这些仪式就像是对抗火焰的防火墙；这就是为什么这种看似嬉戏的行为实际上非常严肃，同时它也是社会化的一个重要组成部分。但是，这种"严肃"在某种程度上是一种特殊表现，也就是说，它出现在既有制度的沉重压迫变得过于致命之时。这个过程似乎在这里是以意识的术语得到表达。实际上，如果我们从一个略有生机论的角度来分析，这应该被视为一种自动的"重新调整"（réajustement），发生在社会或文明平衡即将被打破之时。因此，这通常是一种紧急应对措施，它解释了狂热现象以及其他诸如时间加速的形式。正如涂尔干在其所谓的"禳解仪式"（rites piaculaires）[1]（源于"piaculum"，意味着悲伤和不安）中再次提到的那样（见《宗教生活的基本形式》第 557 页），过度的欢庆之中往往蕴含着不安。这种不安或许源于对逐渐消失在既定秩序平静稳定中的社会生活活力的赎回需求。正如叛乱或革命能让充满活力的新兴精英阶层取代疲惫的旧领导层，从而激发政治或社会的新生，节日的混乱或狂欢也是一种献祭性的赎罪，它使得社会本能的固有美德得以重生。

观察家们指出，在面临巨大危险、流行病、瘟疫流行的时期，或者在那些被围困且濒临失陷的城市中，常会出现一种难以抑制的性放纵现象。在这些时刻，各种形式的放肆与越轨行为都被默认为

---

[1]　"我们提议把这些仪典成为禳解仪式。禳解（piaculum）这个词自有其特点，它不仅包含有赎罪的观念，而且含义更广泛。所有不幸，所有凶兆，所有能够带来悲伤和恐惧感的事物，都使禳解成为必要，因此才称为禳解。所以，用这个词来指称那些在不安或悲伤的状态下所举行的仪式是非常贴切的。"引自爱弥儿·涂尔干：《宗教生活的基本形式》，渠东，汲喆译，北京：商务印书馆 2011 年版，第 538—539 页。——译注

合理。除了那些易于理解的心理因素外，这些现象无疑反映了特定社会在生存意义上的某种觉醒，它们甚至可以被视为游戏式欢腾的典型范例。实际上，当权力的压迫感逐步加强，长期的压力开始让人难以忍受，或者当社会的结构被无聊的冷漠所侵蚀时，生活就会爆发。狄奥尼索斯精神是对那些已经放弃、被击败、感到自身存在受到威胁的生命的救赎。这就像是一个社会在预见到末日临近时，想要抓住每一次可能的快乐和愉悦，如同正午的恶魔[1]一般。

请明确理解这一点：当我们把节日称作"死亡的伦理"（éthique de la mort）时，这绝对是在遵循黑格尔的主奴辩证法。因为只有当奴隶能够真正认识到死亡并勇敢地面对它，他才能最终战胜困难，并赢得自主权。同样，社会本能通过狂欢活动，在认识和面对死亡（无论是外在的权力还是内在的厌倦）的过程中，以仪式化的方式克服并以顺势疗法的方式吸收它，进而实现自身的净化。因此，这种混乱的本能，尽管通常表现为残酷，却始终是社会稳定性的持久且不断更新的保障。

二、狂怒的爱

我们无法否认，狂欢的背后往往有着暴力的底色。尽管人们不断地将这种暴力仪式化和驯服，但它依然是一个不可改变的常数，我们最好以现实主义的态度来正视这一点。在 20 世纪末的这个无菌而恐惧的时代，以一种高尚的姿态来谴责暴力的增长和加

---

[1] "正午的恶魔"（le démon de midi）这个短语源自 19 世纪法国作家阿尔丰斯·都德（Alphonse Daudet）自传体小说《正午的恶魔》，指慵懒、倦怠或生活厌倦感，常象征突然而强烈的负面情绪或冲动，令人困惑、不安。这个表达在不同语境中含义多变，通常与情绪爆发或心理状态相关。——译注

剧，成了一种潮流。那些"高尚的心灵"总是强调暴力行为中的野
蛮气息。然而，我们更应该深刻理解这种暴力背后的人性，并探究
它是如何常常被仪式化的。例如，在狄奥尼索斯的神话中，一个发
人深省的细节是，正是那些传统上被视为温柔代表的女性，扮演了
开启仪式化暴力的角色。欧里庇得斯所描述的酒神狂欢节，以其残
酷和放纵，无疑令人震惊，引人深思。即使我们知道，当狂欢达到
顶点，即国王彭透斯被其生母杀害时，这也预示着底比斯城将获得
新生。正如我们将看到的，女性暴力在许多我们熟知的故事和神话
中被多次确认。然而，这种外在化的暴力，即便它充满血腥，仍然
是受控的、被引导的，并且最终必须被引向社会和谐。在《法律篇》
（I，637c，或者 VI，781a）中，柏拉图提及女性聚餐以及随之而来
的"道德松弛"，并非意在揭示恶俗，而是强调这些习俗的合法性。
无论是在塔伦坦、斯巴达，还是在斯基泰人或色雷斯人中，女性宴
会所引发的欢庆活动都是共同体精神的体现，它们无疑具有自身的
功能和存在的理由。正如柏拉图所说："不要奇怪，外邦人！这是我
们的习俗，关于同样的事情，你们的习俗可能不同。"[1] 这实际上是
对女性欢腾在城市构建中的认可，我们或许可以称之为人类学上的
肯定。

　　在古希腊，历史学家经常提到这些愤怒的女人的群体，如雅典
的莱纳伊（Lenaï），塔吉特山的杜尼亚玛伊（Dunaïmaï），底比斯的
迈纳德斯（ménades），以及德尔斐的提亚德斯（thyades）等。类似
的例子不胜枚举，甚至直至今日，在希腊北部仍有此类存在的遗存。
从我们之前所提及的角度来看，这些女性作为共同体"灵魂"的守
护者，她们通过献祭式的暴力行为，致力于共同体的恢复与重建。

---

[1]　此处翻译参见柏拉图：《法律篇》，高咏译，北京：法律出版社 2022 年版，第 17
页。——译注

这些团体带有浓厚的宗教色彩，她们的聚会总是笼罩在深深的神秘和保密之中。在古希腊，不建议男性在女性以仪式性愤怒的状态下出现在她们的路上；神话告诉我们，勇敢的提瑞西阿斯（Tirésias）所遭遇的所有灾难，都是因为他过于热衷地向那些女神或凡间女性提供他的智慧。神话中的一个教训是，提瑞西阿斯因为想参加一个女性的宗教仪式而被阉割。这位过于聪明或过于好奇的先知形象，在某种程度上，是所有女性暴力受害者中的第一个圣徒牺牲者。这是一种象征性的报复，因为阉割或使人失明是对那些忽视了自然和社会中非理性价值的精神的报复，所以提瑞西阿斯成了一个象征性的受害者。

在美拉尼西亚西北部的另一种文化背景下，马林诺夫斯基生动而精确地描绘[1]了一种由女性主导的狂欢式性袭击——"雅萨"（Yausa）。他详尽地描述了那些鲁莽地在一年中特定时期步入女性锄草工作范围内的男性所遭遇的性侵犯。"这些男人是她们对其施加性暴力、色情虐待、下流猥亵和野蛮行为的好目标。""女人们对过客进行性攻击，当她们的举动达到预期效果后，其中一位蹲跨在他身上，在第一次射精后，另一个女子也以同样的方式对待他。接着就是更糟的事情。""一些女子将在他身上又拉又尿，尤其不放过他的脸面，尽其污秽之能事。"在男性被强暴的过程中，这些女性还会"利用他的手指和脚趾，事实上借用任何身体突出部分来发泄性欲"。这些行为都是在极端暴力的环境中进行的。[6]值得注意的是，这些性暴力行为作为一种仪式，总是在女性们被迫从事辛苦、枯燥、单调的工作时周期性地出现。同样，这种狂欢式的放纵是为了对抗特定的压迫，以此来恢复整体的平衡。无论如何，这些行为最引人注

---

[1] 本书翻译参见马林诺夫斯基：《野蛮人的性生活》，高鹏、金爽编译，北京：团结出版社 2005 年版。

目的特点是它们的残酷性。无论是希腊的酒神节还是美拉尼西亚的"雅萨"，都在它们独特的性狂欢中寻求这种释放。在激情的狂澜中，爱与恨之间的界限变得模糊难辨；这确实是一种独特的战斗，一场纠缠不清的肉搏战，其中的情感错综复杂，难以分辨。

　　从美学的角度来看，我们并非意在美化暴力，但同样不能在社会现实中，尤其是在狂欢这一形式中，对暴力的作用视而不见。尽管我们无意为暴力辩护，但必须承认它具有一定的功能。我们可以基于多样的信仰或理念来哀悼它，也可以与之抗争，这是再正当不过的。然而，从社会学所特有的价值中立性出发，我们不能不深入分析其在社会动态中的影响。我将继续引用米尔恰·伊利亚德提及的几个女性狂怒的例子。从古罗马酒神节的视角来看，尽管形式上有所缓和，但伊利亚德指出，直至19世纪，在石勒苏益格地区，每一次新生儿的诞生，仍会引发一群放纵女性的集会，她们在产妇家的门前尽情庆祝。如果她们在路上遇到男性，便会夺走其帽子，并用马粪将帽子填满。或者，根据丹麦更古老的习俗，在孩子诞生之后，人们会制作一个草人，围绕着它疯狂地叫喊、舞蹈，场面极为放纵。这些狂怒的场景，如果条件允许，会演变成破坏遇到的马车、释放马匹，或是将家中一切可拿之物尽情挥霍的狂欢。[7]

　　同样，通过20世纪初乌克兰的例子，他指出在婚礼上，"女孩和妇女的行为几乎像是在狂欢"。婚前恋爱不仅被允许，甚至被鼓励，常规的规范被违反，因为它们"如同沉重的负担一般压在习俗上"。这种放纵的行为主要体现在女性身上。在这些场合下，女性所展现的毫无拘束的行为，是强烈且迫切的自发性的体现，它试图重新建立与宇宙和自然仪式的联系。婚姻作为庆祝生育的场合，女性之间的团结超越了谨慎和开明的社会秩序所规定的界限。在这些情况下拒绝参与，以忠诚为借口不加入狂欢，抵抗代表宇宙生命合法性的女性力量，将被视为不体面的行为，是一种可能会导致严重后果的反常现象。最后，伊利亚德提到了葬礼中的启蒙仪式，展示了这些仪式常常是狂欢的机会，是"一个摆脱了社会规范束缚的世界"的特征（同上，第161页）。象征性的死亡的严格性与苛刻的狂欢实践相辅相成，其中女性群体是这种实践的主要参与者。

因此，在出生、婚姻和死亡这些体现自然或社会暴力的关键时刻，女性的狂怒实际上是一种"反暴力"形式，是对自然或社会暴力作出的回应，旨在维持或恢复平衡。在这些极端的例子中，女性节日式的放纵，无论其残忍程度如何，都清晰地表明，其根本目的是将暴力或冲突仪式化，这些暴力或冲突始终存在于社会和自然结构之中。这就是恩培多克勒（Empédocle）所说的"*neikos*"（冲突或敌意）与"*philia*"（友情或爱）之间的永恒对立。[1] 这种快速的分类自然需要更细致的解读，但我们无疑可以在日常生活的多种情境中找到这种对立的基本模式。当现代女权主义重新唤起古代愤怒女神的声音时，它实际上是在回归一种补偿性的暴力传统。从这个角度来看，女权主义对占据主导地位且疲惫不堪的男性主义的反抗，几乎是一种有意识的寻求和谐与等级化的整体性的努力。

强奸和暴力仍然是所有社会的结构元素；无论这些行为是由男性还是女性实施的，它们都揭示了我们生活中轻与重游戏的阴影部分。在神话中，我们不应忘记，和谐女神哈尔摩尼亚（Harmonia）是淫欲且有时残忍的爱神阿芙罗狄蒂和火爆的战神阿瑞斯的私通之果。人类学家保罗·雷丁（P. Radin）在讨论位于中威斯康星州温尼

---

[1]　"*Neikos*"（冲突）和 "*philia*"（友谊）是古希腊哲学家恩培多克勒提出的两种基本力量，他认为这两种力量是宇宙中所有变化和运动的根源。"*Neikos*"代表对立、分离和冲突的力量，而 "*philia*"代表吸引、联合和和谐的力量。恩培多克勒认为，宇宙中的一切都是由这两种力量的相互作用和平衡所创造和维持的。——译注

贝戈印第安人的"恶作剧者循环"(cycle du Fripon)[1] 时，毫不犹豫地将其视为这种古老创造/毁灭混合模式的调性变化，这种模式恰好在我们激情的表达中清晰可见。而且，在这样一个循环中，以及其他采用这一主题的神话中，似乎正是存在于两个不同极点之间的紧张关系使得个人结构和社会结构成为可能。这里必须理解的是，极点仍然是一种"形式"（格奥尔格·齐美尔），一种"理想类型"（马克斯·韦伯），这种形式并不以纯粹的形式存在，而是在社会结构中通过复杂的方式体现出来。

无论如何，恶作剧者循环——也被卡尔·古斯塔夫·荣格[8] 所评述——鲜明地揭示了每个人性格中的"阴影"部分。我认为，这个从教会之父圣伊雷内乌斯（saint Irénée）到马克思主义者恩斯特·布洛赫（Ernst Bloch）都曾提及的概念，可以应用于整个社会体系。阴影在社会秩序的反转中起着作用，正如我们所见，这种类型的反转节日（愚人节、副祭的舞蹈[2]）实际上是对外部权力秩序的永恒嘲讽。恶作剧者是"集体阴影的象征"（荣格），它正是这种通过我所谓的"狂怒的爱"（éros furieux）所表现出的暴力的缩影。实际上，它强调了社会身体始终保持的一定自由或抵抗的空间。恶作剧的精神从未被完全驯服，无论是以直接还是间接的方式；自由——不应与解放的意识形态混为一谈——在这股精神中找到了其灵感之源。我们永远不会强调得足够多，尽管我们已经看到了一些暴力的典型表现，但它实际上是一种基本的生活事实，尤其是在情感的共享方面。因此，人们发现暴力在夫妻激情中发挥作用，就像在一般

---

[1] "恶作剧者循环"是北美原住民文化中关于恶作剧者的一系列神话故事，这个角色以其狡猾、欺骗和性别不定的特点而闻名。这些故事不仅是娱乐，还包含了文化教义、宇宙观和哲学思考，展示了人性复杂性和世界无常。恶作剧者既是文化英雄也是创世者，其行为既滑稽又有启发性。——译注
[2] 一种庆祝活动；副祭，也称"执事"或"副执事"，是在天主教弥撒中协助神父的世俗人士。——译注

意义上，在年龄和性别之间的紧张关系中发挥作用一样，这是不足为奇的。我们也都知道，爱情会随着紧张感的减少或平静的出现而枯萎和变得乏味。当普鲁斯特谈论阿尔贝蒂娜（Albertine）时，他提醒我们，他的欲望在阿尔贝蒂娜撒谎、神秘或故意犯错时会被唤醒。当她被制服，表现出忠诚的迹象时，她就变得不再有趣，不再吸引人，叙述者开始考虑离开她，准备分手，直到发生某次误会或无关紧要的小插曲时，才又重新点燃激情的发展。

因此，过度的透明度会破坏爱情关系；必须有阴影的参与，才能使关系以平衡和谐的方式发展。用一个比喻来说，稍后我们会看到，这种动态可以在文明空间的背景下找到。光与影之间的辩证关系，类似于宇宙中的运作方式，它确保了世俗事物的良好运作。我之所以认为这个"恶作剧者"的形象很重要，是因为它总是不断地、再次出现，有时甚至是威胁性地出现，尤其是在那些试图用各种方式保护自己的社会群体中。在当今社会，由于 19 世纪卫生主义或规章制度所带来的后果，社会生活变得过于干净和有序，因此，现在人们普遍认为，谴责暴力、强奸和骚动是时髦的，因为它们被视为野蛮的残余。这种态度在自称"前卫"的运动中尤为明显，而这些运动实际上只是 1789 年法国大革命时期所达到高潮的解放主题的最后代表。从我们国家殿堂上刻着的口号"自由、平等、博爱"出发，我们能够逻辑地推导出，这些运动只是完善了一个只受理性原则支配的社会。然而，这也伴随着自然暴力被过分有效地遏制后，以更加强烈且无法控制的方式重新出现的真正风险。阴影，作为一个集体无意识中的象征，是一种必要的决定因素，我们应当知道如何去利用和仪式化它。荣格在这里使用了"énantiodromie"这个概念，指的是自我逆转（前文提及的作品，第 192 页）。

当阴影被接受并被仪式化，它就成为主导趋势的对立面，以替代价值的形式传播开来。在这种视角下，社会上的狂欢现象，无论以何种多样形式出现，都是保存替代性暴力的一种方式。无论是在家庭小聚的平凡狂欢中，还是在集体爆发的欢腾之中，通过仪式化，这股不可抑制且略带"恐慌"的力量被赋予了人性，潘神（Pan）[1]——那位喜欢偶尔压抑凡人的恶作剧之神，也因此得以显现。这种神话中的形象不应让人忘记，恐慌在人类历史中可能以极端形式出现，但即使在最令人震惊的地方，酒神智慧仍是所有恶中相对较轻的一种。

三、性工具

即使只是简要地讨论，也应当指出，性暴力在某种程度上是以可见的形式呈现的，涉及使用可能非常古老的工具，这些工具本身就值得我们深入研究。当代性用品店中常见的"施虐—受虐"（sado-masochist）装置拥有悠久的历史，它们是与那种"必须形象化"的迫切需求相联系的，即创造模拟物，不断地刺激着社会身体。一提到性崇拜或性爱表现，勃起的男性生殖器（"ithyphallique"或"phallus en érection"）就会出现，尤其是在地中海地区或印度。即使现在，阴茎或林伽（lingam，印度教的生殖器象征）仍然经常被用作护身符或作为神圣或世俗装饰的图案。根据埃沃拉（Evola）的说法，所谓的"神圣的阴茎"（sacrum phallique）总是与一种能够施行暴力的魔法力量相关联，这种力量具有强制性，能够使事物保持直立并抵

---

[1]　潘，希腊神话中的山林之神，既是牧人之神，也是畜群的保护者，常被描绘为一个长有羊角和羊蹄的神秘生物。他居住在森林和山间，打扰他的宁静是极其危险的。在愤怒中，潘会让人做压抑的噩梦，或使人感到惊慌失措；恐惧使人盲目地四处奔逃，不顾潜在的危险。——译注

抗。这标志着社会势力的存在。同样，尽管存在不同的调性变化，但女性的"神圣之物"（sacrum féminin）和月经（menstruum）也是如此。存在着一种"月经之灵"（mana menstruel），虽然不可能分析其所有组成部分，但它显然与一种原始的力量相关，这种力量具有双重性但非常有效。月经在爱情的魔法中发挥作用，与葡萄酒混合后可以使人陷入爱情的疯狂，甚至能够在吉普赛人中引发无可抵御的放纵。在混乱的撒巴特（Sabbats）[1] 中，月经也有其角色。在某些民族中，月经的使用被认为有助于在战斗和游戏中取得胜利，我们可以举更多的例子来说明这一点。[9] 在这两方面，"性神圣"（sacrum sexuel）都是势力的象征，即仪式化的暴力或反暴力。因此，它被利用也就不足为奇了。技术是对自然暴力的一种暴力回应，因此它包含了自己试图平衡的元素。色情文学，无论是理论性的还是小说性的，无论是在何时或者是在何地，都提到了一些辅助个人或群体享受性快感的工具。通常被称为"阳具棒"（godemichet）[2] 的物品，通过侵入的方式，再次提醒人们性行为中固有的残酷性，这种残酷性在极端情况下（如我们所知的吉尔·德·莱斯元帅 [3] 和萨德侯爵），可能会达到流血，甚至仪式性死亡的地步。为了提供一些参考点，我们可以回忆一下古代异教徒的实践，允许女性使用阳具形状的工具来获得性快感。《圣经》提及了这些内容，但它同时也在提醒我们，这可能是文化上令人厌恶的实践的残余（参见《以西结书》13：17）。

[1] "撒巴特"是异教徒和巫术实践中与季节变化和自然周期相关的节日，包括春分、夏至、秋分和冬至。这些节日通常与农业仪式、性仪式、舞蹈、音乐和盛宴有关。——译注
[2] "godemichet"直译为"小锤子"。在性学的语境中，这个词通常用来指代一种人工阴茎，即一种用于性行为的辅助工具或玩具。它可能是由橡胶、塑料或其他材料制成，形状和大小类似于男性生殖器，用于性快感或性治疗。在文学或文化研究中，这个词可能被用来讨论性行为的不同方面，包括性玩具的使用。——译注
[3] 吉尔·德·莱斯（Gilles de Rais），法国历史上著名的军事人物，出生于 1404 年，是法国百年战争期间的一名重要将领。他因在 1429 年至 1435 年间为法国作战而闻名，尤其是在奥尔良解围战役中发挥了重要作用。然而，他后来因涉嫌参与儿童性剥削和连环谋杀案而被捕，并在 1440 年被判处死刑。吉尔·德·莱斯的形象在历史和文学中经常与黑暗和神秘联系在一起，尤其是与中世纪巫术和恶魔崇拜的传说相关。——译注

事实上，性满足感与参与一种超越个体的崇拜活动的感觉相伴随。通过这种媒介，快感进入了宇宙生命的范畴。这些物品，正如我们所知和将会看到的，在公开的寺庙和特设的"高处"中被崇拜，同时也被用于家庭中的神圣仪式。因此，强调宗教方面的重要性是必要的，因为通过这种方式，即使是单独的快感，也成了集体的"一部分"，并因此实现了与其他集体成员的象征性联系。这种做法在穆里亚族人的青年之家中很常见。雕刻或绘制的阴茎和阴道是其共婚群装饰中的常见元素。这些象征物被用来引导新来的年轻人进行入门仪式；年轻的男孩会被压在中央柱子上雕刻的阴道上，以示接纳。这些雕塑确实具有象征性功能，它们有助于促进男女青年之间的亲近，从而使得青年之家中的狂欢社会本能得到有组织地发展。在这里，我们再次讨论的并非个体主义，而是通过辅助工具的使用，能够融入整体的情感和激情流动。此外，"工具"（l'instrument）在这里也可以用来强调共同体的意义。实际上，如果一个男孩犯了错误或拒绝参与游戏和舞蹈，作为惩罚，他必须公开地将阴茎插入"宿舍的缝隙"（fente du dortoir）中，直到他哭泣并认错为止。[10] 因此，女性象征物的残酷使用在这里是为了让那些固执或个体主义的男孩重新融入共同体。这些共婚群装饰物与当代学校或公共厕所中的涂鸦有相似之处，后者同样以某种方式成为象征性或操作性的联系地点。这些装饰物确实具有这样的效力，即它们通过共享的"奥秘"来巩固共同体的基础。

基于这种人类学的基础，我们不难理解为何性工具的使用和滥用会发展起来。从东方柔软且着色的橡胶树脂质粉红阴茎，到东方后宫里装有汞的多层金属包裹的蛋形活动玩具，再到印度特有的石制林伽，性工具的种类非常广泛，它们诱导出的实践不仅种类繁多，有时甚至充满残酷。在这些精致的性工具的旁边，我们有时也会发现一些更简单、更平凡的替代品，这些几乎都是我们日常生活中常见的物品，但偶尔也会被利用于它们通常不习惯的目的，正如一些"奇闻轶事"所报道的那样。无论如何，这些物品，展现了或实际操作了性行为的暴力，不仅历史悠久，而且具有重要的持久性意义。因为，在刚刚给出的例子及其在当代社会的发展之间，我们可以回忆起，它们自然而然地出现在 17 世纪和 18 世纪，并在整个中世纪期间，尽管受到了天主教会的多次攻击，但仍然成功得以存续。

我们记得，在法国许多教堂中，存在着与生育之神普里阿普斯相关的遗迹或象征物。这些遗迹或象征物以某种形式被保存下来，尽管它们可能不是以传统宗教雕塑的形式出现，而是以其他形态存在。杜拉尔（Dulaure）在其《生育神祇》（*Les Divinités fécondatrices*）一书中提供了这些遗迹或象征物的例子，它们在某些教堂的角落（如奥弗涅的奥尔西瓦尔、艾莫朗，以及圣福蒂恩的各个崇拜仪式）被民众崇拜，因为它们被认为能保证妇女的生育力。妇女们会"不穿任何衣服"地躺在或坐在这些石头上。有时，被崇拜的物体甚至是覆盖了皮革的木制品（如奥朗日的圣埃特罗佩教堂）。这种民众崇拜非常普遍，并常常呈现出家庭化的特征。杜拉尔还引用了（同上，第 200 页）一些忏悔圣事，特别是在"女性机器"这一章节中，历史上的教规多次对上述做法进行了指责。教规中明确规定："任何妇女，无论是自己还是通过其他妇女的帮助，与任何工具进行性行为，都需忏悔三年，其中一年只能吃面包和水。"可以看出，忏悔的处罚相当严厉，这也说明，有前述做法的，并不限于少数人。这些"教规"在修女在修道院中进行性行为时加重了惩罚。同样，使用性工具在这里是集体性的，它体现了女性之间的团结，这种团结帮助她们在面对权力对情感表达的多种限制时创造了自由空间。因而，并不一定所有"性用品店"的设备（除了电动设备）都是全新的。鞭子、锁链、皮制服饰、戒指、各种形状和色彩多样的假阴茎、性药物等所有辅助性享受的工具都有悠久的历史。同样，权力机构对这类物品的打击以及试图对它们的传播施加的监管，在不同的时代以不同的形式出现。与上述提到的忏悔圣事相呼应，我们可以回忆帕累托的话，他在 20 世纪之初提道："我们被迫在那不勒斯的一个秘密博物馆里收藏一些日常用品，这些物品是在庞贝的挖掘中发现的。现代的羞耻感被那些庞贝居民在其家庭中每天使用的物品所冒犯。"[11]

使用通常被称为"性工具"的物品，确实反映了性行为在社会结构化中可能扮演的象征性角色。这种工具化的使用很好地解释了它所包含的内在暴力，这种暴力是为了抵抗自然和社会暴力而存在的。以一种特别的方式来看，我们可以认为，性辅助工具所诱导的"小死亡"在深刻意义上是一种"牺牲"，它是对致命权力结构的服从，也是对始终威胁着我们的"大死亡"的屈服。通过这种方式，人们可以以一种净化（cathartique）的方式保护自己免受这两种形式的威胁。最后，性工具很好地揭示了性爱本身的内在残酷性和矛盾性。或许我们可以借鉴某位智者对打屁股的赞美之词："打屁股，或许……只是爱抚的一个极强版……它同时追随、并先于一种高度提升、至高无上，且几乎宁静的爱之形式。"[12]通过这种方式吸收并内化暴力，狂欢得以保护自己，仪式化自己，并因此能够抵御由社会结构和制度所施加的外部控制与独占性暴力。从这样的角度来看，狄奥尼索斯式的残酷确实可以被视为一种有效的解药。

四、时间的节奏

因此，在狂欢中，破坏性的因素，即构成个体的"阴影"部分，被仪式化了。此外，它还被用来打破个体的"自我"界限，这种界限被称为性格的"盔甲"，通过这种方式，加强了集体或象征性的秩序。由此可见，这一过程首先是一种启蒙仪式。我们不应忘记，所有启蒙教义，无论以何种方式升华，最终都不可避免地涉及爱及其生命力量。作为参考，我们可以回顾一些众所周知的性爱启蒙人物，比如 12 世纪在法国和意大利的"爱的信徒"（Fedeli d'Amore），他们通过秘密仪式庆祝爱的奥秘，但这些奥秘对普通人来说是无法接触的。无疑，这个运动对"骑士之爱"和"爱情课程"产生了深远的影响，并且，超越这些，它对"唯一女性"崇拜的普及及其在西方世界产生的复杂后果也产生了显著影响。我之所以说"普及"，是因为这种对"唯一女性"的崇拜有着深厚的神秘学根源，它源自对"伟大母亲"的自然崇拜，或者源自宇宙宗教和神秘教义。

因此，在印度教坦特罗（Tantrism）中，我们经常看到宗教狂欢与宇宙生成和再生的周期紧密相连。其中最著名的性行为实践之一，是被称为"*Cakra*"，即"轮"（roue）的仪式，其中男女围绕一个中心圈进行性行为，由"轮之主"（*Cakrecvara*）从中心进行指导。这种性行为实践及其教义上的微妙之处，既是对时间节奏的庆祝，也是对其进行的控制。因此，"轮"的庆典实际上是一种启蒙技术，其作用在于捕捉宇宙周期中所扩散的所有色情流质。

在同一思想脉络中，研究中国道教的专家们发现了季节性的狂欢仪式的存在。[13] 在这些仪式中，性启蒙是按照一年中特定的重大时刻来进行的，尤其是春季和秋季。在这些关键的时刻，性混杂和性交流是主导活动；其目的是与生命的活力融为一体，并与周期性的变化保持和谐。通过这种方式，集体狂欢，作为启蒙仪式的核心环节，能够"回收"散布在宇宙中的能量。除了这些提及的情况，我们还可以指出许多关于狂欢、启蒙和周期性时间之间的对应关系。埃沃拉、米尔恰·伊利亚德，以及 20 世纪初的随笔作家玛丽亚·德·纳戈夫斯卡（Maria de Naglowska）都详细阐述了集体性性行为是如何成为由"宇宙时钟"所指示时间中的关键时刻的。

对于社会学的分析而言，我认为重要的是强调时间的周期性观念如何使得狂欢成为一种启蒙（即社会化）和巩固基本社会本能的手段。涂尔干已经很好地展示了时间节奏如何引导人们进入"聚集状态"，并探讨了这种状态如何为社会带来"自我意识"的感觉。[14]毫无疑问，理解这一机制可以揭示一系列日常生活中的实践和情境，尽管它们因为平凡而未被深入探究，但它们仍然是社会结构的基础。社会学需要学会衡量节日聚餐、初次圣餐宴会、社交活动、兵役登记日、年末舞会或周六晚上舞会的全部重要性。尽管这个列表远未详尽，但这些看似平凡的情境实际上蕴含着丰富的启蒙意义，要深入理解它们所促成的基本社会本能，就必须对此要有准确的把握。

集体舞蹈，蕴含着浓厚的色情本质，无论是被人类学家分析为"附身的舞蹈"[1]，还是乡村或城市青年看似即兴的狂欢，始终是一种真正的婚礼舞蹈。它在时间的节奏中回应着深层的宇宙欲望，同时也在塑造着社会结构。当乔治·巴朗迪耶精确地描述"ndoep"——一种女性被附身的神圣舞蹈时，他展示了这种舞蹈如何在主角和观众身上唤起残酷和眩晕感，我们应当从中解读出"对婚礼的直接暗示"[15]。这种暗示，我们可以将其理解为最广泛的意义，即社会联系和宇宙与自然关系的根本基础。将这种"附身的舞蹈"与民间舞会中的内在暴力（如喧闹、眩晕）或外在暴力（如斗殴、争吵、竞争）相联系，或许并无不妥。同样，在这样的过程中，通过不同程

---

[1] "附身的舞蹈"（danse de possession）是一种在某些文化中存在的宗教仪式，参与者被神灵或祖先灵魂附身，表现异常行为。这种现象被视为与超自然力量交流的方式，同时也是社会文化表达。它体现了个人、共同体成员、共同体与神灵及自然界之间的关系。——译注

度的残酷，真正的启蒙得以进行，其中自然之爱与正在社会化的爱（婚姻）共同占有存在。重要的是要记住，在传统社会中，启蒙仪式的作用是将性行为引导至"为整个社会服务"（巴朗迪耶，第41页）。性狂欢正是这样的情况，因此它也受到时间节奏的制约。当然，我们知道，这种机制主要是传统的。尽管如此，正如我刚才所说的，我们的社会仍然存在深刻的传统烙印，这些烙印以不同的形式出现，有的被很好地伪装或现代化，但它们同样指向了启蒙，尤其是性启蒙。乔治·奥威尔笔下的"最好世界"（《1984》）尚未实现，而在人类学的宏大结构中，不变性仍然是常态。特别是在面对狄奥尼索斯之谜时，其特有的暴力或他异性需要被编码和规范，这清楚地表明了人类对他异性和自然的关系是相互关联的，而且，自然，无论是否愿意，都是人类必须考虑的"伙伴"。

因此，年轻一代的启蒙就是社会通过这种仪式来掌控时间的流逝及其引发的焦虑。当然，这种启蒙可以有多种形式，但性狂欢或沸腾通常是主导形式。在罗马，我们必须提到酒神节盛宴，年轻男性和女性在那里成为性吸引的中心，很少有道德家对这些放纵的行为表示反对。它们被理解为一种社会仪式的一部分，允许年轻人融入共同体。在古希腊，每一次大型节日都是性狂欢的盛宴，每个少年都有一位心爱的朋友作为他们的赞助人。一位古希腊历史专家，以其谨慎著称，注意到在这些男性"聚餐"中，通常邀请的是20岁以下的年轻人。聚餐期间，成年男子与青少年一起躺在同一张床上，年轻人靠近桌子。成年男子会强迫青少年喝酒，抚摸他们，并视他们为自己的"情人"[16]。这些男性聚餐在古希腊非常著名，因为同性恋在那个时期非常普遍；尽管如此，它们在许多其他文明中也很常见。这些聚餐引发的性启蒙经常被美化，但它仍然是真实的。成年男子与青少年的饮酒狂欢及其各种后果是一种常态，这是一种需要经历多个阶段才能克服的考验。最近，我看到了一些私人照片，这些照片展示了一群勇敢而"强壮"的橄榄球队的成员在一次醉酒的聚餐中进行的各种排泄和肛交试验，新招募的年轻人必须参与这些试验。这些图像性的、残酷而完整的材料肯定不是独一无二的；它们可能代表了一条有趣的研究线索，可以帮助我们了解当代的"聚餐性狂欢"启蒙仪式可能采取的形式。

　　所有与时间节奏相联系的那些伟大的社会欢腾时刻，无论它们是显而易见的还是悄无声息的，都具有启蒙的性质。例如，在狂欢节期间，物资的流通（如捐赠、盗窃、掠夺等），性的流通（如性交换、角色反转、狂欢等）或言语的流通（如多种多样的自由表达……），所有这些都是为了向年轻人传授，并通过这种方式自我重复一个基本的社会真理：社会的基础在于交换和对他异性的开放。而这些方面的定期重申，不仅超越了自然的沉重，更是推动社会持续发展的动力。对于某些人类学家（如阿诺尔德·范热内普）来说，狂欢节是一个巨大的过渡仪式，特别是通过其"阈限期"(liminalité，即"门槛"）这一特点体现出来。这是一个极端的时刻，一切都相反。角色交换，性别逆转，功能也是如此，原来与年龄和社会地位相关的特权不复存在，总之，一切都颠倒过来。

　　这种仪式性的再生，充满了强烈的色情元素，出现在自然循环的时间中，或者像愚人节这样的特定时刻，当一个社会倾向于变得僵硬和凝固时，它需要通过这些仪式来激发青春的冲动。同样，在起义、革命、城市暴乱或农村暴动等社会动荡中也是如此。令人惊讶的是，这些运动大多数时候都伴随着各种放纵、滑稽和淫秽行为，这些平常只是轻微的或在欺骗行为中才发生的事情，在大庭广众之下变得显著和极端。这些时期，常常被视为社会采取了"放任自流"或"顺其自然"的态度。一切似乎都失控了。这种普遍的混乱，尽

143

管看起来像是青少年的不负责任，但被认为对社会结构的弹性和流动性是必要的。

当然，这种弹性只是暂时的，但它为社会即将到来的放松期"播下了种子"，并为时间的继续储备了力量。在这个意义上，使用"水渠化"（canalisation）的隐喻并非偶然；例如，性能量的表达和共享，将成为一个巨大的储水池，未来小的违规行为均可以通过水渠从这里汲取。罪恶，正如普鲁斯特所说，像一个"隐形的天才"，伴随着每个人。在回忆起集体狂欢的沸腾时，它能够增强个人罪恶的内在动力。集体罪恶在沸腾节日中的表达，并非如人们所想的那样，它不是一种想要耗尽或消除罪恶的方式。恰恰相反，它是对罪恶的启示，也就是说，它要增强罪恶的力量，这种增强的力量在随后的日常生活中就被视为了一种参考。从这个意义上来说，它加强了个人对社会强制的常规抵抗。因为正是这一点构成了罪恶的真正价值；最终，正是它"悄无声息"地保证了社会身体的持续存在。宗教上的二元论早就清楚地看到了这一点，它认为"恶"的存在及其力量与"善"的神明相同。简而言之，暂时的、仪式性的混乱允许了日常生活中的小故障，没有这些小故障，秩序将是致命的。

因此，时间在社会欢腾中起到了标记和调节的作用。宇宙中的重要时刻都需要一次爆发，或者一次断裂，是它们构成了连续性的基础。我们不应忘记，克罗诺斯／萨图恩的庆典是在冬至时节举行的；这是一个交换财富与多样欢愉的时刻。克罗诺斯，这位时间之神，既令人不安又掌管着事物的逆转。社会时间与宇宙时间的结合、生命时间的节奏，所有这些共同构成了启蒙，尤其是性狂欢的启蒙，并使之成为人类学上的一个重要范畴，在各种调性变化下，它无处不在，贯穿所有时代。通过这样的启蒙，人们既挑战死亡，又与之亲密接触。或许，这就是那些天堂形象的由来，在那里，生与死的完美结合使我们得以无尽地享受。对穆斯林来说，天堂是首要的感官愉悦之地；对特罗布里恩群岛的居民而言，那同样是一个无止境的狂欢之地，男人和女人在那里"形成了一个不分的混合体"（马林诺夫斯基，第307页）。我们也可以对性乌托邦做出类似的描述，它们在某种程度上构建了一个关于兴奋与和解时光延展的神话。

或许，狂欢本身不过是对生命与死亡密不可分联系的再次确认。丧葬仪式正是为了唤起这种记忆，它们经常演变成为狂欢的化装舞会，而这些活动直到很晚才被教会所禁止。[17] 即便在今天，家庭聚餐往往在葬礼之后举行，它们在欢愉和情感的流露上丝毫不让于圣餐或婚礼的宴会。因此，在社会层面上，这种仪式性的和启蒙式的欢腾重现了宇宙、物种、共同体和城市的生命力；它以宏大的规模庆祝了"微观学"在日常生活中以微小形式发现的东西：对生活中相对美好／善良的坚定信念。而且，为了实现这一目标，它或多或少地融入了那种令人不安的死亡。

线性且进步的时间观念过于草率地认为自己已经通过给世界去魅而摒弃了仪式。当然，仪式已经不再是传统社会中的模样，但它仍然以不同的形式坚韧地存续着。日常生活中的重复并不是生命的终结，而是为了能够战胜死亡而将其融入生命的过程。周期性的、欢腾的仪式同样是对社会生命力的肯定，尽管或是因为我们必须面对自身肉体的死亡。

狂欢节、舞会、社团或俱乐部的宴会、民间节日或家庭聚会、社会逆转的时刻、日常生活中的小仪式，众多的情境都在回应着周期性的时间，也就是说，它们不断地、反复地确认着社会存在的质量。正是在这个意义上，性狂欢，严格来说，被理解为集体力量的表达，尽管如此，它仍是对瓦尔特·本雅明所说之"当下的兴趣"

(l'intérêt du présent) [1] 的一个见证。

五、"黑暗但美丽"

另一个经常在性狂欢动态中出现的元素，且不是最不重要的，是夜晚、黑色和黑暗。我们已经看到它在宇宙维度中发挥作用，我们将在狄奥尼索斯的不同神话或历史变体中以一种持续的方式找到它。无论它可能以什么名字出现，都不应该忘记，黑暗时刻（恩斯特·布洛赫）以一种本质的方式存在于所有的个体结构和社会结构之中。当然，人类历史中遇到的各种理性主义都倾向于消除这一个维度，但这个维度不断地以各种不同的面具重新出现。通过剥夺它表达的权利，人们最终将它暴露在一种无法控制的暴力的回归之下。在一个特定的文明空间中，阿波罗价值观的不稳定主导往往将黑暗的暴力推向极端，而屠杀、破坏、集中营以及其他种族灭绝事件，作为极端行为的警示性例子，往往是在理性的绝对统治之后出现的。

相反，当一个社会能够将"黑暗时刻"融入日常生活时，这个社会便达到了一种平衡状态。同时，黑暗时刻本身也因此得到了疏导。当然，所获得的平衡依旧充满冲突，但我们不应忘记，正是结构中不同元素之间的紧张关系，确保了这个结构的持久性。

夜晚总是与混沌相伴，在众多神话故事里，夜晚被视为世界的起点。从这个角度来看，夜晚是一个原初的结构，一切事物都由此衍生。通过赋予夜晚如此重要的时间地位，神话思维旨在凸显它在

---

[1] 在本雅明的观点中，"当下的兴趣"强调的是对当前时刻的深刻关注和解读。他认为，每一个历史时刻都充满了独特性，而当下的现实是由过去和未来交织而成的。因此，要理解当下，就需要在历史的长河中寻找线索，将这些线索与现实相联系，从而揭示出当下的深层含义。——译注

塑造每个社会的状况、制度和情感中，所产生的深远影响。随后的神灵，那些最接近自然基础的神灵，都将与夜晚的世界紧密相关。如果提到最著名的三个，印度教的湿婆有时被称为"夜晚的骑手"（*Nishi châra*），古希腊的狄奥尼索斯，作为最杰出的地下神，也是"夜晚的奔跑者"（*Nyktipolos*），而古埃及的奥西里斯（Osiris）统治着死者的世界。甚至耶稣基督的晚期形象，在取得全然荣耀的统治之前，也必须经过一夜的墓穴之程。那些代表生活中最放纵、最欢腾方面的人物，均与地下世界紧密相关。这里的关联远非偶然，它深深嵌入了一种宇宙生命与死亡之间的对应关系中，这种关系在那些根深蒂固的自然宗教中有着强烈的体现。

在一个既富有启发性又时而透露出启蒙精神忧虑的描述中，爱弥儿·涂尔干详细描绘了澳大利亚部落的狂欢仪式：在那里，性交换是必须的，"两性的结合违背了性关系的规定原则"，而近亲性行为也相当普遍。涂尔干注意到，这些"极其普遍"的仪式都是在夜晚举行的。[18] 当这些部落亲近自然，通过狂欢的沸腾寻求重织社会团结的纽带时，它们需要黑暗来赋予孕育生命的兴奋以独特的强烈感。这种仪式，以及所有属于狄奥尼索斯类型的仪式，都并非无缘无故地指向万物从中崛起的混沌。夜晚于是成为这种仪式的特权空间。从巴克科斯酒神节的集会到罗马的农神节，人们总是在夜晚庆祝神圣的狄奥尼索斯。同样地，在基督教的周期中，有两个夜晚（圣诞节和复活节）标志着宗教仪式的高潮。在神秘主义和诗歌这些非常接近的领域中，夜晚同样扮演着至关重要的角色，神秘体验和诗歌体验通常在这里找到源泉和灵感，并且经常回到这里以获得再生。

同样值得注意的是，在赋予狄奥尼索斯的称号中，有一个特别的称号是"双生者"（Biméter），意味着他有两位母亲。根据神话的教导，这两位母亲可能会有所不同，但她们都象征着将我们的神与自然母亲、母权制宗教联系起来的所有事物。这也是吉尔贝·迪朗所称的"夜间律"(régime nocturne) 的特征之一，它将夜晚与女性联系在一起。宗教历史学家们一直以来都强调月相循环、夜间崇拜和母权制宗教之间神秘的联系。狄奥尼索斯本身具有双重性，除了阳刚的一面，他还具有阴柔的一面，他的随从 [巴克坎特斯 (Bacchantes) 和迈纳德斯] [1] 主要是女性。我们可以在此方面做出更多的注释，但重要的是记住这个关于夜间月亮或发光女性的矛盾修辞 [2]，它指向无底的深渊。夜晚、女性和土地这些词汇彼此关联，它们在人们熟知的 "*Nigra sed pulchra*"（黑暗但美丽）这个著名表达中得到凝结。

以"大地之母"为中心的崇拜，其原型是狄奥尼索斯，首先是一种感官的庆祝。它庆祝的是多种方式将我们与大地及其快乐联系在一起。或许正因为不想通过这种放纵的感官主义激怒天空，所以这个崇拜仪式是在夜间举行的。实际上（我们稍后会详细看到），无论地点和时间如何，我们都能找到"熄灭的灯"的仪式。这种仪式广为人知，如因纽特人熟悉的游戏，中世纪多个亚当教派的崇拜，甚至犹太撒巴特教派的仪式；所有这些仪式都旨在通过在黑暗中相互拥抱着的身体之间的交融来庆祝共同体这一神性或社会神圣。同样，混沌仪式（le rituel du chaos）将允许我们与他人的联系得到恢复或加强。每当涉及性狂欢的实践时，我们总能找到黑暗或昏暗之光线。因此，如果"一夜情"这个表达最终进入了日常语言，我们可以认为这漫长的狂欢仪式传统在其中发挥了作用。

---

[1]　酒神的女祭司和女信徒们。——译注
[2]　月亮的明亮来自对太阳光辉的反射，而"发光女性"则暗示着明亮和光辉。——译注

在埃琉西斯秘仪（Mystères d'Eleusis）[1] 中，特定的性狂欢部分被称为"*Nyctelia*"（夜之仪式），并安排在夜间举行。整个狂欢节的历史也表明，其最高潮通常在夜间达到，因为夜晚允许激情的加速和过度的加剧。在德语区的瑞士、德国的一些山区，以及今天的阿尔萨斯，我们发现这种"荒野之夜"（*Rauhnacht*），它有时让人想起巫师的集会，总是呼唤感官的刺激，有时甚至达到性狂热。夜晚使我们接近大地，因此，它激发身体在多种可能性中的升华。然而，通过仪式性地和集体性地生活于夜晚，它以某种方式净化了身体在大地永恒之夜中持续的焦虑。[2] 狄奥尼索斯，众所周知，被泰坦神杀死，然后复活。以一种同质性的方式，狂欢仪式模仿了这种死亡和复活。夜间穿越首先允许我们进入强烈的生命。诗人诺瓦利斯（Novalis）在他的《夜之颂》（*Hymnes à la nuit*）第一首诗的最后几行中，以其浪漫的敏感性，传达了这一信息：

> 在夜晚的祭坛上，
>
> 在那腐朽的架子上，
>
> 缠绵的躯体倒下，
>
> 在炽热的拥抱中燃起，
>
> 像纯净的祭火，
>
> 用灵魂的热情燃烧我的心灵，
>
> 让我更亲密地与你融为一体，
>
> 让永恒的夜晚，
>
> 成为婚礼的夜晚。

---

[1] 古希腊的一个宗教节日，以神秘和神圣著称，每年在雅典附近的埃琉西斯举行。这个节日以祭祀谷物女神得墨忒耳和她的女儿佩尔塞福涅为主，仪式在夜间举行，包括狂欢和仪式。——译注

[2] 人们超越或缓解了对永恒夜晚（即死亡和重生的循环）的恐惧或焦虑。——译注

在黑暗中，个体的身体可以扩展为集体的身体，正如个体化的原则和原子化的个体被一个更全面、更混沌的实体所取代。这种转变不仅仅是个体的消融，它唤起了宇宙中存在的对应关系。通过重新演绎这一自然维度，狂欢的多种形式提醒共同体，它不仅是其本质特征，也是其生命力的源泉。

也许我们应当稍微加强对这个主题的强调，因为自从启蒙时代以来，人们以贬义的方式将所谓的"蒙昧主义"称为"obscurantisme"[1]。然而，无论我们是否怀念它，这并非问题的关键。我们不能否认，过去在特定时期具有重要性的"夜间律"的社会行为正在重新回到舞台前沿，并且无疑还将进一步扩大。

我们必须承认，即使在启蒙思想的巅峰时期，"夜间律"这个主题也从未完全消失。仅作为证据，它在艺术和文学中的存在是显而易见的。当然，更不用说日常实践或表现，它们被激情及其后果——混乱——的不可磨灭的印记所标记。不详细讨论的话，我们可以指出，萨德侯爵的作品在这方面是有启发性的。一方面，我们发现其作品中有大量篇幅的内容明显受到了理性启蒙思想的影响，并以一种夸张的方式呈现，这通常是积极意识形态的标志。另一方面，他描述的狂欢场景则指向了感官刺激的夜晚世界，直至包括残忍和谋杀。实际上，我们可以想象，萨德的极端主义，就像后来的浪漫主义狂热一样，某种程度上是对我们通过理性暂时占据主导地位的结构化的"阴影部分"的一种补偿。

萨德作品中表现得过分强烈的主题，在其他作家（比如卢梭）

---

[1] 启蒙运动倡导用理性之光驱散迷信和无知，倡导自由思考和科学方法。因此，那些反对启蒙运动的理念和价值观，即那些试图维持旧秩序、反对科学和理性、保护教会权威和迷信的行为和思想，就被贴上了"obscurantisme"["obscur"（暗的）和"antisme"（主义）] 的标签。——译注

的作品中只是轻微地体现，或者隐藏在一种部分地定义了19世纪中产阶级日常生活特征的"内省主义"（l'intimisme）中，这种生活方式既是胜利的，又是冒险的。正如吉尔贝·迪朗所指出，格扎维埃·德·迈斯特（Xavier de Maistre）的作品通过强调"静坐之旅"（voyage sedentaire）[1]，通过精心打造室内的内省主义，作为对当时主流的白天主题的补充。同样，它也为即将由兰波或内瓦尔（Nerval）达到顶峰的"伟大的浪漫主义夜间主题"铺了路。19这究竟意味着什么？在1789年革命的伟大英雄主题取得胜利，资本主义准备在欧洲乃至全球确立其统治的同时，一些不合时宜的态度和形象依然存在，它们期盼着更加美好的未来。从这个意义上讲，作为补充的内省主义确实是夜间律的一个宝库。它退守至坚不可摧的避难所（如萨德侯爵笔下的席林放纵城堡）或心灵的城堡，在所有情况下都作为公共生活的储备而存在。

因此，即使在普罗米修斯或路西法主义的宏伟意识形态内部（例如，马克思认为，路西法、普罗米修斯和耶稣是三位伟大的光明与解放英雄），我们也能发现为未来构建奠定基础、带有"阴暗"特质的基石。随着19世纪的推移，原本作为其官方意识形态的东西开始变得脆弱。当然，在曼尼赫主义（manichéisme）[2]的成功帮助下，随后由实证主义接力的启蒙主义在表面上取得了胜利。理性的征服力量不断扩大其探索和应用的范围，不容许有任何"未知领域"（terra incognita）的存在。因此，存在的普遍理性化（马克斯·韦伯）将取代最初仅是对劳动力的剥削。从剥削到异化的转变过程，

---

[1]　"静坐之旅"是一个文学概念，由格扎维埃·德·迈斯特在其作品《哲学家的旅程》（Voyage autour de ma chambre）中提出。它指的是一种内在的、精神上的旅程，而不是物理上的移动。这种旅程强调的是反思和内省，而非外在的探险。——译注

[2]　曼尼赫主义是摩尼教的一种隐喻，用来描述一种二元对立的世界观，其中善与恶、光明与黑暗是绝对对立的。这个术语在文学和哲学中用来指代那些认为理性主义和启蒙思想在表面上取得了胜利，但实际上掩盖了更深层次问题的观点。——译注

正是启蒙运动所照亮的道路。而当代的技术结构，无论政治体制如何，都不过是这一伟大进步意识形态的延续，该意识形态试图仅凭理性工具来规划社会和个人的幸福。

然而，与此同时，"夜间律"在日常生活隐蔽的框架内依然存在，这使得对其进行研究变得困难。尽管如此，文学作品中作为社会普遍态度的结晶，为我们提供了具体而典型的例证。要深入分析这些夜间的结晶，需要进行专门的研究。而这并非本书的目的。因此，我们可以左拉为例，他在 19 世纪末清楚地描绘出，在普罗米修斯主义盛行的同时，狄奥尼索斯的形象仍在持续或发展。特别是在《贪欲的角逐》(*La Curée*) 一书中，这种对立的两极性表现得尤为明显。萨卡德（Saccard）这个角色完美地体现了资产阶级的征服欲，他甚至为资产阶级增添了一种冒险的气质。以一种自豪的不道德主义为标志，这种不道德主义被伪饰成美德——这正是资产阶级的做派，而且在这一点上，他们还有着许多追随者——萨卡德征服了一个城市，并将其洗劫一空。让我们记住马克思的著名说法：资产阶级没有道德，它只是利用道德。凭借这样的原则，资产阶级在其道路上无所不能。左拉的小说虚构了一个被解放的普罗米修斯形象，成为此类作品的典范，整个《鲁贡-马卡家族》(*Les Rougon-Macquart*) 系列都致力于此。然而，然而，如果单独考量《贪欲的角逐》这部小说，我们就能窥见那令人不安的狄奥尼索斯面容的初现。一些文学研究已经致力于探讨这种现象 [吉尔贝·迪朗，《神话之形与作品之容》(*Figures mythiques et visages de l'œuvre*)，同上，第 234 页]。只需指出，我们认为已经被驯服的自然仍然保持着野性和神秘，与"令人战栗的夜晚"相结合，它将成为狄奥尼索斯色情复仇的背景。

这自然是一种温和的复仇，但仍然是预兆性的，我们可以将其视为一个范例。事实上，在这座象征着文明的城市中，萨卡德征服了它，而在他家中那个私密而郁郁葱葱的热带温室里，他的妻子雷妮正和他的儿子马克西姆庆祝他们的爱情。"他们度过了一个疯狂的爱情之夜，雷妮扮演了男人的角色，她是充满激情和行动意志的一方，而马克西姆则是被动承受的一方。这个中性的、金发和美丽的生物，在年轻女人（他的继母）好奇的怀抱中，变成了一个四肢光滑、有着罗马少年消瘦特征的'大女孩'。他似乎是为了扭曲的欲望而诞生和成长的。"这些描绘温室的章节，致使左拉因淫秽被定罪，实际上可以被视为具有预言性的。实际上，正是从普罗米修斯式资产阶级的内部，涌现出了狄奥尼索斯式的感官主义。马克西姆，这个被女性化、对感官享受有天赋的角色，是那位既是男性也是女性的神的化身。因此，他能够结合各种享受，放大激情的混乱。在左拉的小说中，我们经常可以发现一个被解放的自然的复苏。但人们预感到，这只是一个围栏 [在这里是土地；在《神父莫雷特的过错》(*La Faute de l'abbé Mouret*) 中是花园]，它即将爆发、扩散，并因此成为一个对周围文明的威胁。借鉴恩斯特·布洛赫的一个概念，即"非同时性"(non-contemporanéité)，但完全改变了其应用，我认为并不是阴暗的狄奥尼索斯在一个进步的世纪中显得过时，相反，是普罗米修斯，在完成了他的任务之后，在已经不再属于他的时代中停留了一段时间。

在无尽循环的价值观反转中，一个价值观达到顶峰的同时也预示着它的衰落，即使一段时间内，它所伴随的观念和态度系统似乎会持续，即使人们直到很久以后才意识到这种价值观的死亡（暂时）和它的继任者。在日常生活的隐秘角落里，那些对所有理性化持有怀疑态度的"没有个性"之人，可能很早就预感到了一种价值观的终结，并据此在他们的生活中采取了相应的行动。有时，诗人和小说家会挺身而出，通过典型的形象，指出这一相同的过程；但总是在"盛宴之后"，理论家或思想家才能理解那些早已写成的文本。因此，在一个"启蒙"文明的全盛时期，只有大众和少数人能够感受到这些暗淡价值观的有效性，这些价值观虽然有被曲解的风险，但始终能够在社会中留下深刻印记，成为日常生活的"最极端的具体"。

萨德和左拉，以及文学中的许多例子，都明确指出了这一点：爱与残忍相随，光明与阴影交织，这种混合反映了激情秩序的复杂性。即使这种激情秩序似乎被社会舞台所摒弃，它仍然以一种隐秘的方式运作。因此，我们不难理解为什么有时狂欢会躲藏在洞穴、地下墓穴和夜的世界之中。但就像那个将世界中心比喻为热量和能量的熔炉的隐喻，深层的激情也辐射到表面世界。就像一个模糊但同样真实的存在，它支撑着所有呈现出来的情境和形象。这份"储备"可能保持平静，也可能突然爆发，无论如何，它的复杂性质都很好地体现了我们守护神的名字：狄奥尼索斯，这位"不可分割的"（l'indivisé）神祇。

注释

1. BALANDIER (G.), *Le Pouvoir sur scènes*, éd. Balland, 1980, p. 62 sq.

2. DURAND (G.), *Science de l'homme et tradition*, éd. Sirac, 1975, p. 155.

3. 参见 V. PARETO. *Le Mythe vertuiste et la littérature immorale*, éd. Droz, 1971, p. 36 sq。

4. GURVITCH (G.), *Essais de sociologie*, éd. Sirey, 1939, p. 43.

5. DURKHEIM (E.), *Les Formes de la vie religieuse*, PUF, 1968, p. 499 sq.

6. MALINOWSK, *La Vie sexuelle des sauvages*, éd. Payot, 1970, p. 200 sq.

7. 参见 MIRCEA ELIADE, *Initiation, rites, sociétés secrètes*, éd. Gallimard/Idées, 1959, pp. 104, 106, 107。

8. C. G. JUNG, C. KERENYI, P. RADIN, Le *Fripon divin*, éd. Georg, Genève, 1958, pp. 177—199.

9. 关于该主题的例子与分析，参阅 J. Evola, *Métaphysique du sexe*, éd. Payot, 1976, ch. 36 «Phallus et Menstruum»。

10. 参见 VERRIER ELWIN, *Maisons des jeunes chez les Muria*, éd. Gallimard, 1959, pp. 144, 225。

11. PARETO (V.), *Le Mythe vertuiste et la litterature immorale*, éd. Droz, 1971, p. 38. 用极富智慧的眼光，帕累托指出了许多文化中对普里阿普斯式实践的引用。

12. SERGUINE (J.), *Eloge de la fessée*, éd. Gallimard, 1973, p. 93.

13. MASPÉRO (H.), *Les Procédes pour «nourrir l'esprit vital» dans la religion taoïste ancienne in Journal asiatique*, V, CCXXIX, fasc. d'avril-juin-septembre 1937, p. 404 sq.

14. DURKHEIM (E.), *Les Formes élémentaires de la vie religieuse*, éd. PUF, 1968, p. 499.

15. BALANDIER (G.), *Afrique ambiguë*, éd. Plon, 1957, p. 66 sq.; p. 69.

16. FESTUGIERE (A. J.), *Etudes de religion grecque et hellénistique*, Paris, 1972, p. 246.

17. 关于这一点，请参阅 Reinach S., *Orphéus*, Histoire générale des religions, Lib. d'éducation nationale, 1930, p. 200。

18. 参见 DURKHEIM (E.), *Les Formes élémentaires de la vie religieuse*, PUF, 1968, p. 309 et 310 note 1。

19. 参见 DURAND (G.), *Figures mythiques et visages de l'œuvre*, éd. Berg, 1979, pp. 174, 224。

第五章　联合者巴克科斯

一、金葡萄藤

用餐（烹饪、进食）如果是一种狂欢式的准备，那么在其中，葡萄酒也承载了某种人类学意义，这一点我们不能忽视。当然，尽管这个话题看起来很容易讨论，但我们不会轻易接受这种方便。在这里，比其他任何地方都更重要的是，我们要实施一种"快乐的科学"（*gaya scienza*），这种科学在严谨的同时，为研究对象带来了一种轻盈感。正如我们刚刚所说过的，饮食和饮酒的色情特质部分建立在宇宙学和宗教的基础之上。这个事实已经被多次强调，狂欢式的结合和神秘的结合都深深根植于宗教集体中，其中食圣（théophagie），别忘了，是最被偏爱的表达。在酒神的女祭司、阿兹特克人、基督徒等处，吃神之肉、饮神之血使人们与神融为一体，从而加固了社会身体。根据柏拉图的说法，葡萄酒既是"圣餐又是娱乐"（《法律篇》，II，666b），是神赐予人类以促进关系的。它提供了必要的"柔韧性"来缓解时间的流逝所导致的僵硬感。为了抵抗变化的焦虑，人类变得坚硬，从而孤立，变成了完美的单子；神圣饮料的引入则提供了构建共同体所需的粘合剂。以一种极端的方式，葡萄酒导致混乱，大多数时候它促进了融合。

正是出于这样的视角，我们应该理解那些点缀人类历史的狂欢仪式。酒精指向自我的一种延伸，这就是为什么涉及酒精的神同时也是爱情之神的原因。从古代凯尔特人的酒神塞尔努诺斯（Cernunnos）到《圣经》中的塔模斯（Tammuz）——对后者的崇拜被称为"极其可憎的事"（"pratiques abominables"，参见《以西结书》8：6[1]，17），所有社会都将爱情之神与酒神紧密联系在一起。醉酒既是宇宙的入门仪式（自我丧失），也是性爱的入门仪式（集体聚合）。我们从来就没有充分考虑过这种联系，尽管普罗米修斯式的清教主义和主导的资本主义思想盛行，但事实上，正是酒精消费背后的这种深层联系，仍然在支撑着人们的饮酒行为。

无论是明显还是隐晦地，饮酒和进食一样，都反映了世界的秩序。美食大家布里亚-萨瓦兰（Brillat-Savarin）以其精细的笔触指出，一场安排得当的盛宴"就像是世界的一个缩影，每一部分都通过其代表物显现"[1]。这确实是一种宇宙性的使命，通过不同的方式表达出来。选择葡萄酒或它们的顺序是根据社会环境、食物、感官和具体事物来决定的。根据客人的口味和逻辑，我们会选择特定的葡萄酒。客人的性格也是一个重要的考虑因素。最后，时间也发挥着作用；在午餐时，波尔多或勃艮第的葡萄酒不应同时上桌，同理，博若莱或香槟也是如此：它们都有其独特的时间逻辑，不能违背。这种饮酒的艺术不是抽象的，它很好地表达了一个宇宙秩序，正是从这个意义上说，它在对狂欢的思考中找到了自己的位置。正如我

---

[1]　本书法文版误注为第 7 节。——译注

们所知，用餐就像是一个缩小的世界，其中葡萄酒以其多种调性变化作为标点，划定了一种严格的拓扑结构。我们不应忘记，狄奥尼索斯总是与某个"地域"紧密相连。他被称为"一位灌木之神"，因此，他需要根植于某处。葡萄藤的一个基本特性是它的地理属性；正是依靠这个基础，它才能够朝向太阳，并象征性地连接天空和大地。这样的宇宙隐喻不仅仅是一种风格上的效果，只要聆听或阅读葡萄酒学家们的见解，我们就能感受到这种描述的力量。重要的是要强调这一点：葡萄酒，作为一种促进社会本能的饮品，它依赖于大地的物质性、天空的热能，以及与水的结合。同样，我们再次提醒，那些原型形象"只是次要的"（吉尔贝·迪朗），它们需要一个宇宙性的支撑，以赋予它们一种"感官"（sensuelle）的维度。

我们的神所具有的这种植物性或宇宙性特质，恰恰强调了他平衡作用的本质。

在其第十一篇"沉思"中，布里亚-萨瓦兰带领我们进行了一次愉快而又迅速的感官世界之旅，他巧妙地揭示，所谓的"社交场合中的美食"其实是对各种优雅风度的完美概括。不同民族独有的品质和特性在此凝聚，形成了一个宝库，宇宙间多样的元素在此联合、有序排列、倍增繁衍，共同演绎出一曲表达世界之呼吸的独特交响乐。从这个视角来看，酒精以各种形式作为社交活动的首选媒介，其重要性不容忽视。将其应用于点缀我们社会生活的多种仪式或典礼中，并非没有理由。正如灌溉对于耕作不可或缺，葡萄酒在社会本能中扮演着促进交流的必要角色。这是一个宇宙性的隐喻，它深刻地揭示了酒精这种挥发性强又根植于大地的物质所承载的人类学意义。这构成了一个"全面的社会事实"，它准确地映射出世界的独一性（l'unicité），以及"物理力量与道德力量"之间密不可分的联系——这种联系，正如爱弥儿·涂尔干所言，是所有文明的基础。[2]

社会学家必须认识到这一持续存在的事实，它在宗教和科学中都有其表达，需要我们深思熟虑。酒精无疑属于这一范畴。

我们知道，醉酒常与女性神祇有着密切的联系，就连狄奥尼索斯本人也经常与得墨忒尔一起被庆祝。宗教艺术作品在这方面颇具启发性，希腊和罗马世界提供了众多例证。在基督教传统中，只需回顾迦拿的婚礼或《启示录》中的妓女形象，就能看出酒或酒杯所扮演的重要角色。然而，更深层次的问题在于归属感，即神话中的回归到"母亲女神"（déesse mère）。通过这种方式，整个宏观宇宙在酒精庆典中得到了体现，而圣餐在严格意义上是对这种庆典的一种委婉表达。作为连接大地与天空的纽带，狄奥尼索斯——这位灌木之神——成为了泛神论世界轴心的象征，社会据此轴心组织成形。定居化，即文化的进步，部分地与葡萄栽培文化相关联，这并非偶然。因此，神与人之间的联合是通过"生命之水"实现的，它不仅仅是一个特定的称谓，而且可以被理解（*pars pro toto*，以局部代表整体）为世界秩序的孕育者。

将狄奥尼索斯与秩序联系起来似乎是一种悖论，但这实则是一种充满活力的悖论。他作为核心的角色同时也是一种平衡力量。事实上，狄奥尼索斯在某种意义上是自然与文化的交汇点，它同时允许自然本能的进入和社会本能的深化。此外，我们可以指出，文明发展的伟大时期也都留下了神祇布洛米奥斯（Bromios，狄奥尼索斯的另一个化身）的印记。

仅就塑造我们知识体系的两个时期而言，19世纪，见证了机械化的兴起，同时也是浪漫主义激荡、色情亲密主义和酒精崇拜（如魏尔兰、波德莱尔、于斯曼等）的时期。几个世纪前，宏伟而充满冒险的文艺复兴时期，在科学和政治发展的同时，也出现了放荡不羁的情况和自由放纵的态度［参见德吕莫（Delumeau），《文艺复兴时期的文明》(*La Civilisation de la Renaissance*)，第 447 页及以后]，其宽容程度与当代社会相比有过之而无不及。我们可以随意列举出更多此类例证。然而，我们应当强调的是狄奥尼索斯的平衡作用以及他的宇宙维度。

17 世纪的一部引人入胜的学术作品，基于狄奥多罗斯·西西里 [1]、马克罗比乌斯 [2] 和奥尔弗斯传统 [3]，提到了在普佐勒斯或扎尔米西乌斯山（色雷斯）献给巴克科斯·佩里基奥尼奥斯 [4]（*Périkionios*，周围有柱廊）的神庙。它将这些神庙与泽兰的凯尔特神庙、巨石阵或其他类似的纪念建筑联系了起来。[3] 尽管没有对其论证做出直接评价，但可以肯定的是，这个巴克科斯·佩里基奥尼奥斯确实指向了世界的秩序及其各个元素之间的平衡。庙宇的结构本身就是宇宙的缩影，正是这一点使得社会聚集成为可能。这确实是一个强有力的神话形象，在广义上，促进了象征性交换。

二、多数的身体

如果不总是被否认，那么指出创造和破坏是社会结构化过程中的共同要素就是一件平凡的事情。在这个基础上，许多社会现象都

---

[1] 狄奥多罗斯·西西里（Diodorus Siculus）是古希腊历史学家，出生于西西里岛，以其多卷本的通史《历史图书馆》而闻名，涵盖了从远古时代到公元前 1 世纪的历史。——译注

[2] 马克罗比乌斯（Marcus Vergilius Maro），通常被称为维吉尔（Virgil），是古罗马最著名的诗人之一，以史诗《埃涅阿斯纪》而著称，讲述了特洛伊英雄埃涅阿斯建立罗马城的故事。——译注

[3] 奥尔弗斯传统是指古希腊神话中的奥尔弗斯教派，以崇拜奥尔弗斯（Orpheus）为主，奥尔弗斯是音乐和诗歌之神，也是天琴座的主神。这一传统强调音乐和诗歌在宗教仪式中的重要性，以及通过音乐和诗歌达到精神升华和宇宙和谐的观念。——译注

[4] 巴克科斯·佩里基奥尼奥斯（Bacchus Périkionios）是古希腊神话中的酒神巴克科斯（Bacchus，又叫狄奥尼索斯）的一个别称，其中"Périkionios"意为"周围有柱子的"或"柱廊的"。这个名字反映了巴克科斯神庙的一种特定建筑风格，即周围有柱廊的设计。——译注

变得有意义。众所周知，巴克科斯同时指向了生成和死亡、欢腾和田园诗、创造和破坏。经常与他相伴的老虎就提醒了我们这一点。从巴克科斯给老虎喂食（雅典利西克拉特斯纪念碑上的场景）到野兽吸吮仙女乳房（许多凸纹宝石上的图案），古代的图像学提供了许多关于这种自然双重性的例证。正是因为他始终如一地承担这种双重性，酒神才成为平衡之神，宇宙有序的支点。

社会本能，我们必须重复，不是一致主义（unanimisme）。而且，就像用餐一样，酒精在同一时刻引发亲近感和距离感。研究"酒精中毒的想象物"的心理学家［伊夫·迪朗（Y. Durand），让·莫雷诺（J. Morenon）］指出，酒精中毒者存在一种"对幻想的不足"。这难道不是在酒精的帮助下，我们更常见、更少病理性地观察到的现象：人们更容易说出和做那些通常被禁止的事情。酒精影响下的行为，作为一种幻想的实现，促进了言语和身体的交流，赋予了行为其象征性的意义。这种行为并不源自自由的理念；相反，它通过结合言语和身体、文化和自然，以一种规则的方式表达出来。无论是哪种形式的狂欢释放，都清楚地表明，仪式始终在发挥作用。这种实现的幻想（或许应该说是"实际化的幻想"），是约束与放松的混合，它提醒我们的神祇具有宇宙双重性，从而充分展现了它的社会效能。

美食文学的爱好者肯定记得，那位美食界的王子多丹-布方（Dodin-Bouffant）所举办的宴会。他为宴会主人提出的餐桌礼仪建议和严格的要求，同样适用于宾客。他的炖牛肉是一道挑战，对他自己及品尝它的人来说都是。在另一个文化领域，我们可以看到类似的情景，比如温尼贝戈人仪式中的美食竞技。简而言之，社会本能本质上是欲望和敌意的交织，它既是一种挑衅，也是一种前进的召唤，还是一种引领人们走向融合的入门仪式。只有当一个人能够痛饮一定量的美酒时，他才能成为朋友圈中的一员。多次造访街区酒吧，或是参加沙龙的无数次开胃酒，实际上都是在扩展个人的身体，将其融入集体的维度——无论是短暂的还是长期的。为了融入集体而暂时忘却个人的身体，这实际上是重述了生与死的无限循环。因此，如果我们不考虑任何"道德主义"或"美德"的视角，我们便能认识到，酒精在字面上是一种解放者；它开启可能性，减轻社会约束，并促进行动的发生。因此，酒精不仅是暴力和力量的载体，也是混乱和欢腾的源泉，这些都是个人和社会平衡所必需的因素。在喧嚣的酒神（迪奥尼索斯-布洛米奥斯）形象中，他以适度的方式推翻了过于刻板的制度，同时疏导了我们无法抑制的"邪恶部分"。希腊神祇总是以两种不同的方式被描绘：要么是满脸胡须的阳刚形象，要么是优雅而脆弱的少年形象。这种双重性在最高程度上是象征性的，它强调了正在运行之中的矛盾：社会本能既能够将人们联合在一起，同时也能表现出其残酷的一面。这种在神话中经常出现的双重性并不仅仅是一种心理观点；日常生活为我们提供了各种具体而真实的例证。心理学家在分析酒精的药理作用时，发现了这种矛盾性。当然，这需要一个病因学上的解释：适度的饮酒可以促进人际关系的改善，增强对群体的归属感，以及提升勇气和活动力。这些描述很好地揭示了酒精的人类学维度，这是我试图阐明的。同样，对于道德教训来说，"较大的饮酒量可能会使个人……与结构和社会约束产生冲突……醉酒，消除了某些抑制，可能会导致……无法接受的情况或行为"。这就是社会本能的双重运动，没有必要将其简单地划分为好与坏。酒精的"激发效应"通常通过其调节和仪式化的机制发挥着作用。[4]

不可能有一种针对酒精的经济体系。经济体系总是基于个体及其行为运作。而情境的创造，则是极其集体性的，它融入了一种剧场化的表现，每个人都在其中扮演着自己的角色（观众、演员、助手等），这种剧场化通过放大效果运作，有时会导致狄奥尼索斯式的混乱。放大后的身体依然是一个令人不安的隐喻，寓言告诉我们，这有时可能会导致戏剧性的后果。然而，正如我在其他地方所言，这可能是一种集体面对死亡和命运的方式，同样也是一种委婉形式的残忍（前面已经讨论过）。基督教的圣餐仪式不仅纪念基督的牺牲，同时也是教会坚固的基石。尽管我对这个问题没有特别的专长，天主教神学中"神秘的身体"（corps mystique）这一概念，在很多方面，在我看来是有启发性的。当然，这个概念在官方教义中可能已经被泛化，或者成为了教士们言语中的一个空洞的概念，但它依然指向了教会共同体中那份热烈的兄弟情谊。神圣的葡萄酒是其关键载体，通过它，个人的身体放大为集体的身体。圣餐是其最完整的表达。尽管他们一直被追捕，尽管人们一直努力抹去对他们的记忆，但在教会的历史中，始终存在多个偏离正统的团体，他们一直坚持着圣餐的逻辑。从亚当派到尼哥拉派，名单很长，这些基督教派别在色情和有时在残忍中严肃地对待圣餐中的葡萄酒。正如一位社会运动历史学家所报告的，即使是保守的加尔文宗教会也无法避免将卡米萨德预言运动（prophétisme Camisard）[1] 与巴克科斯狂欢节联系起来的做法。[5]

我们保留"神秘的身体"这一隐喻，来指代个人身体向集体身体的转化，它在转化过程的双重性中体现出来：一方面，是身体的绽放；另一方面，是"小死亡"或者说是对残忍的委婉表达。因此，我们远离了西方传统中以个体化为核心的原则。或许，整个进步主义意识形态正是建立在这样一个信念之上："我是自己命运的主人，如同宇宙的主宰。"相反，与混乱相关的一切忽略了主体，只关注身

---

[1]　指的是 18 世纪在法国南部发生的基督教异端运动，由卡米萨德人（Camisards）领导，他们声称获得了来自上帝的启示，并进行了激烈的宗教和社会活动，包括反对加尔文主义的统治。——译注

份和掌控。尽管这可能令人不安，社会学家仍需关注这一事实，它在人类的故事中不时地重现。以一种略带批评但依然清晰的方式，爱弥儿·涂尔干在讨论集体表征时，总是强调这些表征在某种程度上是"疯狂的"，并指出了其中的混乱因素。对他而言，社会生活中的欢腾往往与"令人迷醉的药液在仪式中的用处"[6]有关。这些液体强烈地冲击个人的意识，使其爆炸。出神没有别的意思，它能让人"走出自我"（extasis），同时驯服了暴力，并将其纳入了社会本能的动态之中。我们清楚地看到了涂尔干所称的"令人迷醉的药液"的效力。它们使个人暂时超越了原子化的致命特征，即自我封闭。个人身体的小死亡，即身体爆发，能够集体地保护自己免受完全死亡的威胁。神秘主义思想，以各种形式，很好地表达了自我丧失和自我消耗是如何成为永恒生命的保证的。这是一个非常美丽的隐喻，它将所有事物的持续性建立在基本元素的放大和过度之上。在《模糊的非洲》（Afrique ambiguë）[7]一书中，乔治·巴朗迪耶很好地展示了在节奏或仪式中如何使用"毒品"（可能指酒精）来激发集体感，以及放大是如何将人们彼此联合起来，并与整个宇宙相连的。这让人想起岩浆，即原始混沌的混乱状态，正是从这样的起点，不断地、反复地构建社会本能的差异化架构。因此，酒精具有聚集和混乱的功能；它的流动性、它的流通及柔韧特点同时起到了连接一切的作用，节日便是这一功能的完美例证。

这里不打算进行关于节日的社会学分析，只需简要回忆一下，无论是在日常形式下，或以一种极端方式，酒精都是理想的辅助剂，是社会联系的基本要素。大量例子都能证明这一点，特别是出神与醉酒的结合。狄奥尼索斯，作为葡萄酒之神和性之神，始终伴随人类。在任何时间和地点，民间经验都提醒我们，酒精能激发性本能。它开启了联合和融合的动力，带来了自我膨胀和感官刺激，允许表达我所说的"大众无意识"(*l'inconscience populaire*)，这种无意识超越了所有社会集合体固有的障碍或壁垒。在题为"娱乐"(*Récréations*)——我们必须在严格意义上理解其含义——的章节中，维里尔·埃尔文展示了在共婚群内部，酒精是如何催化浪漫邂逅的(《穆里亚族人的青年之家》，第 327 页)。共婚群以其性自由而闻名。与其说是自由，不如说是"性放纵"，这甚至是年轻穆里亚族人的伦理核心。尽管如此，酒精确实强化了这种伦理；也许它甚至提供了那种可能因过度习惯而缺失的强度。通过释放自我，它引领情侣步入无限的世界。或许这就是诗人们所赞颂的爱情之酒。

从古代异教到我们的基督教世界，葡萄酒不断重复着社会本能和交流的主题。它解开了语言的束缚，拉近了我们的身体。正如奥克塔维奥·帕斯所观察到的，葡萄酒促进了普遍的拥抱："我们都是一体的，每个人都是全部。"与此同时，与其他药物导向孤独不同，即使是在最极端的颓废中，酒精仍然是社会性的，因为它参与了一个从混沌到创造、从无形到有形的周期性过程。在社会多种情况下，我们都能感受到眩晕的力量，它不仅仅是对非理性主义的反映；它也揭示了交流不仅仅是言语的，更是感官的、身体的，它触及我们个体的整体存在。符号，我们都知道，同样被内化于我们的行为(如仪式所示)之中，它就是行为。无论是笨拙地还是颤抖地，酒精消费可能就是这种"转变为行动"的象征。

奥尔弗斯传统的智慧以各种形式在人类故事中复苏，它总是知道如何识别醉酒饮料的凝聚力量。特拉米西亚的镶嵌画及其禁令"不要喝水！"(相对于美酒)或庞贝的米斯特里别墅中的希腊女性，都提醒我们葡萄酒的神圣象征。正如古斯塔夫·荣格所指出的，它(指葡萄酒)在基督教的用酒和圣杯中得到体现 [参见《心理学与炼金术》(*Psychologie et Alchimie*)，第 183 页]，并且是所有入门仪式的基础。只是逐渐地，而且非常晚地，基督教机构才驯服了这一感官维度。值得注意的是，对于在社会本能中扮演着重要角色的修道院共同体，圣本笃（saint Benoît）毫不犹豫地推荐使用葡萄酒，这是因为他考虑到了"人类固有的弱点"[《本笃会规则》（*Règle*），C，XL，5]。也许正是这种宽容成为了经常针对僧侣猥亵行为指控的基础。但可以确定的是，无论是以残留的形式还是以极端的方式，酒精都被认为具有联系的属性，它是神圣的联合仪式。

　　酒精的启示作用是其固有的，同时也揭示了社会的双重性，我认为，这种双重性有助于解释社会结构为何能够持续存在，即使它们可能看起来不可理解。酒精作为一种有效的辅助手段，能够帮助我们应对社会和政策的限制，让我们在隐匿中前进，接受那些在本质上能够"加强"社会联系的事物。酒精助长秘密，这并非自相矛盾，因为从词源上来说，"秘密"（secret[1]）本身就意味着挑选和区分。无论是有意还是无意，葡萄酒建立了一种选择性的社会本能，它所形成的"共饮之亲"往往超越了血缘关系的紧密程度。它是对血液交换的委婉转换，而血液交换是形成最坚固联盟的基础。流转的葡萄酒，共饮的酒杯，它们是政治契约的大众版本。为了清晰地描绘葡萄酒与选择性的社会本能之间的结构联系，以及这种联系如何反映秘密和"持久"的双重性，我接下来将简短地列举几个典型的例子。首先，让我们探讨邓梅派（Dunmeh）这个隐秘的犹太教派。与西班牙的马拉诺人（Marranes）相似，邓梅派是萨洛尼卡的犹太人，在卡巴拉学者萨巴泰·泽维（Sabbatai Zevi, 1616—1676）的引导下，他们似乎为了躲避追害而改信伊斯兰教。与马拉诺人一

---

　　[1] 在法语中，"secret"（秘密）一词源自拉丁语 *secretus*，这个词的基本意思是"分开"或"隔离"。在拉丁语中，*secretus* 是动词 *secernere* 的过去分词，意思是"挑选出来"或"区分开来"。——译注

样，他们历经几个世纪，维持并传承着他们的犹太信仰。因此，格尔肖姆·朔勒姆（Gershom Scholem）一直追踪他们到现代。这正是双重性的一个显著例证，表面上接受异质价值观的同时，确保了社会的延续。然而，邓梅派内部承认存在着神圣的狂欢和仪式性的纵欲。他们以精神的托拉（*Tora de atzilut*）[1] 为依据，呼吁弥赛亚时代的性放纵。在这种对托拉的解释中，纯净与不洁、禁忌与允许的界限被消解。特别是犹大·利维·托巴（Judah Levi Toba），他是这种大胆的卡巴拉解释的捍卫者，这种解释尤其在"熄灭的灯"的狂欢仪式中得到了充分体现。这些仪式伴随着歌颂餐桌及葡萄酒的歌声。[8] 萨巴泰维泽的节日便是围绕这种生命之酒而举行的。当然，处理这样的例子需要谨慎，但我们可以观察到，正是这些仪式维系了社会群体的连续性。在这里，酒精成为"隐匿教义"的一部分，它允许秘密不断更新，从而持续地强化着社会本能。

在对同伴团体 [埃米尔·科恩纳尔特（Emile Coornaert）] 的研究中，发现了类似的效果：葡萄酒是那个保守秘密、奠定并加强身体团结的象征。当然，在节日庆典中，它激发了同伴们的欢乐；在他们严谨的道德准则中，劳动之后，酒瓶在最崇高的意义上重现了劳动的力量。在这两种场合中，饮酒都伴随着一种仪式感，让人回想起其深厚的宗教根源。所谓的"卡宴"（Cayenne，同伴聚会之处），一个按照规矩饮酒的生活空间。同样，葡萄酒在这里是一种团结的圣礼，它不仅确认了奠定同伴团体基础的秘密，还确保了关于这个"团体"能够持续与传承的选择。

实际上，无论是在特殊场合还是在日常生活的琐碎中，这种做

---

[1] "精神的托拉"是指托拉（犹太律法）的深层精神解释，它超越了文字和律法，接近于神的直接启示。这是卡巴拉（犹太神秘主义）中的一个概念，代表了托拉的终极、抽象的解读，与托拉的字面意义形成对比。——译注

法都极为普遍。每个共同体都通过葡萄酒的仪式得到巩固和回忆。费尔南·布罗代尔（Fernand Braudel）指出，即便在严谨的学术界，以痛饮葡萄酒来庆祝所取得的成就也是一种常见的习俗。[9]这样的描述不仅仅让人怀旧，亦不仅仅是轶事：它象征性地表明精神自由是通过集体体验来实现的。共饮葡萄酒提醒着我们这一事实。我们还需记住，小酒馆（cabaret）极有可能成为酝酿叛乱的温床。正是从这里，17世纪的叛逆精神开始传播，它既有无神论也有伊壁鸠鲁主义的特征。关于"17世纪法国的休闲和节日"的研究清楚地展示了酒馆是如何成为贵族、知识分子、浪荡子和放荡者等各色人等的聚集地，并提到"蒙莫尔（Montmaur）先生，法国学院的希腊语教授，以酒鬼著称"[10]。总的来说，小酒馆，由于人们在那里消费葡萄酒，从而成为社会本能的典范之地。不同社会阶层和等级的人在这里融合，快乐在这里酝酿，对权力压迫的抵抗在这里组织。尽管这种抵抗是零星的、灵活而短暂的，但它也留下了深刻的痕迹，成为构成集体记忆的一部分，这种记忆促进了社会的有机性。根据一个形象的表述，"酒吧是永恒的摇篮和密谋之地"[罗贝尔·朱利安·库尔蒂纳（R. Courtine）]，这也就解释了为什么在其众多调性变化下，秩序制度仍然对这种可疑的地方一直保持警惕的原因。

这种"秘密"的社会本能，这种基于选择的社会本能，它能够激发抵抗力量，却并非如先前例子可能会让人相信的那样，仅是精英阶层的专属，它在普通大众中同样广泛存在。小说、历史书籍，以及众多理论家和道德家的著作都详尽地描绘了这一现象。我将在后续内容中更全面地探讨此话题，但现在已经可以指出，饮用葡萄酒在我们的文化传统中[11]，始终是保护和保存我们作为集体身体的一种方式。有人可能会说饮酒是自我欺骗、发泄或忘却，但那有何妨！抛开规范性和道德评判不论，我们必须认识到，大多数时候，它促成了涂尔干所说的"欢腾"（l'effervescence），正如我们所知，欢腾是所有社会结构的基础。与此同时，从另一方面看，正是由于它的力量，既定的秩序才会不断地保护自己不受其影响。当现代技术结构遵循良好的卫生传统，准备出台一系列反酗酒的法律时（受到媒体和左右翼有识之士的支持），它仅仅是重新唤醒了政府对于公众酗酒的古老恐惧，这种恐惧在 16 世纪促使政府严加打击公众在城郊"关卡"（barrières）处集体低价消费葡萄酒的行为（参见布罗代尔，同上，第 202 页）。如果参考神话，我们能在底比斯国王彭透斯身上找到同样的焦虑，他作为一个明智（他的名字并不代表这一点 [1]）的管理者，试图保护城市免受酒神暴力（狄奥尼索斯精神）的侵袭。无论如何，这都涉及对抗一种略显放纵的生活意志，这种意志逃避了"应该是怎样"的命令，逃避了单一价值秩序的致命逻辑。

在 19 世纪，人们认为无政府主义者，或者那些被称为"高尚"的工人 [多米尼克·普洛（D. Poulot），马伯乐出版社（Maspéro）再版]，有着显著的酗酒行为，这让人感到遗憾，因为人们普遍认为他们是一些精英，充满了强烈的社会理想。依我之见，这实际上是对葡萄酒在创造性的无序中发挥作用的有效性的投射，这种投射带有一定的幻想成分。人们对这个地方所表现出的着迷或反感，总体上是一个很好的迹象，表明了那些在暗中作用于社会身体的东西。

三、混乱和文明

这个放大的身体，如"群体"，作为基本社会本能的原因和结

---

[1]　他的名字并不暗示他的智慧，Penthée 这个名字与希腊语的 πένθος/pénthos 相关联，这个单词意为"痛苦，悲伤"。——译注

果，其极端表现部分是混乱，甚至是混沌，这种状态以最为强烈的方式预示着文明的到来。"极端"在这里并不意味着"异常"，而是指尖锐、充满张力的情境，它更能突出那些通常隐匿、分散或潜伏的事物。正如哈罗德·考克斯精辟地指出，"用酒精为节日增添润滑"，这象征着超越个体单位的孤立。此时，个体的独特性不再占据主导，理性也不再是支配力量，取而代之的是一种"超理性特征"，它是集体与感官体验相融合的独特标志。在个性日益凸显的 18 世纪和 19 世纪，放荡不羁的浪子和沉溺于美食的堕落者清晰地展示了酒精如何引发一场混乱而迷茫的狂欢。那些萨德式的英雄，可能是令人敬畏的税官或主教，而那些放纵的资产阶级，可能是一位极为高效的金融投机者。在他们沉溺于放纵时，他们带着或多或少的怀旧和或多或少的残忍，与那孕育万物的混沌以及扰动整个社会的混乱精神相连。在社会聚合的过程中，葡萄酒和放荡行为紧密相连，共同塑造了集体体验的篇章。

我们不妨回顾一下，古代的文学家们无论是进行批评还是予以赞扬，都对放荡不羁、沉溺欢愉、美酒佳酿以及饱暖之欲间的紧密联系有着深刻的认识。诸如赫西俄德、荷马、柏拉图、色诺芬等古代文豪都曾强调，"贪婪的感官享受"和"肠胃的狼吞虎咽"[12] 构成了人类生存状态的关键要素。然而，在这"食性酒"的三重需求中，我们如何融入更广阔的秩序，如何与不可逾越的自然本质保持适当的距离，成为了关键所在。例如，希罗多德将人类的这种纵欲倾向特别归因于女性，这在传统观念中是有其依据的，因为女性与自然的关系被认为更为紧密。正如高罗佩所记载，在古代中国的狂欢宴会上，妓女们能够海量畅饮，她们不仅负责为宾客斟酒，还让宴会气氛变得更加愉悦。也正因为她们的存在或得益于她们，人们才会畅饮无度，尤其是在"帝国的鼎盛"时期。[13] 这难道不是在表明，一个社会范例被普遍认可其示范作用吗？在不施加强制、不进行居高临下的干预，也不受外来意识形态影响的情况下，社会联系得以自然而然地建立。我们可以假设，正如我先前提到的"内在的超越性"，即基本的社会本能，因酒精的流动而被极大强化，从而形成了一种社交纽带。当然，这一观点需要细致地调整和适度运用，但无可否认，存在一种普遍的享乐主义，它是维护集体健康的重要因素。即使在那些强调情感驯化的时期（如古希腊、文艺复兴、启蒙时代等），葡萄酒所特别激发的感官激情也不应被完全忽视。

身体混杂的混沌状态始终伴随着我们，恰如一位分析师所言："粪便非死，实为万物之始。"(*Kot ist nicht Tot, es ist Anfang von allem.*) 泥泞之中确实有欢愉，但更重要的是，它是构成世俗世界的一个结构要素，流动的葡萄酒正是以这种方式强烈地提醒着我们。在法国南部的一个葡萄酒产区，库尔诺特尔（埃罗省），有一个"葡萄收获节"(Paillasses)，它不仅仅是一个独特的庆典，更是对上述原型形象的一种淋漓尽致的表现。[14] 年轻人身着稻草袋，在村中广场上乐此不疲地在洒满葡萄酒糟的泥泞中打滚，然后他们用同样的污物追逐任何在街上活动的或敢于走出家门的人。许多人亦是带着恐惧和渴望从他们受保护的地方走了出来。尽管这个场景可能并不令人愉悦，但这个仪式，尽管只在短时间内进行，却得到了整个共同体的全力保护。这个节日中明显的色情和混乱气氛对参与者和观众来说非常明显，葡萄酒的酒糟在其中扮演了重要角色。之后，整个村庄的人，会成群结队地前往"主人的葡萄园"。

酒精与"混乱"之间的联系显然十分普遍，而且不仅限于私人或亲密的圈子。实际上，它在最纯粹的意义上，刻入了日常生活的平凡之中。我特别想到的是意大利中部一个小村庄的葡萄酒节……（无需指名道姓，以避免任何不合时宜的宣传）。在炎炎夏日的某一天，共同体会慷慨地、自由地倾倒出大家共同购买的葡萄酒，用以增添品尝烤猪肉时的欢乐氛围，整个过程伴随着音乐。几乎没有什么游客或"知识分子"；——有的只是自然地、有机地，由社会本身产生或接纳的成员们。而当夜深了，酒桶空了，人群就会自由地分散开，继续在周围的乡村里进行他们的狂欢。我们可以举出更多类似的例子，这些例子本身就足以证明有必要进行一项全面的研究。可以肯定的是，无论是残酷的、挑衅的，还是纯粹愉悦的放纵，它们都是社会本能中的重要时刻。

日常生活中的享乐，正如理查德·霍加特（R. Hoggart）在工人世界中的分析，对于那些不投身于政治或经济抱负的人来说，是一个恒定的状态。日常生活中存在着一种伊壁鸠鲁主义（épicurisme）[1]，它通过猛烈的爆发或在日常琐事情境中潜移默化地表达出来。这种对当下的关注，我之前称其为"征服当下"（conquête du présent）[2]，在许多方面都是令人不安的，它通常是无序的，并且它所依赖的辅助手段与主流的卫生主义相去甚远。在这方面，它抵抗了温和的或无菌的极权主义，就像在抵抗粗暴无情的统治一样。然而，正如人们常说的，混乱中的秩序，以及酒精激发的情感游戏，正是以极其深刻的方式构成了社会秩序的支撑；正是这些元素使得平衡得以实现。根据维尔弗雷多·帕累托的观点，任何文明的质量皆取决于这种平衡。

当然，我在这里的表述仅是含蓄的，因此在挑选这些暗示时显得有些随意，而可供选择的暗示本身是众多的。然而，如果我们参考那部古老的文献，即巴比伦的《吉尔伽美什史诗》（l'épopée

---

[1] 伊壁鸠鲁主义是一种古希腊哲学思想，认为追求快乐和避免痛苦是生活的最终目标，通过控制欲望、享受友谊和追求精神上的平静来实现。——译注

[2] 这个表达在这里指的是活在当下，充分体验和享受当前时刻，而不是过多地担忧未来或回顾过去。——译注

babylonienne de Gilgamesh），我们就能找到文明进程的最早书面例证，这一进程源自充满活力的欢腾。恩基杜（Enkidu），将成为吉尔伽美什的朋友[1]，他是生活在野兽、孤独中的野人的典型。一位女性先让他体验到了情爱，然后引导他品尝到发酵的饮料。神话告诉我们，正是这种合取使他进入了人类社会，以及他所特有的喜怒哀乐。在此之前，恩基杜生活在无尽的宁静中，正是性爱的震撼和葡萄酒的混乱将他引入了友谊的世界，在这里，友谊应该被理解为既深刻又广泛的。另一个为人所熟知的例子是《圣经》中关于罗得女儿们的故事。在逃离了被上帝毁灭的索多玛城后，她们与父亲一同孤立无援，且无法有自己的后代。于是，她们想出了一个计策，让父亲醉酒，以便从他那里得到后代。这个情节是众所周知的：女儿们轮流灌醉父亲，之后每个人都怀上了孩子。在这个例子中，乱伦具有一个被认可的目的。是酒精刺激下的性混乱建立了一个新的秩序。一位评论家在谈到这一情节时毫不犹豫地说："因此，酒精的使用是出于理性的目的。"[15] 这个例子概括了从混乱到文明的过程。虽然理性不明显，但这个例子中确实有一种对混乱与生命之间紧密联系的几乎有意且不可抑制的把握。在所有一维的幻想之外，社会的持续性就是以这样的代价换来的。

许多历史学家（特别是皮雷纳或布罗代尔）已经展示了野蛮人与文明人之间的辩证关系。野蛮人总是战胜文明人，但与此同时，他们也被"葡萄酒之国"所同化，正是这种同化重新激发了一个社会或文明的活力。尽管我们不打算以分析的方式处理这个观点，但它显然具有丰富的隐喻意义。通过酒精作为媒介，本能和混乱可能

---

[1] 两人是朋友兼伴侣关系。恩基杜最初是一个野人，由天神创造来平衡吉尔伽美什在乌尔城的统治，因为吉尔伽美什过于强大和威严，以至于他的统治对人民来说既是祝福也是负担。——译注

会强化某些腐朽的东西。那些僵化或被破坏的事物，通过葡萄酒的流动作用，重新找回了青春。就像个体结构的形成一样，社会的塑造既受到游牧生活的漂泊不定，也受到定居生活的隐秘稳定的影响。然而，总令人遗憾的是，这两种价值观中的一种往往成为了主导。一个平衡的社会整体是那些价值观能够自由流动并且可以相互转换的地方，无论是占据主导还是作为对照。因此，狄奥尼索斯这位代表着"变化多端"的神，似乎正是实现这方面变动的理想中介。正如涂尔干在其对"欢腾"的分析中所指出的，每个社会都需要一些时刻，在这些时刻中人们"生活得更多，并以不同的方式生活"。这种强度并不局限于特殊情况下，实际上很少有"能量的涌入"不是来自外部的。归根结底，社会的和谐依赖于这种勇气、这种胆识，或者说是这种开放性。事实上，我们也不得不承认，"道德的'支持'有赖于一个外在的原因"[16]，难道不是吗？

注释:

1. BRILLAT-SAVARIN, *Physiologie du goût*, éd. Hermann, 1975, p. 60.

2. DURKHEIM (E.), *Les Formes élémentaires de la vie religieuse*, PUF, 1968, p. 319.

3. 参见 KNIGHT (R.), *Reste du culte de Priape* à Isernia dans le royaume de Naples, Londres, 1786, pp. 60—64。

4. 参见 DURAND (Y.) et MORENON (J.), *L'Imaginaire de l'alcoolisme*, éd. Universitaires, 1972, p. 27。

5. 参见 VIDAL (D.), *L'Ablatif absolu*, théorie du prophétisme, discours camisard. Ed. anthropos, 1977, p. 200。

6. DURKHEIM (E.), *Les Formes élémentaires de la vie religieuse*, PUF, 1968, p. 324.

7. 举例参见 BALANDIER (G.), *Afrique ambiguë*, éd. Plon 1957, p. 91。

8. SCHOLEM (G. G.), *Le Messianisme juif*, éd. Calmann-Lévy, 1974, pp. 244, 245; sur les Dunmeh cf. pp. 219—250.

9. 参见 BRAUDEL (F.), *Civilisation matérielle, Economie et Capitalisne*, XV^{e}siècle-XVIIe siècle, éd. A. Colin, 1979, T. 1, p. 201。

10. E. MAGNE, *Les Plaisirs et les fêtes en France au XVIIe siècle*, Genève 1944, pp. 192, 196.

11. 根据不同的文化时期有变化。

12. 我们在这里可以引用的引文来自 Detienne (M.) et Vernant (J. P), *La Cuisine du sacrifice en pays grec*, éd. Gallimard, pp. 94—96。

13. 参见 R. VAN GULK, *La Vie sexuelle dans la Chine ancienne*, éd. Gallimard, 1971, p. 228。

14. 在柏拉图的《法律篇》第一卷第 637b 节，我们可以找到一个关于狄奥尼索斯节庆的描述，其中葡萄酒渣扮演了相同的角色。

15. Y. DURAND et J. MORENON, *L'Imaginaire de l'alcoolisme*, éd. Universitaires, 1972, p. 51.

16. E. DURKHEIM, *Les Formes élémentaires de la vie religieuse*, PUF, 1968, p. 302.

第六章　普遍的混乱

罪恶这精灵，只要无视它的存在，它就会在无形中悄悄地伴随着您，无一例外。[1]

——马塞尔·普鲁斯特，《追忆逝水年华》

一、异教徒的性行为

通过历史的层层积淀，我们已经描绘出了集体力量的展现——狂欢，这是一种混合了温柔与沸腾、抵抗与两面性、愉悦与残酷的集体现象。我引用了人类历史留下的众多例证，它们如同聚光灯一般，照亮了这个给人留下深刻印象的社会形式的各个细节：它的"无用性"，它与神圣事物以及宇宙的关系，它所允许的暴力的仪式化，它的抵抗功能，以及更为重要的，它所促进的在集体中的自我

---

[1] 此处翻译参见马塞尔·普鲁斯特：《追忆似水年华（中）》，潘丽珍、许钧等译，南京：译林出版社 2011 年版，第 1129 页。

超越。狂欢的现象极为广泛，但在讨论的尾声，为了稍微回归主题，我们可以参考相同的例子，从美拉尼西亚、中国、印度、希腊、罗马、中世纪或 19 世纪，来展示这一现象的"普遍性"（banalité，平凡性）。我的意思是，狂欢就像一根无形的线，不断地穿梭于社会结构之中。根据时代的不同，它以不同的形式和程度影响着集体生活。此外，人类学中的恒定要素与社会学的调性变化，甚至是对未来的展望，在这里相交汇。我们提炼出的特征可以帮助我们理解许多当下的情况，就像是对未来的暗示。当机会出现时，爱神变得肉欲且毫不留情。这可能正是我们眼前正在形成的东西，而这些例子旨在阐明这一点。但最重要的是，我们必须记住，狂欢所指向的，实际上是集体对抗命运的挑战。超越宏大的经济或政治结构，在日常生活的喧嚣中，它使我们能够体验海德格尔所称的"存在于此"（l'être là），即"被抛入世界"（Geworfenheit）的焦虑。这是一种通过身体的亲密和混乱暂时被遗忘的撕裂。这无疑是我们从令人不安和困惑的狄奥尼索斯那里学到的主要教训。狂欢节的喧嚣或封闭而温馨的地方的温柔夜晚，既提醒又缓解了我们共同的放逐感。它们让我们明白，生活的轻松与严肃的游戏无疑充满了有限性，但当它被集体体验时，它也是无限的。在赫尔曼·黑塞的小说《荒原狼》中，那位博学的智者学会了，通过狂欢这种知识形式，如何在这个"圣徒的共融"（communion des saints）中，让圣洁与罪孽可以和平共处，在这个平衡的境界中，万物各得其所，从而让人能够最大限度地活出真实的自我。

我们所熟悉的集体狂欢活动，无论是那些崇敬特定神祇的（印度的湿婆、希腊的狄奥尼索斯、波斯的阿娜希塔、古秘鲁的阿克塔伊马塔，等等），还是在大规模群体中变得平凡无奇的"群交派对"（partouzes），都以特定的方式强调每个人都属于所有人，并且这个

"所有人"本身在一个更广阔的宇宙整体中得到了放大。在 20 世纪 70 年代初，当加利福尼亚经历了第二次"黄金热"（这一次或许是一种"化学上"的黄金热）浪潮，当我们目睹了许多既定观念受到质疑时，埃德加·莫兰注意到了一个与我在这里试图解释的非常相似的直觉："有些人就像太阳系。有一种非常强烈的感受，爱可以，也应该是成簇的。"[《日记》(*Journal*)，Vol. 1，第 82 页] 这是一种深深根植于大众"无意识"中的感觉，我们可以在所有社会本能实践的基础中找到它，而无论这些实践的性质如何。共同体验一种集体的内在感受，意识到有一种神秘的联系将我们彼此紧密地相连，认识到这正是社会身体的力量与持久性的源泉。这些元素超越了所有规范性或预设性的评价，应该能够帮助我们理解所谓"社会狂欢"的本质。

在我们的文化中，狄奥尼索斯之所以能够代表不可摧毁的生命的典范，是因为他的神话中所展现的各个教训都表明了他如何面对死亡并战胜了它；即使在被泰坦肢解时，他的心脏仍能逃脱亵渎之手。随后，他通过集体对抗死亡，确立了远超底比斯城邦秩序的宏大秩序。正如欧里庇得斯在《酒神的伴侣》开篇中所述，狄奥尼索斯不愿离开这座城市，"除非我在这里重建了秩序，并且让自己为人所知"。他之所以召集巴克坎特斯和迈纳德斯，是因为他希望她们面对并有时给予死亡，从而确保生命的延续，这亦正是出于对"伟大的瑞娅母亲"(Rhéa la Grande Mère) 的敬仰。

在这里，我所谓的通过宇宙和社会整体感觉进行的集体对抗命运的斗争，是指对激情、情感和理性结构的直觉性把握，这种把握既是直觉的又是自觉的。事实上，在狂欢中，排斥机制并不起作用。无论是集体还是个体，阴影面和所谓的"黑暗时刻"都得到了承认。在理性之外，疯狂 (la démence) 也有其位置，逻辑导向了所谓的

"非逻辑"（nonlogique）（维尔弗雷多·帕累托）。正是这种不断的往返运动，维持并加强了整体的平衡。正是从这个意义上，我们可以理解不可摧毁之生命的神话：这种表面上看似对立的东西，如何通过一种紧张而"矛盾"的方式被维持。当单一维度的秩序，以生命的名义，消除、排斥、减少与之对立的事物，并最终成为一种致命的强制时，相比之下，狄奥尼索斯式的混乱，通过整合并给予所有事物以空间，是最可靠的动态生命原则的保障。这就是我们从死而复活的喧嚣的狄奥尼索斯那里学到的。这也正是他所代表的多元价值指向多元神祇，即我在世纪之交的社会学家（涂尔干、韦伯）之后所称的"社会的神性"。尼采的格言很好地总结了这一点，神性的本质不正是多元吗？是诸神，而不是一个神？不正是神性吗？诸神的多元性最终只是另一种称呼这种内在的超越性的方式，超越"个体化原则"，确保了社会联系的稳定性。

当然，将疯狂融入其中，在秩序与混乱之间往复，以及狄奥尼索斯式的欢腾，所有这些都意味着一种极限的观念，但它们有助于我们理解社会"微观学"所必须面对的底层现实。例如，正如涂尔干所指出的[1]，可以肯定的是，没有规则的"性共产主义"从未存在过。然而，随着婚姻法规的严格执行变得越来越沉重，我们观察到多种多样的安排，有的较为隐蔽，有的则较为明显，这些安排源自关于性行为和情感可以自由流通的神话。婚外情、姘居、自由恋爱、狂欢派对、轻浮的恋爱游戏、性流浪等等，在日常生活中的任意时刻或在特定的仪式性时刻发生都是可能的，因为性行为的多态性，作为一种"本能的残余"，成为了参照。因此，狄奥尼索斯式的想象世界允许日常生活中的小故障存在，并通过这样做，确保了社会生活愿望的延续。

正如我刚刚所说的，这种情感混乱首先在起源和运作上都是异教徒式的。而且，当它在历史中偶尔重现时，总是会与宗教—神论（如教派）或国家—神教（如被扭曲的社会秩序）形成对立，这两种形态实际上都是单一形态的不同表现。

马林诺夫斯基在其著作《西北美拉尼西亚野蛮人的性生活》(*La Vie sexuelle des sauvages du Nord-Ouest de la Mélanésie*) 的第九章中，详细描绘了当地性自由的习俗形式，他所展示的生动图景清晰地揭示了未开化风俗中所蕴含的放纵特质。在爱情与收获的季节，人们相互拜访，展示华丽的服饰，上演一场场爱情冒险；这同样是一系列游戏的时刻，即便是在"战争游戏"中，也总是不可避免地演变成狂欢的庆典，即便在家务和劳动活动依然进行的同时，这些狂欢也不会停止。例如，"卡马里"(*Kamali*，第 188 页)，即年轻女孩对男孩施加的情欲抓搔，往往很快就会演变成"公开的性行为"(第 120 页)，而且完全不受控制。已婚者也会加入这些互动游戏。有时，对立阵营的男女会进行战争游戏，战败者则公开地臣服于胜利者的性欲。总之，马林诺夫斯基对这个主题进行了详尽而谨慎的描述，所有的日常活动都在一定程度上促进了性接触，尽管存在种种禁忌。整个社会都在参与一场广泛的爱情狩猎，年轻人在前往邻近村庄的探险中开始了他们的性启蒙，年轻女孩在"卡图约西"(*Katuyausi*) 的仪式逃亡中完成性启蒙 (第 197 页)，而女性则可能会引诱那些独自冒险的不谨慎的男性。

在这些描述中，最引人注目的是，尽管社会中存在着规则或禁忌，其存在本身只是为了保证共同体所需的"放松"。但当这些规则或禁忌随着时间的流逝被相对化，甚至完全被违反时，社会的欢腾就会自然而然地与人们漫游的冲动以一种相协调的方式释放出来。当然，冲突仍然存在，所谓的"善良的野蛮人"肯定从未存在过。在我们刚刚提到的案例中，年轻男子在邻近村庄游荡时必须保持警惕，而年轻女孩在返回自己的村庄时也会受到责骂。但这种无法克服的冲突将在"情欲战争"中找到一种仪式性的表达，最终以较少的血腥结局告终。这就是为什么可以说感情表达是"自然"的原因，因为不存在基于任何虚构世界的快乐或内疚感的转移。正是基于对社会平衡的一种近乎有意识的理解和把握，性放任才得以发生。

实际上，我们必须理解的是，性行为流动性的合法性最终依赖于它对社会有益的事实：它强化了社会身体。因此，允许或禁止性放纵的默认规则是完全"内在"的，并非由外部权威制定。同样，性放纵之所以"普遍"（banale，平凡），是因为它被广泛接受。为了阐明这个观点，我们可以参考爱斯基摩人广为人知的实践。当一个丈夫允许他的妻子与朋友同床，或者当妻子这样做以满足款待客人的习俗时，这被认为是没有过错的。因为这构成了社会整体"经济"的一部分，最终对社会有益。相反，如果性行为在没有伴侣的默许或超出公共游戏范围的情况下发生，那么就是有罪的通奸，这需要一种可能包括死亡在内的赔偿。实际上，这种通奸行为往往不是为了寻求性快感，而更像是女性向丈夫发出的挑战，可能是由于某种婚姻中的原因或问题；或者，是邻居或朋友向丈夫发出的挑战。[2] 在这种情况下，个人挑战破坏了社会平衡，这种平衡只能通过斗争、流血或流放来恢复。

在这里，我们远离了以个人及其幸福为基础的性解放主题。混乱的性行为首先关系到群体的平衡，而群体平衡最终也会影响个体。因此，重要的是社会神性的方面，它由每个个体所代表的价值观和情感的神秘结合构成。在这种意义上，我们可以称狂欢为一种异教徒的性行为；它不受单一性（一个个体、一个价值、一个神）的决定，而是指向一种动态的多样性，这种多样性既无序又内在地自我调节。考虑到狂欢的宗教重要性，我们可以谈论与它相关的集体出神（extase génésique，集体的"走出自我"的状态）。这确实是一种超越界限，即一种"走出"（sortie）；通过性行为，它建立了集体。

这种现象的扩展并没有逃过历史学家的眼睛，它明确地显示出性行为是所有社会本能的人类学基础。无论是印度"排灯节"的热情、日本吉原游廓的放荡游行、孟加拉的梅瓦尔节、非洲巴干达人的婚礼、火地岛印第安人的阳具舞、巴西卡努阿斯人的狂欢沸腾，等等，更不用说希腊罗马的文化现象，这些例子都表明，无论文化如何，性行为在公共场合的庆祝总是相同的普遍。这种性行为庆祝的普遍性贯穿了历史长河中的各种文化演进。因此，尽管西方社会生活曾长期保持清教徒式的纯洁，但如今我们仍然可以看到多种放纵的实践，它们可能预示着狄奥尼索斯神秘主义的复兴。在任何情况下，所有这些实践都表达了"群体之爱"的强烈情感，这种情感是对社会本能的活力的最高保障。

二、性狂欢的不变性

快速检视西方传统的多个源头，我们不难发现，即便是严格的一神教兴起之地，价值观的异教色彩仍是一大基本特征。对古老的犹太教来说，周围盛行的狂欢神秘仪式有时极具传染性，而《圣经》中不乏对选民所崇拜的异教遗迹的暗示或谴责。例如，在亚比雅（Abijam）统治时期，对狄奥尼索斯神祇的混乱崇拜仍可见一斑。有无数的文献提到了这些崇拜，如针对亚斯他录（Astarté）崇拜的文献（《列王纪上》11：3—8），关于天后（Reine du Ciel）的文献（《耶利米书》7：18），甚至是关于搭模斯的文献（《以西结书》8：14），等等。这是一个缓慢的过程，最终会暂时排除那些假神，他们其实也会利用基督教的到来或短暂的弥赛亚主义（例如，撒巴特主义）带来的冲击，以更大的力量重新出现。无疑，与自然母亲宗教相近的狄奥尼索斯诸神，缓慢让位于对全能上帝的独一崇拜，即对父神的崇拜。即便是专家也承认，在正统教义中占主导地位的排他主义在卡巴拉或哈西德主义中有所缓和。实际上，历史学家们毫不犹豫地将住棚节（Sukkoth）视为一种酒神崇拜的残余，这个节日让人们在一周内住在用树枝搭建的小屋里，节日中有舞蹈和手持棕榈叶的游行。正是这个节日促使普鲁塔克将对狄奥尼索斯的崇拜归因于希伯来人。[3] 无论如何，《圣经》中的谴责，如后来教父们的教导，或是教会的规定，在这里只是作为问题症状而存在的。事实上，如果让其他人去探索这些残余现象的意义，我们可以强调，它们代表了民众对一神教道德主义强加的激烈抵抗。

相比之下，希腊的情况则完全相反。在那里，反对神权垄断的努力确实结出了硕果，众神的存在反映了民众情感和激情的多样性。毫无疑问，狄奥尼索斯作为一个兼具古老与新兴特质的神祇，对此有着重大贡献，它一直被认为是"民众的神"（多兹，Dodds）。实际上，尽管我们无法详尽地列出所有支持我们论点的证据，但可以肯定的是，狄奥尼索斯的欢腾深刻植根于希腊社会，培育了对多元主义、价值观和激情的认同，这些都是社会本能的保障。宗教的多神性正是上述情感和价值观的直接体现。

当阿里斯托芬（Aristophane）在《阿卡奈人》（*Acharnians*，第242行）中唱诵阳具游行之歌时，他说：

> 阳具举者，你稍稍前进。
> 哦！桑提亚，好好拿稳你的阳具。

这指向了民众在狂欢宗教仪式中对其多样性与统一性的维护。他异性的问题并非在绝对他者中得以升华，而是通过构成集体的多种特征被体验。这岂不意味着性排他性是对共同体的一种伤害？象征性的阳具提醒我们，性应该是流通的，每个人应该是"为所有人"，社会体的凝聚力正是建立在此基础之上。因此，狂欢具有宗教维度，简单地说，它能够定期地将那些由社会压力所导致的差异群体联合起来。酒神女祭司的性狂热是这种现象的典范，在狄奥尼索斯的推动下，她们撕裂了那些以理性之名拒绝生命欢腾的人。

常被提及的另一个例子是特洛伊的长期战争，其爆发是因为海伦不愿只属于一个男子。她选择跟随帕里斯，这或许也在象征着性流浪的必然性。不论是神话中的例子，如狄奥尼索斯的女信徒阿高厄或美丽的海伦，还是在更为具体的宗教或日常狂欢中，所指的都是这些集体性的狂欢活动，它们在混乱中为社会复兴做着准备。这就是被称作"大众的"狄奥尼索斯视角："以紧张的方式将社会的所有元素维系在一起"，因为它"深知"任何单一价值观最终都会导致支配的开始。道德的稳定，如果没有性流浪，很快就会变得令人难以忍受，就像理性没有疯狂，很快就会变得致命。民众中确实存在一种根深蒂固的感觉，即价值观的多样性最终使它们相互间相对化。因此，这些间隙中的自由得以创造，使得生活意志得以表达。当神祇之间发生冲突时，人类却能够保持平静；韦伯式的这一格言深深植根于民众的常识中，因为这些"神祇"，如千面之神普罗透斯(Protée)，能够以多种方式展现其多变性。通过引入和促进日常的混乱，狄奥尼索斯无疑是一位神圣的扰乱者。他的庆典通过混合愤怒的妇女、年轻的童男和暂时不忠的智者所引发的动荡，为过于松弛的社会结构注入了新的活力。狂欢的完美可逆性建立了一种社会本能，这种社会本能可以在暗中或公然地作为对霸权的有效制衡。在雅典农业周期的庆祝活动中制作的阴茎形状糕点，象征性地指向了一种共餐的隐喻，这是共同体凝聚力的象征性基石。

罗马也将见证其自身的社会放纵。历史学家总是偏爱书写那些耸人听闻的事件。我曾讲述过尼禄的狂欢盛宴，他那放荡不羁的生活，以及他如何与他的朋友奥托（Othon）共同占有波佩娅（Poppée）。他与情人斯普罗斯的荒唐行径同样未能逃脱众人的注意。年轻的皇帝埃拉伽巴路斯（Héliogabale）（218—221 年在位）亦因举办那些将自己作为宦官与宠臣玩物的狂欢派对而声名狼藉。历史记载中还有很多这类壮举，它们为许多小说、诗歌以及现在的电影提供了素材。但是，这些情况应该引导我们回到它们扎根的群众基础。实际上，皇帝和显赫人物的极端行为之所以能够发生，正是因为随着帝国的扩张，各种狂欢、放荡和夜间集会开始盛行。在这种情况下，不同阶层、职能和年龄的人混杂在一起，没有了明确的界限。每一个机会都被用来举办私人或公开的狂欢聚会。这种现象的影响如此之大，以至于多次引起了公共权力的关注。因此，在公元 186 年，参议院感到有必要颁布一项法令，以禁止集会和放荡的行为。

当然，法令通常无助于阻止任何事情，它们只是迫使狂欢活动转移到更远的地方，或以不同的形式继续进行，甚至可能更加放纵。台伯河附近的神圣树林因举办巴克科斯神的神秘庆典而闻名。历史记录者描述了对神祇的共同崇拜如何促进了信徒之间的交流。在这些场合中，不同年龄和性别的人们混杂在一起，男性之间的性行为似乎比女性更为放纵。杜拉尔以其嘲讽意味的道德主义对这些集会进行了描述，他的笔触不乏生动性。[4] 然而，最引人注目的是，这些放纵行为已经成为了日常生活的一部分。众多的神明（就像后来的基督教圣人及其节日一样）为不断的庆典提供了机会，习俗的混合和外来生活方式的引入，这一切都促进了民间自然放纵的表达。

三月有酒神节，十月收割后有巴克科斯狂欢节，四月初是维纳斯节，月末则有花神节，还有众多献给普里阿普斯的生殖神节庆典。所有这些节日，根据奥索尼乌斯（Ausone）[《罗马节日》（De Feriis Romanis）]或朱韦纳尔（Juvénal）（例如《讽刺诗》第六卷）的描述，都允许特别放纵的狂欢。在这些场合中，裸体和脱衣往往成了必须，伴随着对所庆祝神明的淫秽呼喊，逐渐将人们引入最狂野的公共狂欢。而在私人场合，善良女神的仪式则提供了性混乱的机会，人们将其作为社交礼仪或待客之道提供给周围的人。克洛索夫斯基所提及的"罗马女士"们在尤维纳利斯（《讽刺诗》，VI，1，第314行）那里已有出色的描绘。他所展现的这些女性的行为放纵，足以令现代色情小说或杂志自愧不如，甚至能够入选"玫瑰图书馆"的藏书目录。总的来说，古罗马人的日常生活中，对于放荡行为的逐渐升级和适应能力，确实值得进行深入研究。

在这些大众欢腾现象中，我们发现了涂尔干在澳大利亚部落中观察到的相同特征，这些特征的目的是"提升生命水平"。毫无疑问，尖叫、猛烈的动作、舞蹈、手势和淫秽场景使"合法与非法之间的界限"变得模糊不清，涂尔干还补充说："特别是在性方面。"尽管涂尔干是著名的社会学家，但我们可以认为，这些放纵并不是仅仅因为"过度兴奋状态下的机械反映"或"简单的活动释放"。如果我们参考德语中对"仪式"（rite）的定义，即"无目的但有意义"（zwecklos aber sinnvoll），我们就可以认为，这些情境虽然没有明确的"目标"（在方向、产出、进展的意义上），但它们仍然充满了意义，即使在实际发生时可能会消耗殆尽。正是这种特性使得涂尔干所洞察到的"提升生命水平"[5]成为可能。然而，可能会让涂尔干难以接受的是，人类"被带出自身"（transporté hors de lui）的事实确实能够加强群体的"生命水平"，这种观点与涂尔干当时受其影响的实证主义偏见相悖。这种观点在集体放纵中以一种几乎有意识的方式发挥着作用。因此，所有构成或预备这种集体放纵的举动或微小情境，都可以被视为社会想象物结构的重要组成部分，其重要性不容否认。

罗马狂欢无疑是最能体现"把握今天"（*carpe diem*，及时行乐）这一格言的绝佳例证，而这一格言似乎是所有民间智慧的根本。海德格尔所谓的"处境感"（*Befindlichkeit*），即意识到自己身处何处，被抛入世界的感觉，在社会层面上表现为集体关注享受正在消逝的时光。因此，人们通过仪式性的方式集体性地保护自己免受不断困扰个体和社会的焦虑。通过强调"此时此地"（l'ici et le maintenant），放纵的狂欢恢复了常常被破坏的矛盾平衡。在罗马官方的放纵之外，还存在一些更为隐秘的实践，这些实践可以被视为保存那些不再被允许的事物的真正博物馆。或者，就像人类的其他表现一样，除了外部的、明显的层面，还存在一个更为内在的层面，它将那些被稀释或潜在的东西凝聚和结晶。因此，整个恶魔般的英雄传奇主要在中世纪兴盛起来。黑色弥撒中撒旦的狂欢意象等等，也是狄奥尼索斯精神的一种表现形式，此时的它呈现出了恶魔般的特征。当然，撒旦狂欢一直是这种仪式类型的典范，其中淫荡的公山羊象征着恶魔，它放纵而邪恶，同时也让人联想到狄奥尼索斯或潘神。在撒旦狂欢的幻想和形象中，狂欢仪式占据了极其重要的位置；其中包括对裸女进行崇拜或仪式性地夺去年轻处女的贞操，这些行为标志着无拘无束的放纵的开始，献给了邪恶之神，即恶魔本身。正如在基督教圣餐中委婉的"和平之吻"（baiser de la paix）象征着兄弟姐妹之间的慈爱关系，在这里，是淫秽的亲吻成为了恶魔崇拜的标志："*Obsculum sub cauda*"（肛交）。我不想进一步发展这种分析［参见埃沃拉的《性的形而上学》（*Métaphysique du sexe*），引用文献，第286

页及以后]，我们只需将恶魔狂欢视为一种极端形式，它反映了在城镇和乡村中普遍存在的一些"微小的"情境，这些情境构成了民间文学、故事、传说和口头传统的基础。对它们的讲述将成为说书人和守夜人的重要时刻。

后来，这些所谓的撒旦狂欢或黑色弥撒不再是少数人的特例，而是被指控为实践性共产主义的某些小团体的活动。知名的女巫在这方面扮演了主要角色，同时也包括那些神秘的宗教异端分子的集会，这些集会引起了一些不安。就像最初的基督教团体被指控一样，卡塔里派、瓦尔多派或其他异端团体也相继被指控进行了最恶劣的狂欢。因此，11世纪的编年史家马普斯（Mapes）描述了在米兰举行的帕塔里尼派集会。一旦"灯光熄灭"，就会出现一只"大黑猫"，"'它'会抓住最近的那个人，无论性别，然后尽可能长时间的肉体交易"。[6]乱伦、强奸和鸡奸（男同性恋）在当时是常见行为。在这里，我们无需过多停留，因为可以引用大量文献来支持这一点。值得注意的是，这些性狂欢集会的持续性和它们最终模式的一致性。然而，就像经常发生的那样，我们观察到一种转变，那些原本隐藏在撒旦狂欢或宗教庆典中的神秘内容，逐渐变得更加外显和公开。而且，"熄灭的灯"显然超越了时间和空间的限制，因此得以广泛传播。我们可以想象，对于那些记录了"群体之爱"的文献，许多类似的实践可能早就已经存在。

许多修道院的文献（参见奈特，第170页）记录了那些实践性共产主义或集体性行为的社团、团体、教派，尽管牧师们感到遗憾，但公众们并未对此感到震惊。这些社团进行了宣传，并拥有类似我们现在所知的"网络"会员卡，即带有暗示性图案的铜质徽章（参考奈特，插图XXXIII）。这些"不雅俱乐部"虽然低调，但并非完全秘密，它们在城镇之间发展并扩散，这自然引起了公共权力的担忧。

博丹（Bodin）的《恶魔狂热》（*De la démonomanie*，1580 年，巴黎）和德朗克（De Lancre）的《不忠》（*Inconstance*，1612 年，巴黎）都证明了这一点。德朗克提供的描述是对这些"民间狂欢"活动的详尽证词，其中包括妻子在丈夫面前放纵，甚至丈夫有时还充当她的嫖客；父亲毫无羞耻地让女儿失去贞操；母亲毫无羞耻地夺走儿子的童贞；在这些狂欢中，甚至可以看到父母带着和公开展示着他们的孩子（引自《不忠》，第 132 页）。德朗克的叙述还配有插图，这些插图生动地展示了在酒的帮助下，米什莱（Michelet）所称的"奴隶的萨图尔节"[1]，懂得如何利用所有感官的愉悦来实现共同的享受。

因此，从性神秘主义到半公开的酒神节，有一条红线贯穿其中，表明社会本能并不完全依赖于狭隘的道德主义，也不总是遵循所谓"应该是怎样"的逻辑。这种逻辑自然倾向于加强其秩序，并在某些时期取得成功，然而从未完全实现。以一种精英主义、秘密、低调的方式，然后以越来越明显的方式，我们看到放纵和狂欢的出现，而这些放纵和狂欢，其实可能是一种深层次的、伦理上合理的生活方式，涉及与他异性的关系问题。当撒巴泰教派的犹太人谈论一种超越狭隘道德规范的"精神的托拉"（*Tora de atzilut*）时，当亚当派教徒、自由精神兄弟会或隐修的僧侣和修女们实践一种色情神秘主义时，他们呼吁一种迫切而更自然的法则，这种法则将交流、扩张和自我丧失视为我们所谓之"爱"的基本特征。中世纪哲学家里夏尔·德·圣维克托（Richard de Saint-Victor）已经提出了一个问题，

---

[1] "奴隶的萨图尔节"（les saturnales des serfs），又可称为"奴隶的农神节"；是对中世纪和文艺复兴时期某些社会阶层（特别是农民或奴隶）狂欢行为的描述。这个短语中的"saturnales"指的是罗马神话中的农神节（Saturnalia），这是一个在 12 月举行的节日，以纪念农神萨图恩（Saturn），节日期间社会秩序被颠覆，奴隶和主人互换角色，人们纵情狂欢，饮酒作乐。——译注

即完美之爱的特性是否不在于两个相爱之人希望第三者参与他们之间的相互吸引。第三者（le tiers）自然象征着多元性。随着"三元性"(la triplicité) 的出现，多元性就开始了。

因此，在刚刚提到的性狂欢"网络"中，放纵可能指的是超越自我的"伦理"(éthos)，这是所有社会本能的基础。德朗克所说的丈夫嫖客，只是实际化了将所有存在联系在一起的深刻感觉。在《曼德拉草》(La Mandragore) 这部剧中，马基雅维利以戏剧的形式结晶了相同的情况。也许没有必要对这部剧的戏剧性大胆感到惊讶？它所依赖的土壤就是它所处时代的日常实践。当然，除了少数特殊情况，放纵很少被官方提倡为一种价值，情况确实如此。但是，以半公开的形式，通过小说虚构或宗教伪装，放纵被接受为世俗生活的一部分。正是在这种双重性中，基本的社会本能汲取了抵抗官方价值观强加的力量。历史告诉我们，我们永远无法完全掩盖社会生活的一个基本特征，即情感的分享和交换。是聚集的冲动驱使我们寻找那些根据涂尔干的说法，即"在共同的激情的鼓舞下"的情况。而且，正是在这些情况下，我们变得"易于冲动、情绪激昂，而这是（我们）仅凭个人的力量所难以维系的"。[7]人群及其特有的特征证明了这一点。如果没有这些多样化的聚集，就不会有社会。因此，我们无法理解为什么色情元素，这一在所有这些聚会中或多或少存在的因素，不会像其他因素那样被集体化的机制所影响。

在群体狂欢的集中与它在日常生活中的"小群体"实践之间存在着一种无休止的互动。两者相互影响，每一方都是另一方的起因和结果。确实，如果社会学研究者不将日常生活中的多重情境与狄奥尼索斯的参照联系起来，那么这些情境可能会难以理解。然而，不正是这种日常生活的框架构成了社会生活的本质，社会学家因而首先应该关注吗？如果为了表达这种"本质"，而必须采用一种反常的方式，即使用迂回的路径（*per via*，拉丁语，"通过错误的方式"），那么这种被称为"反常"（la perversion）的现象应该引起我们的关注。当然，"反常"并不涉及任何规范性的评价，它应该被理解为一种狡黠的表现，尤其是关于性的双重性方面，这种双重性在日常生活中不断地显现。19 世纪，我们知道它也不例外。这个世纪在多个方面都很有趣：一方面，它代表了普罗米修斯式意识形态和马克思所称的机械主义的高峰；另一方面，它隐含了多种狄奥尼索斯式态度（浪漫主义、内省主义），这些态度可以被认为是对当时逐渐显现或发展的现象的预兆。19 世纪常常被人们过分解读，认为它是激情驯化和卫生主义实现的时代。这一点确实无可否认，但我们亦无法否认，在同一时期，还存在着一些重要的抵抗现象，这些抵抗活动虽然低调，但并非没有成效。

在探讨我们这个主题时，文学作品（包括小说、戏剧和诗歌）是极为重要的第一手资料。此外，我们不能忘记，正是 19 世纪这个时期，首次出现了大量调查活动（尤其是警察和雇主进行的调查）。这些调查为社会历史学提供了基础，使其得以发展。因此，尽管我们不完全认同阿兰·科尔班（Alain Corbin）关于卖淫的研究中的假设和结论，我们仍能从中发现一些典型的事实，这些事实支持了性狂欢的不变性。

在 19 世纪这个分类严苛的世纪中，妓女的存在、监管，甚至试图将其合理化，所有这些都使卖淫成为了一个特别受关注的研究对象。然而，与此同时，这也让我们注意到，卖淫所引发的行为在本质上并不特别创新。因此，一位妓院老板娘会让她的女儿们参加由萨尔京地区的小资产阶级组织的"自然主义舞会"。当然，这确实是吸引顾客的一种方式，但这些舞会所涉及的行为绝不仅仅局限于私人领域。实际上，从封闭的妓院到所谓的"开放之家"的转变，很大程度上正是基于狄奥尼索斯特有的性集体化的影响。同样，当这些女孩参加由中学生组织的下午活动时[8]，人们不可能不将这与人类历史中不断出现的狂欢式启蒙仪式的过程联系起来。因此，在规则之外，不可抵御的集体性的性压力找到了适当的表达方式，而人们原本以为可以限制在适当场所的事物开始向外扩散并被分享。当然，不可能仅从这些事实中推断出普遍规律，尽管这些事实非常普遍。不管怎样，这些事实仍然足够明显，足以强调任何控制都有其漏洞，尤其是在性的流动方面。

同样，当合法的妓院想要保持其本身特色时，它倾向于引入那些在临时或节日聚会中可能发生的放纵行为。古代的妓院或神圣场所的例子太具有说服力了，不能被忽视。因此，群交、"换偶派对"，以及狂欢宴会等服务，将被提供给顾客（科尔班，第185页）。在这种情况下，专门的房间或公寓将成为不仅对"正常"男性人口开放，也对女同性恋者或男同性恋者开放的场所。在这种情况下，房间将被特别装备，以允许最放荡不羁的狂欢和最多样化的愉悦，这些享受丝毫不会逊色于标志着罗马衰落时期最糟糕的那些表现。"世俗的萨福主义"，即"世俗的女同性恋者"，以及既满足男性也满足女性的年轻男子，等等，我们可以轻易地识别出这些实际上是非常古老且与狄奥尼索斯现象中身体的"混乱"相关的特色服务。

此外，需要注意的是，封闭或开放的妓院的存在，并不妨碍其他形式的放纵行为的发展或维持。再次，各种道德家或调查员书写的报告提供了既精确又具有暗示性的信息，让我们得以想象日常生活的具体结构可能是什么样子。因此，"夫妻性行为与群交之间界限的消失"（科尔班，第277页）可能对经济产生影响，尤其是对那些从农村迁移到城市的人群。我们也可以认为，这正是自然异教一直设法保存的性流浪的延续。尽管家庭结构依然稳定而严格，但农民的性行为无疑是流动和放纵的。没有必要从贬义的角度理解这一点，这种性行为在许多方面仍然受到宇宙和动物节奏的影响。关于比利牛斯山牧羊人的研究已经清晰地表明了定居和流浪的双重极性。即便在我们这个时代，对法国许多地区偏远村庄进行的特定调查也会显示出，那里的性行为与米什莱所描述的"奴隶的萨图尔节"并没有太大差异。

正如农村移民的情况一样，在法国寻找工作的外国移民群体中也存在着所谓的"流浪的性"。科尔班注意到了意大利移民的情况，他们为了共享财产和性，而结成团体，同时小心地排除那些可能因自身的"特殊喜好"而影响到团体中的女性提供"共同恩惠"的人（第228页）。正如一位矿业工程师报告的，这些共同体充满活力，最终很少发生冲突。正如前面提到的例子所示，这种工人之间的共享可以让人想到建立在有机社会本能基础上的深刻团结，这种团结在地中海地区，尤其是在意大利南部地区，仍然非常活跃。异教徒的性行为，许多小说都提到了它，仍然深深根植于共同体；为了实现这一行为，它需要舞台剧般的展示，这在某种程度上象征着对共同命运的强烈参与。这种性行为的日常、公开的流通，自然地在一些守护节日中以极端的方式重现，这些节日是古老的群体的庆祝活动的残留，在这些活动中，身体的整个存在在过度和溢出中得到加强。并且，既然我们刚刚提到了由采矿引起的外国移民聚集，那么我再回忆一下矿工们的守护节日，即12月的圣芭芭拉节，这个节日直到最近都是各种放纵行为的机会。矿工艰苦的工作在这里得到了补偿。消费是必要的，在他们一年的积蓄中，有那么一部分会以愉快的方式在此期间被挥霍掉。特别要提到一个南部的村庄，格雷斯萨克（埃罗省），一个矿区，位于一个主要是农村的地区，由多个共同体（波兰人、西班牙人、意大利人）组成，圣芭芭拉节以其特有的欢腾，促成了集体体验差异和创建面对共同命运的团结共同体的机会。而且，我还记得，在 20 世纪 50 年代，曾经听老人们说过这些节日是多么地欢乐，那个时候的人们"知道如何享受生活"，无论是疯狂的欢闹还是大胆的性行为，都成为了他们回忆中的精彩片段。

城市中的狂欢也有自己的重要场所，特别是在酒精价格较低的"城郊关卡"处，那里经常上演狂欢的场面，除非是自己也想偶尔放纵一下，否则那里表现出来的情形往往会让资产阶级感到不安。当然，休息日是这些大规模聚集的机会，但人们也会在"圣星期一"看到这些场景，因为那是一个缺勤率特别高的日子（德国的"蓝色星期一"）。这些聚会，除了疯狂的舞蹈，也是放纵饮食的场合，这种场合充满了浪费和挥霍，不考虑明天，或者更确切地说，是完全忘记了这种担忧；这涉及所谓的"好好生活"。对于一个节俭的人来说，这些行为确实是令人惊讶的，比如就其观察而言，节俭的人无法理解这些"奇异而古怪的人，（为什么）在本身就不利的情况下，很快就花掉了本可以用来维持家庭生活几周的费用"[9]。当然，对于一个认为生活组织应该完全基于理性原则的人来说，这种为了报复贫困而进行的挥霍行为根本就是不可理喻的。

自然地，就像今天的愚人节一样，"城郊关卡"处的狂欢放纵行为促成了各种相遇和冒险，这些行为常常会以进入"私人的房间"而告终。

这些放纵行为是否如阿兰·富尔（A. Faure）所说，是出于"国家利益"（第 24 页），尚不确定。当然，混乱往往巩固了现有的秩序，但放纵的消费也可能是这种民间智慧的表达，这种智慧认为，既然没有什么可失去的，那么最好充分利用现在的生活。在 19 世纪这个时代，人们被推向工作，这个时代被认为是完成了对激情的驯化，并准备了对生活的普遍理性化，但我们仍然可以看到这里存在着一些裂缝，从中不断涌现出集体性的生活愿望。左拉，甚至普鲁斯特在世纪之交描述的道德败坏现象，存在于从贵族到流氓无产阶级，再到资产阶级等的各个社会阶层。当然，小说家们有时会略微夸大其词，但这样做，却能更鲜明地揭示那些在日常生活中逐渐显现、却不再引起关注的事物。爱情中的自由、性交换、夫妻关系的流动，所有这些似乎相当普遍，尽管社会风气并不鼓励公开讨论这些话题，或者应该是以隐晦的方式提及。即使是被认为源自野蛮时代的同性恋，即所谓的"反生理的爱"，在社会各个阶层中似乎仍然普遍存在。我刚才简要提到的性行为的多态性，可以在各种舞会、"晨会"、晚间聚会和各种舞蹈的多样性中找到，在这些场合中，情侣们可以合法放松一段短暂时光，而"勾搭"也在所谓的"社交活动"的掩护下得以繁荣。

正是在这个准备充分的土壤上，后来的"美好时代"得以发展，这个时代在本质上已经在狂欢节的过度行为或在上层社会的豪华舞会中被预示了。尽管实证主义在思想领域取得胜利，进步主义在意识形态上占据主导地位，机械化在经济上得到发展，卫生主义在道德和日常生活的话语及实践上起到决定作用，但这一切，只是实际化了感觉主义（sensualisme）的巨大人类学结构。正如帕累托所分析的那样，那些明显的"衍生"（合法化、理论化、辩护等）并不能完全掩盖"残余"的频繁出现，这些残留总是能够找到表达自己的方式，即使这些方式有时是反常的。

人们常说，人民的不良习惯是数不胜数的。事实上，部分权力的建立正是基于这一点；就像不成熟的儿童需要监护一样，过于接近自然的人民也需要被引导和良好地管理。许多理论家、改革者、革命者和道德家将共同努力完成这项任务。没有必要在此过多停留，正如我在其他地方已经展示的那样 [《极权暴力》(*La Violence totalitaire*）〕，当我们试图为人民带来幸福和教育时，实际上却巩固了最糟糕的统治。驯化民风可能是一个值得称赞的目标，但最终往往收效甚微。我们是否应该记住朱韦纳尔的名言："当恶习通过具有强权性的榜样潜移默化地影响我们时，家庭内的不良示范会更快、更确定地腐蚀我们。"在此，一个微妙的区别在于，那些具有强制性的榜样——尽管它们往往伪装成权威——实际上也是源自难以控制的情感冲动的一部分，这些冲动构成了一个更广泛、更放荡不羁的行为模式。当然，大多数时候，高层的堕落试图隐藏自己，戴上美德的面具；但这种伪装难以抵御时间的考验和偶然事件的揭露，尤其是领导者的生活，往往在这方面给予了我们警示。

无论如何，人民对道德的益处持抵制态度，这依然是道德反思的一个持续关注点。各种相关事实，无论是来自媒体还是口头提供，都令人深感不安。布格莱博士在世纪之交的一本小书中，对他所观察到的那些生活方式进行了没有遗漏的描述。[10] 其中，对日常生活中的各种变态行为列出的清单令人印象深刻。仅在家庭放纵的范围内，从乱伦到贩卖处女，就涵盖了大量的可耻行为，而这些行为又似乎是普遍存在的。这就像是对孩子的身体拥有父母之权，或对妻子的身体拥有古老的丈夫之权。这可能就是"*jus cunni*"（"裤裆的汁液"，即"性先占权"）的残留，即"裤裆权"(droit de cuissage)，它使得领主、神灵及其替代者成为性初潮的幸运接收者。然而，一旦最初的愤怒过去，我们不禁要问，这种不公开的权利是否仍然（或总是再次地）存在于所有类型的社会群体之中？是否在工业界、娱乐圈、知识界等等，普遍存在着向上级、资助人或教授献媚的现象？许多大老板、知名知识分子或伟大艺术家都有受他们保护的人，这些人可能是合作伙伴、仰慕者或仅仅是依附者。但，在将对这些行为的适当厌恶暂放一旁后，我们不禁要问，"*jus cunni*"在字面意义上或衍生意义上，是不是一种微妙地体验集体性行为的手段，以及生活愿望的双重性是否再次找到了一种迂回的方式表达自己？无论如何，这些问题仍然是悬而未决的。

　　同样，可以肯定的是，青年人的道德败坏不应该被鼓励。至于我们的作者，勇敢的布格莱博士，他对中学里的自慰，尤其是相互手淫这种严重失范行为表示了强烈抗议。我们可以理解他的愤怒，尽管这样的行为与我之前所谈论过的中学生的狂欢或淫乱相比似乎微不足道，但所有这些行为的发生在历史上确实以多种方式得到了证实。然而，与此同时，布格莱博士亦无可阻挡地列出了一份具有教育意义的名单（第 68 页及以后），这份名单上的人正是那些利用他们的权力或角色，鼓励他们负责的未成年人放纵的人。法官、教师、医生，甚至是牧师，都毫不犹豫地利用他们的影响力来促进道德所谴责的情况，而且通常是在完全不会受到惩罚的情况下。有时，在丑闻爆发出来之后，对他们的制裁因为应当具有榜样的性质而往往十分严厉，而我们就是通过这样的事情才得知这些情况的。

　　除了事实上的恶行使公开的道德成为笑柄之外，还有更多事情是可以去注意的。比如，我们注意到，以一定的坚韧程度，家庭的或半公开的放纵行为继续在日常生活的组织中占据着主导地位。道德价值观并没有受到质疑，相反，其有效性被完全相对化了。正如路易·舍瓦利耶（L. Chevalier）所指出的，在最好的情况下，姘居在工人世界中占有主导地位，而所谓的"友情之子"，即由一次偶然的相遇所生的孩子，数量很多，这给公共权力带来了问题。令人惊讶的是，在 1837—1846 年这十年间，有记录的非婚生子比例高达32%。[11] 当有三分之一的孩子出生在没有合法婚姻的情况下，我们就有权质疑公共道德的普遍性。确实，正如吉尔贝·迪朗所很好地展示的，喧嚣的狄奥尼索斯，在启蒙时代就已经存在，并且在整个

19 世纪都以一种对比的形式继续存在。[12] 在这一点上，我稍作调整，即似乎我们神的特征，通过平衡生产本位主义和进步主义的价值观，创造了一种地下平衡，这有利于社会各个方面的持久性。此外，这些特征也精确地照亮了如今在社会中蓬勃发展的一系列情况。

实际上，无论我们是否感到遗憾，18 世纪的个体化原则或其在 19 世纪社会中的衍生物，已不再是我们时代的参考元素。狄奥尼索斯的"回归"确实指向了一种"混乱"现象，尽管这可能对我们这些受过教育的人来说有些令人震惊，但它有着悠久的传统，并可能推动了某些具有吸引力的社会态度。即使不想扮演预言家，社会学家也可以强调许多迹象，这些迹象似乎都在支持这一观点：对身体的新态度，将其视为愉悦的对象；现代舞蹈，尤其是那些不乏与无数阳具舞具有相似之处的舞蹈；含有狂欢成分的节日的复兴，如我们之前提到的"葡萄收获节"（埃罗省的库尔蒙泰尔）、"巴克科斯节"（上阿尔卑斯省的蓬–德–塞尔维耶）等；以及更为普遍的节日，如其他的狂欢节、5 月 1 日的劳动节等等，它们都富含深厚的人类学意义。人们也不能否认，对日常生活的强调或对地域的关注亦均与这一趋势相符。可以肯定的是，无论隐秘、低调还是明显，狂欢的混乱已经融入了日常生活的平凡性（banalité，普遍性）之中。

注释：

1. DURKHEIM (E.), *Les Formes élémentaires de la vie religieuse*, PUF, 1968, p. 92, note 2.

2. 参见以下这篇论文：P. FARD, *Les Indiens*, essai sur l'évolution des sociétés humaines, éd. Seuil, 1972, p. 56。

3. 关于这一点，请参照：S. REINACH, *Orphéus*. Histoire générale des religions, Lib. d'éducation nationale, 1930, p. 271。

4. 参见 DULAURE (J. A.), *Des divinités génératrices*, Paris, 1905, p. 160。同样参见 P. DE FEUCE, *Boissons sacrées, Ivresses divines*, Paris, 1936, p. 306 sq。

5. 参见 E. DURKHEIM, *Les Formes élémentaires de la vie religieuse*, PUF, 1968, p. 547, notes 1 et 2。

6. 可参考的描述和引用来自：R. KNIGHT, *Le Culte de Priape*, Paris, pp. 165, 200 sq., 218 sq。

7. DURKHEIM (E.), *Les Formes élémentaires de la vie religieuse, op. cit.*, p. 299 sq.

8. 参见 CORBIN (A.), *Les Filles de noce*, éd. Aubier, 1978, p. 179；大量的一手参考资料使得这部作品成为了极好的工具。

9. 被阿兰·富尔（A. FAURE）引用，巴黎，*Carême-prenant*, du carnaval à Paris au xixe, éd. Hachette, 1978, p. 24。我在这里借用了许多关于巴黎"（城郊）关卡"（Barrières）的注释。

10. DR. BOUGLE, *Sécurité des sexes*, Paris, 1888. 尤其参见第二章。

11. CHEVALER (L.), *Classes laborieuses et classes dangereuses*, éd. Plon, 1958, p. 383，参见第四章：工人的姘居关系。

12. 参见 DURAND (G.), *Figures mythiques et visages de l'œuvre*, éd. Berg, 1979. p. 240 sq。

开　篇

　　夜之神秘！我热爱夜晚，因为它无遮无拦，白日里神经如麻，四处拉扯，直至陷入茫然，但到了夜晚，某些野兽以它们的温柔将我紧紧拥抱，神经的生命从白天的迷茫中恢复，向内绽放，重新找回了自我；就像在昏暗的房间里，手里拿着蜡烛，走向一面避光已久的镜子，它突然贪婪地映照出我的容颜。

　　有些野兽和它们的窒息式拥抱！历史上有些国王将豹子系在他们的战车上，他们最享受的可能就是被豹子锋利牙齿撕裂的狂野幻想。

——罗伯特·穆齐尔（Robert Musil）

　　无法得出结论；狄奥尼索斯式的冒险才刚刚开始。有些人可能只会看到这些页面上危险的思想或没有实质的梦想。然而，自从三年前我向各种对话者阐述这些观点以来，无论是知识分子、高级官员、政治家、社会工作者，还是那些没有特殊身份，却是社会本能的真正主角的人，他们所有人都对这本书中发展的前景表示了关注。

当然，还有很多事情要做。在这次对"日常生活"(*la vie quotidienne*)的研究中，我计划与众多同仁携手同行，继众多先行者之后继续探索，我需要评估的是价值观变化的影响，这在文中已有了揭示。[1]

但在此之前，有必要揭示狂欢"形式"的普遍性，无论它是隐秘的、低调的，还是公开展示的。尽管文明可能会变迁，但有些常量是不变的。有些事物在被抑制之后，会以同样鲜明和不变的形式重新出现。我所称的"大众享乐主义"(l'*hédonisme populaire*) 肯定属于这个范畴。

无论政治动荡或政治家的喧嚣如何表现，道德家的自负或"煽风点火之人"的骚动如何发展，讲演台上的鼓吹者或学校里的老师如何激动，这一切都无法阻止大众地下中心性的"德性"(la *virtu*)以强大的力量展现。

超越民意调查、选举、广告宣传、电视推广或各种技术手段，我们可以看到团结的网络正在展现，这证明了集体生活愿望的持续存在。历史的某种意义、某些"意义的废墟"、政治的失败或经济的疲倦并不一定指向某些巴黎知识分子所沉溺的灾难主义（当然，也没有必要去谈论那些对于变革感到"欣喜若狂"的人的乐观主义）。这仍然是那种以自我存在为标准的民族中心主义的迹象。

这本书的目的是解释，狂热的狄奥尼索斯是没有边界的。整个国家的活力证明了在我们文明领域中，那些一度取得胜利的普罗米修斯价值观的饱和，并不必然意味着任何形式的末日。基督教精神还没有消亡！

实际上，只需要认识到许多价值观在损失和收益中都有持久的生命力。或许我们应该谈论一种人类学的人文主义，它可以让我们说："任何低于人性的东西……对我来说都不陌生。"[2] 这就是我所说的"狄奥尼索斯"所要传达的教训：在显而易见表面上的无菌状态之外，社会生活的夜间特质，在某种趋势上，显示出了其肥沃性。

回顾过去有助于凸显日常实践和情境的深厚根基，这些实践和情境正变得越来越显著。工作道德的相对化、对身体的重视、多态的流浪、意识形态的脱节、消费的临时群体、基于性爱的友谊网络、服装和美容的重要性，所有这些都像是一份清单；然而，正是这些线索构成了日常生活社会学的研究路径。我们不仅有一份需要整理的清单，还有更多新的领域需要探索。

有些人倾向于认为这种观点代表了顺从、向私人领域的退缩，甚至是一种衰败的迹象。我认为并非如此。在 19 世纪末，"生活哲学"(Lebensphilosophie) 可能曾聚焦于个体及其主观性，但相反，它似乎正转向活生生的集体；这就是我所说的社会本能。这本书提出的例子充分展示了，以一种或多或少极端的方式，这种象征性的实际效果。如果狂欢是对抽象历史 (l'Histoire abstraite) 的否认，那么它同时也是对日常生活的集体经历 (l'histoire vécue collective) 的肯定。即便这让我们感到困惑，我们仍需正视并面对那个我们可以称其为"最极端的具体"(concret le plus extrême) 情况的涌现。

我们必须承认，即将到来的混乱未来对我们这些习惯于白日思维的精神来说并不是很有安全感。但同样，全球扩张中的技术结构的野蛮同化力量也没有什么令人愉悦的。历史告诉我们，那些走向终结的社会形式往往趋于转变为极权主义。即使心怀恐惧和战栗，我们最好还是与这些狄奥尼索斯式的价值（重新）联系起来。命运无法逃避，我们最多只能像瓦尔特·本雅明所描述的克利（Klee）画作中的天使那样，"试图挣脱那迷人的幻象"。

艾吉纳–伊阿诺–巴黎

1979—1981

注释：

1. 我无法在此深入探讨，但我必须明确指出，与其他人可能已经进行的、有时也颇为有趣的尝试不同，我完全没有意图对日常生活进行"批评"。

我自认没有足够的魅力去担任交通警察或教师，我的努力仅仅在于凸显日常生活的丰富性。这一点往往是知识分子由于他们的出身或职能而经常忽视的。

关于这种态度的差异，请参阅 H. Lefebvre. *Critique de la vie quotidienne* III, «Le sens de la marche». L'Arche Editeur, Paris, 1981, p. 10。

2. G. DURAND, *Figures mythiques et visages de l'œuvre*, Paris, 1980, p. 23.

第二版后记

或许我应该利用这个第二版的机会，采纳人们给我的建议；或者回应我许多同事的批评，他们的意见往往很有见地（当然，这是针对那些出于真诚的批评而言）。显然，这本书并非出自宗教历史或宗教社会学专家之手。实际上，我们最好将它视为一个草案、一个贡献，甚至是一种社会学上的"思考"。众所周知，在中世纪，有一种神学形式是消极的、否定的：人们只能通过规避的方式来谈论上帝。这正是本书所探讨的内容：以谨慎而非概念性的方式，探讨现今出现的社会本能，即"社会的神性"。

请理解我的用意，我所借鉴的形象，是以非批判的方式，来自其他时空，它们旨在凸显那些越来越多地占据我们社会行为和表现、位于经济政治秩序之外的事物。这无疑激起了那些对传统观念漠不关心的人们的兴趣，他们将以清晰、甚至略带怀疑的态度来审视所有的社会现象。

这本书是否能够说服各方偏见之人，并不重要。相反，我深知那些愿意"聆听草木生长"之人对它并非无动于衷。我再次提出这个狄奥尼索斯范式的唯一目的是为了帮助人们理解超越个体主义的必要性，理解从经济到全面"生态哲学"（l'écologie）的转变，以及理解地下集中性、流浪的性和游牧主义如何在我们现代大都市中崭露头角。

"新部落主义"，在某种程度上，无疑具有很多令人不安的方面，但它也促使我们思考即将到来之共识的调性变化。这就是我们所要关注的："*cum sensualis*"（与感官一起）。

巴黎，1984 年 11 月

译者后记

米歇尔·马费索利教授是个充满人格魅力的人。

2005 年，他对我进行了面试，由于我之前的工科专业背景、长时间的工作经历，以及不太流利的法语水平，确实让他感到了为难，但他最终还是决定录取我为他的硕士。他对我说："我想给你一次机会，这个机会难得，希望你能好好把握。"

一年以后（一般是两年），我以还算不错的成绩（Moyenne Générale：14.55/20 Mention：Bien）从巴黎第五大学的人文与社会科学学院的社会学专业毕业。虽然我也很想继续攻读博士，但由于马费索利教授录取博士的人数有限而申请者众多，我于是就自动放弃申请，准备回国就业。这时，马费索利教授对我说："我上次给你的机会你把握得很好，所以我要再给你一次机会，作为对上次的奖励。"就这样，我又接着读了他的博士。

马费索利教授一直就是这么一个充满个性和慷慨的人。至于他的个性，尤其表现在他的爱憎分明上；这在他的课堂上，从他的书籍中，都不难被感受到。记得他审阅我的博士论文初稿时，唯一的要求是删除所有引用的某位哲学家,我问他原因,他直截了当地回答:"我不喜欢他。"然后,可能觉得话讲得太直白,所以又补充说:"他太老了。"我,当然听导师的。至于他的慷慨,他总是给予需要帮助的人尽可能的支持。在我之前写的《部落时代》(上海人民出版社 2022 年版)一书的"译者后记"中,曾提到过,是法国诗人让·潘基耶(Jean Pinquié)推荐我读马费索利教授的研究生的,实际上,也正是马费索利教授推荐让·潘基耶在奥赛博物馆负责大学生部门的职位的。这位浪漫的法国诗人曾在非洲和亚洲流浪了近二十年,回到巴黎后,急需找到一份相对稳定的工作。像这样的例子还有很多。我的意大利师兄法比奥·拉罗卡(Fabio La Rocca)曾经对我说过:"米歇尔会帮助所有人,你有任何事情,都可以找他。"这体现了一名学生对于老师的完全信任。当然,这可能也与马费索利教授是一名虔诚的天主教徒有关。但这并不妨碍他在书中对宗教的深入分析。

马费索利教授还是我见过的最博学和最勤奋的人。他的著作充满激情,让人热血沸腾、荡气回肠。这里的成语肯定不是用来形容博学,而是用来描述他的风格的。他的作品不仅涉及经典社会学[马费索利教授是涂尔干教席的继承者,他的课在涂尔干阶梯教室举行。社会学,作为一门学科,正式进入大学殿堂的标志就是索邦大学涂尔干阶梯教室的设立]、人类学、哲学、心理学、神学等领域,还包括文学、诗歌、小说、艺术、戏剧、音乐等多个方面。这就是为什么他在本书中的"警告"一节中,特别提到了别人对他的"编纂"批评的原因。我是支持他的,因为他在"警告"一节中的理由已经足够清晰。他的勤奋亦令人叹为观止,迄今已经完成了五十余部专著。他的太太,前高级公务员、作家埃莱娜·施特罗尔(Hélène Strohl)告诉我,马费索利教授从三十多岁起,每天早上五、六点就开始起床工作，多年来，除了生病，从未休息过，"他是个没有假期的人"。2016 年夏天，我曾在他的格雷斯萨克（Graissessac）的城堡——他正是在这座城堡里出生的——和他一起工作过三天；对于他的勤勉，我深有体会。当然，如果不是每天白天都需要陪他喝一瓶三斤装的威士忌、晚上还要陪他再喝一两瓶红酒的话，我想，或许我还是能再坚持坚持的。

原本，我对翻译这本《狄奥尼索斯的阴影》并不急于一时，因为合同上的截止日期还早；加之，我是在大学里工作，众所周知，大学这几年事情越来越多。然而，某日，我收到了 CEAQ（Centre d'étude sur l'actuel et le quotidien，当前与日常事物研究中心）的邮件，告知将在索邦大学为马费索利教授举办 80 岁寿辰的庆祝仪式。据我所知，在 2004 年，他 60 岁寿辰时，索邦大学就曾举办过一次庆祝活动，当时，他的老师，社会学家、人类学家吉尔贝·迪朗（Gilbert Durand，1921—2012）担任荣誉主持人。CEAQ 还为此专门出版了一本名为《围绕米歇尔·马费索利的作品展开讨论》（*Dérive autour de l'oeuvre de Michel Maffesoli*，Paris，L'Harmattan，2004）的学术书籍，作者们是来自世界各地的学者。作为他后来的学生（2005 年至 2011 年），作为"马费索利人"（maffesolien），作为他在中国大陆唯一的博士毕业生，我能为他做些什么呢？那就尽快完成手头这本书的翻译吧，让更多的人能够接触到他的学术思想，接触到他这位了不起的人！我还想将这本书作为礼物，在他生日那天亲自送到他手中，感谢他这么多年来对我的支持和帮助，并向他献上我最诚挚的祝福。向天下所有的老师们致敬！

在收到邮件的当天，我立刻加快了翻译进度；当然，翻译的质量始终是首要考虑的。我联系了上海人民出版社的于力平编辑，尽管他"手头的稿件特别多"，但他还是向我承诺会"这边给您加急"。

有了他的承诺，我对翻译工作更加放心，也更加投入了。尽管之前已经陆续翻译了几章，但从 2023 年 12 月初到 2024 年 5 月初，我几乎将全部精力都投入到了翻译工作中。这确实是我对美好——那些美好的人和事、美好的经历和回忆——的回应。

　　最后，我必须感谢在这本书的翻译过程中无私帮助过我的那些朋友、同事和学生们，他们分别是（排名不分先后）：珀蒂·于贝尔（Petit Hubert）、石小平、潘慈爱、邱有煊、陈杨洋、俞沁元、李京玉、丁慧、王晓雯、王艺璇、历吉利、龙腾、邓瑞、迟帅，等等。

许轶冰

无锡·悦城

2024 年 5 月 9 日

图书在版编目(CIP)数据

狄奥尼索斯的阴影：狂欢社会学的贡献／（法）米
歇尔·马费索利（Michel Maffesoli）著 ；许轶冰译.
上海：上海人民出版社，2025. -- ISBN 978 - 7 - 208
- 19168 - 6

Ⅰ. C91

中国国家版本馆 CIP 数据核字第 2024KM7109 号

责任编辑 于力平
封面设计 林 林

狄奥尼索斯的阴影
——狂欢社会学的贡献

[法]米歇尔·马费索利 著

许轶冰 译

出 版 上海人民出版社
　　　　（201101 上海市闵行区号景路 159 弄 C 座）
发 行 上海人民出版社发行中心
印 刷 江阴市机关印刷服务有限公司
开 本 635×965 1/16
印 张 16
插 页 2
字 数 185,000
版 次 2025 年 1 月第 1 版
印 次 2025 年 1 月第 1 次印刷
ISBN 978 - 7 - 208 - 19168 - 6/C · 727
定 价 72.00 元

MINERVA
· 密涅瓦 ·

《做自己的哲学家：斯多葛人生智慧的 12 堂课》

                    [美] 沃德·法恩斯沃思 著   朱嘉玉 译

社会观察

《新异化的诞生：社会加速批判理论大纲》

                    [德] 哈特穆特·罗萨 著   郑作彧 译

《不受掌控》   [德] 哈特穆特·罗萨 著

                    郑作彧 马 欣 译

《部落时代：个体主义在后现代社会的衰落》

                    [法] 米歇尔·马费索利 著   许轶冰 译

《鲍德里亚访谈录：1968—2008》

                    [法] 让·鲍德里亚 著   成家桢 译

《替罪羊》   [法] 勒内·基拉尔 著   冯寿农 译

《吃的哲学》   [荷兰] 安玛丽·摩尔 著   冯小旦 译

《经济人类学——法兰西学院课程（1992—1993）》

                    [法] 皮埃尔·布迪厄 著   张 璐 译

《局外人——越轨的社会学研究》

                    [美] 霍华德·贝克尔 著   张默雪 译

《如何思考全球数字资本主义？——当代社会批判理论下的哲学反思》

                                      蓝 江 著

《晚期现代社会的危机——社会理论能做什么？》

                    [德] 安德雷亚斯·莱克维茨

                    [德] 哈特穆特·罗萨 著   郑作彧 译

《解剖孤独》   [日] 慈子·小泽–德席尔瓦 著

                    季若冰 程 瑜 译

《美国》（修订译本）   [法] 让·鲍德里亚 著   张 生 译

《面对盖娅——新气候制度八讲》

                    [法] 布鲁诺·拉图尔 著   李婉楠 译

《扎根——人类责任宣言绪论》（修订译本）

                    [法] 西蒙娜·薇依 著   徐卫翔 译

《狄奥尼索斯的阴影——狂欢社会学的贡献》

                    [法] 米歇尔·马费索利 著   许轶冰 译